CONOCER ...> LA APOCALÍPTICA JUDÍA PARA....> DESCUBRIR..> EL APOCALIPSIS

Similitudes y diferencias

Rubén Bernal Pavón

Editorial CLIE
www.clie.es

EDITORIAL CLIE
C/ Ferrocarril, 8
08232 VILADECAVALLS
(Barcelona) ESPAÑA
E-mail: clie@clie.es
http://www.clie.es

Conocer la apocalíptica judía para descubrir el Apocalipsis
ISBN: 978-84-18810-88-6
Depósito Legal: B 14992-2022
Escatología
Estudios bíblicos
REL085000

Acerca del autor

RUBÉN BERNAL PAVÓN, apasionado por el estudio bíblico y teológico, se graduó con altas calificaciones por la Facultad de Teología SEUT (Madrid) y realizó un máster en Teología Fundamental por la Universidad de Murcia con una media de sobresaliente. Ha realizado estudios teológicos en el Instituto Superior de Teología y Ciencias Bíblicas CEIBI (Santa Cruz de Tenerife, España). También posee una diplomatura en Religión, Género y Sexualidad por UCEL/GEMRIP (Rosario, Argentina). Colabora en la dirección de la revista *Lupa Protestante* donde publica artículos con regularidad. Igualmente ha publicado en otros medios como la revista chilena *Razón y Pensamiento Cristiano*, *Pastoral Ecuménica*, *Renovación* o *Working Preacher*. Aunque su principal área de interés se centra mayormente en la exégesis bíblica, debido a su afán pedagógico, escribe textos divulgativos de teología con fines catequéticos.

Nacido en 1982 en la ciudad de Málaga, ha trabajado por más de una década como monitor de salud mental en el área de psiquiatría de un hospital. Está casado y tiene dos hijos. Ejerce el ministerio pastoral en la Iglesia Protestante del Redentor (IEE), la iglesia reformada más antigua de la provincia de Málaga, España.

ÍNDICE

ABREVIATURAS

1 Hen: Primer libro de Henoc.

2 Hen: Segundo libro de Henoc (Henoc eslavo).

3 Hen: Tercer libro de Henoc.

Ap: Apocalipsis.

BP: Biblia del Peregrino (EGA-Mensajero).

BTI: Biblia de Traducción Interconfesional (Biblioteca de Autores Cristianos – Verbo Divino – Sociedades Bíblicas Unidas, 2008).

Caps: Capítulos.

CMI: Consejo Mundial de Iglesias.

Dn: Daniel.

GDEB: Gran diccionario enciclopédico de la Biblia.

AT: Antiguo Testamento.

LP: Libro de las parábolas

LV: Libro de los vigilantes.

NDBC: Nuevo diccionario bíblico Certeza.

NT: Nuevo Testamento.

RVR95: Biblia Reina-Valera Revisión 1995.

TM: Texto Masorético.

PRÓLOGO

La Biblia, Palabra de Dios para su pueblo, ha sido fuente de vida, de esperanza y de bendición tanto para la iglesia como para el mundo. La Biblia, más que ningún otro libro, ha servido a los individuos y los pueblos para gobernar su vida y su orden para el bien tanto propio como común. Pero esa misma Biblia, mal leída y mal interpretada, también ha tenido funestas consecuencias. Increíblemente, la Biblia fue el libro que muchos cristianos usaron durante la Edad Media para justificar la persecución y matanza de millares de judíos. Igualmente la usaron los nazis para justificar sus atrocidades. La Biblia se empleó para justificar la esclavitud, y todavía se emplea para justificar los prejuicios sociales. Luego, la interpretación de la Biblia es de suma importancia, no solamente para predicadores y teólogos, sino también para el bienestar de la humanidad toda.

Entre todos los libros de la Biblia, ninguno ha sido tan mal interpretado ni tan mal usado como el Apocalipsis. Esto se debe en parte a que no es un libro fácil de entender. Tanto es así que Juan Calvino, quien compuso comentarios sobre todos los demás libros de la Biblia, no escribió uno sobre el Apocalipsis, declarando que no se consideraba apto para ello. También Lutero tuvo dificultades con este libro. Y lo mismo puede decirse acerca de innumerables cristianos a través de las edades.

La simbología misteriosa del Apocalipsis se presta para toda clase de interpretación estrambótica. Basta con mirar en Internet para encontrar centenares de ellas. Este buen señor cree haber descubierto la clave misteriosa que prueba que la bestia es el dictador de turno, o el reformador político que no es de su agrado, o el Papa, etc., etc. Aquel otro, contando versículos y multiplicándolos por capítulos, dice probar que ahora vamos por la sexta trompeta. Sobre la base de tales especulaciones, también saben exactamente cuándo será que el Señor volverá. ¡Hay hasta que nos dice que faltan 14 meses, 13 días y ocho horas!

Tales interpretaciones deben ser rechazadas por dos razones principales. La primera de ellas es que es antibíblica, pues el Señor mismo nos ha dicho repetidamente que la fecha del tiempo final está escondida en el seno de la voluntad del Padre, y que en todo caso "no os toca a vosotros saber los tiempos o las ocasiones que el Padre puso en su sola potestad". Si no nos toca a nosotros saber tales cosas, investigarlas y tratar de determinarlas es un supremo acto de desobediencia a la Palabra de Dios. La segunda razón es que el Apocalipsis, precisamente por ser Palabra de Dios, ha de serlo para todos los creyentes en todas las edades. La interpretación tan común, que hace del Apocalipsis una especie de programa para los últimos acontecimientos, de modo que es posible discernir que vamos por la séptima trompeta, y que Señor viene pasado mañana, quiere decir que aquellos cristianos en Esmirna o en Pérgamo que recibieron este libro no podían entenderlo, pues se refería a acontecimientos que tendrían lugar en el siglo XXI. Acosados por toda clase de presión social, política y económica, aquellos cristianos estarían esperando de Juan una palabra de dirección, de aliento y de esperanza, ¡y Juan les escribe para decirles que será necesario esperar hasta el siglo XXI! Igualmente, leer el Apocalipsis como si se refiriera única y explícitamente a nuestros tiempos quiere decir que cuando Agustín lo leyó en el siglo cuarto el libro no era Palabra de Dios para él; ni lo pudo haber sido para Juan Wesley o para nuestros abuelos. En una palabra, leer el libro de tal manera manifiesta una actitud de terrible miopía histórica, como si nuestra generación fuera la única que debería encontrar guía en este libro inspirado por Dios como palabra suya para toda la iglesia en todos los siglos, y en todo lugar. (Cabe también decir que tal lectura de la Biblia, con el propósito de determinar la fecha exacta del día final, es un modo oculto de posponer la obediencia. Si sé que el Señor vendrá el 27 de agosto de 2030, no tengo que preocuparme mucho por la obediencia hasta principios de ese mes).

Consecuencia de todo esto es que el libro de Apocalipsis, que fue escrito para darles esperanza a unos creyentes asediados por las circunstancias, frecuentemente se lee hoy como un libro de miedo, que se emplea para aterrorizar a quien escucha tales interpretaciones. Irónicamente, este libro, que muchos no leen porque no lo entienden, y que otros leen en demasía porque lo entienden mal, es –aparte de los Salmos– el libro de la Biblia que más himnos ha inspirado.

Todo esto quiere decir que tenemos que volver a leer el Apocalipsis, no para descubrir por qué trompeta vamos, ni para saber exactamente cuándo vendrá el Señor, sino para hacernos partícipes de la visión de Juan en Patmos, que es a la vez una visión de esperanza y una visión del modo en que los órdenes existentes distan mucho de ser el orden que Dios desea y que Dios promete.

Pero leer el Apocalipsis correctamente no es fácil. Esto se debe en primer lugar a que, entre todos los libros del Nuevo testamento, este es el que más requiere el conocimiento de tradiciones, literatura y otros elementos culturales que eran comunes entre los judíos del siglo primero, pero que para nosotros son ajenos. Prácticamente no hay un solo versículo en el Apocalipsis que no incluya alguna alusión al Antiguo testamento o a otra literatura o tradición comúnmente conocida a sus primeros lectores, pero ajena al lector moderno.

Es en este campo que el libro que ahora presentamos al público lector nos abre camino a nuevos entendimientos. Naturalmente, en esta obra no se cubre toda esa literatura, que era bien conocida entre el pueblo judío en tiempos del Apocalipsis; pero el estudio sí hace uso serio y útil de una parte importante de esa literatura, la que se refiere al llamado "ciclo de Henoc". Así, nos ayuda directamente a entender elementos importantes en el Apocalipsis, y al mismo tiempo es ejemplo de cuán útil y necesario es el conocimiento del judaísmo del siglo primero para entender el Apocalipsis. Esto lo prueba nuestro autor Rubén Bernal Pavón en la sección en que aplica a la lectura del Apocalipsis de Juan algo de lo que ha descubierto en la literatura del Ciclo henóquico. Y, para mayor facilidad y provecho de quienes quieran perseguir este estudio, el autor nos regala con sus comentarios directos sobre la traducción de la literatura henóquica de referencia. Ese trabajo de fondo –trabajo de estudio cuidadoso de la literatura y la cultura que constituyen el trasfondo del Apocalipsis– es difícil y especializado. La inmensa mayoría de los libros que se dedican a tal estudio son tan detallados y especializados que su lectura es difícil y hasta imposible para el lector promedio. El autor de este volumen merece nuestro agradecimiento por haber escrito un libro que no solamente toma en cuenta lo mejor del conocimiento actual, sino que también se ocupa de hacérnoslo accesible a quienes no somos especialistas. Por eso, este libro será de doble valor para quien de veras desee estudiar el Apocalipsis con cierta seriedad. Por otra parte, lo que aquí aparece es solamente el principio de la gran tarea a la que todavía se dedican constantemente muchos eruditos. Esperemos que estudiosos tales como el autor de este volumen continúen dando a conocer al público lector lo más importante de las conclusiones a que van llegando.

Lo que corresponde, entonces, es hacer todo lo posible por estar al tanto de lo que esos eruditos nos van diciendo, pero sin descuidar otro elemento importante para la lectura correcta del Apocalipsis. Aun para quienes sabemos poco acerca de la literatura apocalíptica de tiempos del Segundo Templo, hay algo que podemos hacer para acercarnos más a la meta de leer este libro como lo leyeron sus primeros destinatarios. Juan no escribió este libro con el propósito de que fuera analizado palabra por palabra, leyéndolo cada cual en su casa. Lo escribió más bien para que fuera leído en voz alta, de una sola vez, ante la congregación de cada una de las ciudades a que se dirigía. Gracias a la imprenta y a las modernas comunicaciones cibernéticas, podemos leer el Apocalipsis a solas en casa, palabra por palabra, analizar cada palabra buscando sus orígenes y significado en la literatura de la época, etc. Todo esto es bueno y valioso; pero no basta con ello. Un texto cualquiera que haya sido escrito para ser leído en voz alta y ante una congregación requiere que al menos en algunas ocasiones lo escuchemos en conjunto, leído en voz alta. Desmenuzar un texto nos puede ayudar a entenderlo; pero escucharlo en conjunto nos llama a sentirlo y vivirlo.

Tomemos un sencillo ejemplo de la literatura castellana. Federico García Lorca escribió:

Con la sombra en la cintura
ella sueña en su baranda,
Verde carne, pelo verde,
con ojos de fría plata.
Verde que te quiero verde.
Bajo la luna gitana,
las cosas están mirando
y ella no puede mirarlas.
…

Verde carne, pelo verde,
con ojos de fría plata.
Un carámbano de luna
la sostiene sobre el agua.
La noche se puso íntima
como una pequeña plaza.

Este poema puede y debe analizarse de tal modo que entendamos en la medida de lo posible lo que García Lorca está diciendo. Sin saber lo que es un carámbano, sin tratar de entender lo que el poeta trata de expresar con su referencia al verde, o sin tener la experiencia de una pequeña plaza, perderemos mucho de lo que García Lorca quiere decir. Pero si sabemos todo eso, y nos quedamos en el análisis frío de cada palabra y cada símil, perderemos la poesía misma. Si la leemos en voz baja, sin escuchar su cadencia, también perderemos buena parte de su valor.

De igual modo, al tiempo que estudiamos el Apocalipsis detenidamente, haciendo uso de todo lo que sabemos de aquellos tiempos, como lo hace Bernal en este libro, debemos también leerlo en la medida de lo posible como el autor esperaba que fuera leído: en voz alta y en el culto. Cuando así lo leemos, vemos que el Apocalipsis no es solamente un libro acerca de los últimos tiempos, sino que es también un libro acerca del tiempo presente de cada generación cristiana. Es un libro que nos llama a la obediencia, que reconoce las muchas fuerzas diabólicas que nos rodean, que nos presionan y nos atraen Y es un libro que, en medio de todo eso, nos promete victoria y nos llena de esperanza. Pero, sobre todo, es un libro que nos recuerda que nuestro culto —ese culto en el que Juan esperaba que su libro fuera leído y en el cual nosotros también hemos de leerlo— aquí y ahora, en este momento presente, se una ya al culto celestial que el Apocalipsis describe. Cuando adoramos, no estamos solos, sino que estamos con toda esa victoriosa compañía que el Apocalipsis describe en relucientes metáforas. No en balde, a través de los siglos, inspirada por las palabras de Juan, al celebrar la comunión en la iglesia ha proclamado y frecuentemente sigue: "Por tanto con ángeles y arcángeles y con toda compañía del cielo alabamos y magnificamos su glorioso nombre, ensalzándote siempre y diciendo: 'Santo, Santo, Santo, Señor Dios de los ejércitos, llenos están los cielos y la tierra de tu gloria. ¡Gloria sea a ti, oh Señor altísimo! Amén'."

Justo L. González
Decatur, GA
19 de julio, 2021

PRESENTACIÓN

El enfoque que el lector encontrará aquí es confesional y responde a una finalidad catequética, orientada a los creyentes de cualquier denominación cristiana. Eso no significa que este libro resulte inútil a los investigadores independientes, pero quiero que de antemano se sepa cuál es la orientación que presento para que no haya "sustos". ¿Por qué digo esto? Sencillamente porque últimamente encuentro muchos comentarios de investigadores neófitos, no confesionales, que asumen, que si un texto está escrito por un académico creyente, entonces, su obra queda automáticamente invalidada por falta de rigor. Los buenos académicos independientes saben que tal afirmación es una calumnia gratuita, pero esta falacia parece estar divulgándose de nuevo con facilidad. Dicho esto, tampoco pretendo ser presuntuoso, este humilde libro no aspira a ser un trabajo erudito, sino accesible y divulgativo, dentro de los modestos límites que me he marcado.

Es un hecho que en tiempos de crisis lo apocalíptico tienda a ponerse de moda. Por poner unos ejemplos, aparecen películas o series de televisión, libros, canciones o discursos políticos que giran en torno a esta percepción de la realidad. Esto ya era así antes de vernos amenazados con el Covid-19. En este contexto, aumenta el interés por asomarse a comprender ese misterioso libro de la Biblia que llamamos Apocalipsis. Llevados por tal inercia, muchos cristianos caen en manos de pseudoescatólogos (y sus respectivos vídeos, audios, libros, webs…), o se dejan llevar por literaturas supersticiosas y poco serias. En el mejor de los casos, muchos buscadores honestos adquieren obras sobre la interpretación de Apocalipsis y se encuentran con un desastroso caos entre las posturas de las diversas escuelas interpretativas. Pocos de estos libros divulgativos dedican la consideración que merece estudiar el género apocalíptico que se cultivó siglos antes de nuestro Apocalipsis y que, desde luego, conocerlo nos ayuda mejor a descubrir nuestro último libro de la Biblia.[1]

Por tanto, esta obra es un brevísimo manual que analiza los nexos que tiene el libro bíblico de Apocalipsis con la anterior literatura judía del mismo género. Nos preocupa tomar en serio la raíz de cada imagen, símbolo o metáfora del último libro de la Biblia, sin embargo, un abordaje exhaustivo de todos estos aspectos supondría una obra monumental fuera del propósito de este humilde manual.

Pese a buscar el rigor académico (como su propio aparato crítico muestra), he procurado seguir una intención divulgativa y pedagógica, con intención de ser ayuda para las comunidades cristianas. Por ello he pretendido escribir con sencillez. Decía Ortega y Gasset que "la claridad es la cortesía del filósofo",[2] opino exactamente lo mismo respecto a la teología y los estudios bíblicos: es necesaria la claridad. No obstante, soy consciente de que no siempre la alcanzo. Espero que el lector poco versado en estos temas o en el lenguaje bíblico-teológico no se desanime por ello. Entiendo que la gran cantidad de notas al calce podría despistar a quienes no tengan la costumbre de leer textos académicos, pero quiero creer que tales despistes serían pasajeros, siendo no muy difícil habituarse a esta lectura.

El trabajo hace uso de numerosas fuentes bibliográficas, en su mayoría escritas o traducidas al castellano. Podrá comprobarse la

---

[1] Aquí decimos último no en sentido cronológico sino por el lugar que ocupa en el orden tradicional del N.T.

[2] J. Ortega y Gasset, ¿Qué es filosofía?, Edición definitiva (Madrid: Espasa, 2012), p. 55.

diversidad de enfoques y de ámbitos teológicos de procedencia, así como la inclusión de obras de cierta actualidad (si bien la limitación que supone una bibliografía intencionalmente en castellano priva de la incorporación de alguna novedad significativa).

Como he mencionado, el aparato crítico es muy amplio, con cientos de notas; generalmente cada afirmación viene acompañada de referencias que no solo sustentan cada una de las enunciaciones importantes que expongo, sino que pueden ayudar al investigador a indagar más en su estudio personal.

A pesar de emplear esta amplia bibliografía, se me puede culpar de acudir poco a las fuentes primarias. Aquí es importante señalar que el enfoque de esta obra consiste simplemente en una visión general de la literatura del Segundo Templo, de modo que su comprensión —aunque a vista de pájaro— nos ayude a penetrar mejor en los textos apocalípticos del Nuevo Testamento. No hay que perder de vista que nuestra motivación es simplemente acercar este conocimiento a quien no lo tiene, especialmente en el ámbito de las iglesias.

Este pequeño libro aborda un tema complejo que implica aclimatarse a una época y a una literatura que no es ni fácil ni expresamente conocida, excepto en los ámbitos especializados. De hecho, el propósito aquí es tan sencillo como acercar estas cuestiones a los lectores de la Biblia inexpertos en este asunto. De este modo, al analizar las características y grandes líneas de la apocalíptica (su desarrollo histórico, el contexto cultural y su relación con otros textos de la Biblia), se logre alcanzar una aproximación más gratificante ante los textos de este tipo que encontramos en el Nuevo Testamento, más concretamente ante el propio libro de Apocalipsis.

Es mi deseo haber sido capaz de proporcionar al lector, mediante una argumentación razonada y fácil de seguir, una visión global y resumida de un tema tan arduo, así como haber facilitado una herramienta útil que revisa, clasifica, sintetiza y correlaciona aquel material apocalíptico suficientemente relevante para nuestra interpretación bíblica.

Finalmente, dejando margen para la reflexión teológica del lector, ofrezco, en la conclusión de la obra, mi propia orientación teológica y matiz pastoral con una reflexión algo más personal, aunque igualmente documentada, desde un soporte bibliográfico. Se trata de un capítulo un poco más íntimo, tan discutible como al lector le apetezca. Sin embargo hay que dejar claro, que este no es un libro de orientación pastoral, tampoco presenta apologéticamente una línea escatológica concreta, aunque puede contribuir a razonar y desechar posicionamientos al respecto.

Agradezco mucho las sugerencias y correcciones que en una primera etapa obtuve de Ricardo Moraleja, Pedro Zamora y Pablo de Felipe (profesores de la Facultad de Teología SEUT), así como también la de mis propios padres: Isabel Pavón y Francisco Bernal. Tampoco olvido la labor de mi amiga Anma Troncoso en la primera revisión. En cualquier caso, las inexactitudes y desaciertos de este trabajo son de mi más absoluta responsabilidad.

Por otra parte, no han sido menos importantes las interacciones, las muestras de inquietud y las preguntas de los participantes de los estudios sobre apocalíptica que impartí en el Taller Teológico de la Fundación Federico Fliedner en Alicante, Madrid y Málaga.[3] Doy las gracias a Mireia Vidal, organizadora de los dos primeros talleres, por su invitación, a Raúl García por coordinar el último y a Luis Pelegrín por su iniciativa para impartirlo en mi ciudad. Estos talleres fueron más dinámicos, pedagógicos y divertidos que este libro, pero es necesario que ahora ofrezcamos por escrito algo más riguroso.

Los ánimos que recibí de los compañeros y amigos del grupo Teólogos en el Horno merecen igualmente un digno reconocimiento, al igual que la paciencia que mi mujer, Damaris, y mi hijo Leo, han demostrado mientras yo dedicaba tardes enteras a este proyecto. Durante este tiempo Oliver no estaba con nosotros pero se lo dedico igualmente. Por último hago constar mi agradecimiento a Eliseo Vila, Alfonso Ropero y a todo el equipo de editorial CLIE.

---

[3] Las dos primeras en marzo de 2018 y la tercera en noviembre de ese mismo año, tituladas: *Vi un cielo nuevo y una tierra nueva. El mensaje apocalíptico en tiempos de Jesús.*

Dedico esta obra al conjunto del protestantismo español y latino-americano, especialmente a la congregación en la que sirvo, la Iglesia Protestante del Redentor de Málaga (IEE).

Quisiera cerrar con las mismas palabras que Cecilio Arrastía empleó para concluir el prólogo de una de sus obras: "Por las virtudes del libro, demos gracias a Dios. Por sus defectos y errores, cúlpese solo al autor".[4]

---

[4] C. Arrastía, *Jesucristo, Señor del Pánico* (Miami: Unilit, 1995), p. 13.

CAPÍTULO 1

INTRODUCCIÓN

La premisa de que la Biblia se interpreta a sí misma (*Scriptura sacra sui ipsius interpres*) se ha estirado hasta la negligencia exegética y, por desgracia, ha servido de excusa innumerables veces para rechazar las ciencias auxiliares en el estudio bíblico. El enunciado original de los reformadores simplemente pretendía colocar a la Biblia por encima de la Tradición y liberar a la Biblia de la exclusividad interpretativa del Magisterio. Ahora bien, "Si la Biblia ha de ser, en efecto, su propio intérprete, ha de fundamentarse esa interpretación en una exégesis y una ciencia bien establecidas".[1] Esto implica el uso de ciencias y disciplinas diversas que aclaren el sentido de los textos.

Los reformadores asumieron el paradigma premoderno, ya superado, por el cual se consideraba que un texto era *claro* en sí mismo, así que seguidamente aceptaron y abanderaron la *perspicuidad de la Biblia*. Se consideró que la Biblia pretendía ser clara para transmitir

---

[1] J. M. Tellería Larrañaga, *El método en teología. Reflexiones sobre una metodología teológica protestante para el siglo XXI* (Las Palmas de Gran Canaria: Mundo Bíblico, 2011), p. 179.

verdades salvíficas en lugar de velarlas o esconderlas. Sin quitarles del todo la razón, salta a la vista que la *claridad* en el último libro de la Biblia, por citar solo el que principalmente nos ocupa, brilla por su ausencia.[2] Barclay, como tantos otros estudiosos, ha expresado sobre el Apocalipsis que es: "notoriamente difícil de entender para el hombre moderno".[3]

Si decimos como J. Grau que el Espíritu inspiró a Juan a que se valiera del género literario apocalíptico,[4] entonces, para entender e interpretar el Apocalipsis, es necesario conocer y estudiar su *género* y sus peculiaridades. No hay otra vía para que este enigmático libro nos sea verdaderamente *perspicuo* (claro). Rojas explica:

> Juan comunica un mensaje revelado en un contexto histórico bien preciso, lo hace aferrándose a la *tradición literaria apocalíptica* que emplea una serie de categorías elaboradas desde su propia percepción del mundo y de la historia, y para ello se sirve del medio más adecuado a la naturaleza del contenido de mensaje, utiliza símbolos.[5]

Por este motivo, el estudio de los libros pseudoepígrafos de la época del Segundo Templo es innegablemente necesario, lo que no significa que le demos un valor confesional, normativo o inspirado. Así como Lutero dijo respecto a los libros deuterocanónicos: "no se tienen por iguales a las Sagradas Escrituras y sin embargo son útiles

---

[2] Cf. I. Rojas, *Qué se sabe de… Los símbolos del Apocalipsis* (Estella: Verbo Divino, 2013), p. 103. Respecto al asunto de la perspicuidad, en el catolicismo romano se considera que las Escrituras son inteligibles cuando son interpretadas desde la doctrina de la Iglesia (Tradición) cf. J. Pablo II, *Fides Et Ratio* 66. En realidad, de modo similar, es lo que finalmente también ocurre en determinadas iglesias de la Reforma que interpretan desde sus confesiones o tradiciones. Creo que el esfuerzo que promuevo, en indagar los libros apocalípticos extrabíblicos para comprender las referencias apocalípticas que se encuentran en la Biblia, lo que busca es no imponer al texto (desde nuestras iglesias) lo que este debe decirnos, sino dejar que sea el texto quien hable a la Iglesia.

[3] W. Barclay, *Apocalipsis I. Comentario al Nuevo Testamento*. Vol. 16 (Terrassa: CLIE, 1999), p. 11.

[4] J. Grau, *Escatología. Final de los Tiempos*. Curso de formación teológica evangélica Vol. II (Terrassa: CLIE, 1977), p. 278.

[5] I. Rojas, *Op. cit.* p. 106. Las cursivas son mías.

y buenos para leer", en un sentido parecido, la literatura apocalíptica que veremos, anterior al Apocalipsis canónico, nos va a ser realmente muy útil de leer.

De hecho, si se me permite la aventurada comparación, el pequeño acercamiento que tendremos a estos libros no dista en absoluto del postulado teológico de la Reforma de una *vuelta a las fuentes*, tomado del lema humanista de la época, ya que nos interesan las raíces de esta literatura para conocer el Apocalipsis de Juan y los otros textos apocalípticos canónicos. Eso sí, habiendo pasado recientemente el umbral del Quinto Centenario de la Reforma Protestante, hemos de decir, que en este caso no seremos tan osados como Lutero o Zwinglio, quienes cuestionaron la canonicidad e inspiración de este enigmático libro.[6]

1) *Justificación e importancia de nuestro estudio*

Pese a encontrarnos en una era en la que la información está al alcance de un *click*, el sectarismo apocalíptico impera en muchas congregaciones por falta, o mala gestión, de conocimiento. Se busca la documentación morbosa y catastrofista por fraudulenta que sea, y los pseudoescatólogos están a la orden del día.[7] Aparecen publicaciones de apariencia seria e incluso académica para el consumo de creyentes hambrientos de conocimiento, pero sin pretenderlo, caen en lo que burlonamente se denomina *escatología ficción*.

Al margen de la *irrisio infidelium* que esto supone (es decir lo caricaturesco que es de cara a los no creyentes), considero vergonzoso que gran cantidad de libros y comentarios sobre Apocalipsis no tengan en cuenta el género literario (más concretamente *géneros* en plural) al que pertenece, ni las singularidades de esta literatura. En nuestras alusiones usaremos frecuentemente la palabra

---

[6] W. Barclay, *Op cit*. pp. 11-12.

[7] Resultan interesantes algunas secciones de la obra de Raúl Zaldívar como la dedicada a los *best seller* apocalípticos y su impacto en los creyentes. C.f. *Apocalipticismo: Creencia, duda, fascinación y temor al fin del mundo* (Viladecavalls: CLIE 2012), pp. 28-35.

género, pero hemos de señalar que no se trata de un género literario en sentido propio, ya que los diversos apocalipsis no responden a un modelo uniforme.[8] Por otro lado, existen libros que son buenas excepciones en cuanto a la afirmación hecha anteriormente, aunque quedan circunscritos en el ámbito de lo académico y alejados de nuestras feligresías.

A decir verdad, abordar esta temática, poniendo de manifiesto la relevancia o importancia de la literatura apocalíptica con respecto a la comprensión o contextualización de nuestro Apocalipsis, no es fácil, y no lo es si lo que pretendemos es ponerla al alcance de las comunidades cristianas, intención que realmente me impulsa.

---

[8] A. J. Levoratti, "*La literatura apocalíptica*" en: A. J. Levoratti (dir.), *Comentario Bíblico Latinoamericano. Antiguo Testamento II* (Estella: Verbo Divino, 2007) p. 591. Cf. R. H. Mounce, *Comentario al libro del Apocalipsis* (Viladecavalls, CLIE, 2007) p. 35.

CAPÍTULO II

¿QUÉ ES LA APOCALÍPTICA?

Empezamos con la gran pregunta. El pensamiento contemporáneo suele exigir definiciones cerradas, aun cuando con frecuencia esto suele ser problemático respecto al pensamiento bíblico o hebreo, el cual es más narrativo que sistemático. Acotando, podemos decir, que el término *apocalipsis* es de origen griego y bien podría traducirse al castellano por revelación, desvelamiento, o puesta al descubierto.[1] El judaísmo incluía los libros de este género como parte del grupo de los *libros ajenos*.[2] Durante mucho tiempo, los estudiosos han catalogado esta literatura como *profética*, pasando después, al advertir características afines a Apocalipsis y al libro de Daniel, a ser denominada por Friedrich Lücke como *apocalíptica*.[3] Esto fue en 1832.

La apocalíptica se nutre especialmente de escritos *pseudoepigráficos*[4] clasificados como *intertestamentarios*, aludiendo a que son

---

[1] J. Ebach, *No siempre será igual. Observaciones e intuiciones sobre la apocalíptica bíblica;* en: *Revista Concilium* Nº 356 (Estella: Verbo Divino, junio 2014), p. 17.

[2] Cf. D. S. Russell, *El período Intertestamentario* (El Paso: CBP, 1973), p. 65ss.

[3] I. Rojas, *Op. cit.* p. 46.

[4] Este término es explicado en el siguiente subapartado, *Características de la apocalíptica.*

propios del período que va desde la Biblia Hebrea (Antiguo Testamento) hasta el Nuevo Testamento. Ahora bien, dicha designación no es muy conveniente debido a que muchos de estos textos son contemporáneos –y no intermedios– a algunos del Antiguo y Nuevo Testamento, razón por la que preferimos llamarlos *literatura peritestamentaria*.[5] Existen otras formas para designar esta literatura, pero, como Díez Macho indica, todas ellas presentan inconvenientes[6] y nuestra opción no es una excepción.

Actualmente los especialistas datan el libro de Eclesiastés o el de Daniel en dicho período supuestamente "intermedio".[7] Corre además la posibilidad de que antes del cierre canónico de la Biblia hebrea, los últimos redactores fuesen de este mismo tiempo.[8] Por ello, también es inapropiado designar nuestro período como *los 400 años de silencio*, según la creencia errónea de que no hubo revelaciones "canónicas" en esa época. Ahora bien, sería más apropiado, si es que alguien todavía desea hablar de unos *400 años de silencio*, hacerlo en referencia al cese de la clásica profecía oracular, aquella que comenzaba con los oráculos "así dice el Señor".

La *apocalíptica peritestamentaria* supone, desde luego, un *tránsito conceptual* en muchos aspectos respecto a la religiosidad tradicional de Israel. No solo porque actúa de bisagra hacia el Nuevo Testamento, sino porque los conceptos que ofrece nos llevan a una comprensión más universal del plan de Dios para la humanidad[9] (tal y como lo entendían los judíos de aquel tiempo y los primeros cristianos). Mereciendo total prudencia y serios matices, aunque para los cristianos no alcance la consideración de *Palabra inspirada* de Dios, y hablar de ello sea meterse en una ciénaga, este tránsito conceptual del que hablamos inequívocamente tiene su lugar en la comprensión

---

[5] E. Puech, *Apocalíptica esenia: la vida futura*, en: J. Vázquez Allegue (Coord.) *Para comprender los manuscritos del Mar Muerto* (Estella: Verbo Divino, 2012), p. 89.

[6] Cf. A. Díez Macho, *Apócrifos del Antiguo Testamento*. Tomo I (Madrid: Cristiandad, 1984), p. 30.

[7] Cf. R. Kessler, *Historia social del Antiguo Israel* (Salamanca: Sígueme, 2013), p. 255.

[8] Cf. C. Blanco, *El pensamiento de la apocalíptica judía*. Ensayo filosófico-teológico (Madrid: Trotta, 2013), p. 108.

[9] Ibíd. p. 81.

de una revelación progresiva, sirviendo de puente para muchas aclaraciones del Nuevo Testamento. Muchos conceptos e ideas que aparecen en esta literatura no canónica, aparecerán en boca de Jesús y en la pluma de los autores neotestamentarios.

La apocalíptica como género literario ha de encuadrarse en un movimiento homónimo[10] que ha de ser comprendido como movimiento de resistencia.[11] A pesar de la existencia de sectas apocalípticas concretas, la apocalíptica consistió más bien en una corriente de pensamiento judío que penetró en diversos medios y grupos, ya que sus rasgos se identifican en diferentes ámbitos del judaísmo.[12] Su duración comprende varias centurias, de hecho, saltó a la tradición cristiana "de forma casi continua",[13] siendo el libro de Apocalipsis el mejor ejemplo de ello. Si bien, otras partes del Nuevo Testamento y los escritos cristianos posteriores también continúan este legado.

Quedémonos, para una definición panorámica de la apocalíptica, con estas palabras de Carlos Blanco:

> Entendemos por 'apocalíptica' un movimiento literario, sociopolítico y teológico que surgió en el judaísmo del Segundo Templo, el cual poseía importantes conexiones con el profetismo clásico de Israel. Se caracterizó, primordialmente, por enfatizar la revelación de un mensaje sobrenatural, en el que desempeñaba un papel central la temática escatológica (es decir, la reflexión sobre el destino último del mundo y de la historia). La apocalíptica judía generó un notable conjunto de escritos, englobados dentro de lo que suele denominarse 'literatura intertestamentaria'.[14]

---

[10] Ibíd. p. 103ss.

[11] I. Rojas, *Op. cit.* p. 64s. Para una comprensión más amplia cf. A. E. Portier-Young, *Apocalipsis contra Imperio. Teolog*ías de la resistencia en el judaísmo antiguo (Estella: Verbo Divino, 2016).

[12] Cf. A. Díez Macho, *Op. cit.* p. 48.

[13] F. Lacueva, *Apocalíptico*, en: *Diccionario Teológico Ilustrado*. Revisado y ampliado por Alfonso Ropero (Viladecavals: CLIE, 2008).

[14] C. Blanco, *Op. cit.* p.13. Téngase en cuenta la ya mencionada apreciación de que es mejor denominarla "peritestamentaria".

En cuanto a literatura, Trebolle aclara:

> El término 'apocalipsis' significa en su origen 'desvelar lo oculto'. Los apocalipsis refieren por ello visiones y revelaciones de misterios, sean misterios de la historia o del cosmos; existen por ello dos tipos de apocalipsis, unos referidos a revelaciones sobre la historia y el futuro, y otros relativos a visiones del cosmos y de los astros.[15]

Si bien es cierto que se nutre y tiene similitudes con el profetismo bíblico, la apocalíptica no es simple profecía tardía, sino que consiste en un fenómeno nuevo, principalmente del período helenista, que acentúa el elemento sobrenatural y misterioso de la revelación.[16] Sin embargo, debido a que se nutre o bebe de la tradición profética, Bauckham arguye que "los escritores apocalípticos son en cierto sentido intérpretes de la profecía del AT".[17] Guerra Suárez expresa al respecto:

> En el origen de la apocalíptica se impone un hecho; sucede cronológicamente a la gran profecía, aun cuando la presencia mutua de elementos característicos de una corriente en la otra impide pensar en una separación violenta.[18]

Es propia de esta literatura la atribución pseudoepigráfica, es decir, adjudicar la autoría de estas obras a un antiguo héroe bíblico de la antigüedad como garantía de prestigio y credibilidad, como el pa-

---

[15] J. Trebolle, *Los esenios de Qumrán, entre el dominio de la Ley y la huida apocalíptica*, en: F. García Martínez; J. Trebolle Barrera; *Los hombres de Qumrán. Literatura, estructura social y concepciones religiosas*, 2ª ed. (Madrid: Trotta, 1997), p. 64.

[16] C. Blanco, *Op. cit.* p.59. Cf. G. Aranda; *Apócrifos del Antiguo Testamento*, en: G. Aranda Pérez; F. García Martínez; M. Pérez Fernández; *Literatura judía intertestamentaria* (Estella: Verbo Divino, 1996), p. 271.

[17] R. J. Bauckham, *Apocalíptica, La*; en: *NDBC*, 2ª ed. Ampliada (Barcelona: Certeza Unida, 2003). Cf. I. Rojas, *Op. cit.* p. 83. Moltmann ofrece una serie de diferencias entre la apocalíptica y el profetismo. Cf. J. Moltmann; *Teología de la Esperanza*, 7ª ed. (Salamanca: Sígueme, 2006), pp. 174-175.

[18] L. M. Guerra Suárez, *Apocalíptica, Literatura*, en: A. Ropero (Ed. Gral.), *GDEB*, 3ª ed. (Viladecavalls, CLIE, 2014), p. 166.

triarca antediluviano Henoc (Gn 5:24) quien protagonizará algunas de estas obras.[19]

1) Características de la apocalíptica

Debido a que las obras apocalípticas presentan diferencias considerables tanto de forma como de contenido, resulta difícil hablar de unas "características" de la apocalíptica.[20] En lo que respecta a la *literatura*, la apocalíptica es un género marcado por dos recursos literarios principales. El primero es la ya mencionada *pseudoepigrafía* (que consiste en poner como autores y testigos de las revelaciones a insignes personajes pasados), y el segundo, la *actualización de temas presentes en la tradición anterior* (oral o escrita) para iluminar una nueva situación del presente y así trazar un modo correcto de actuar conforme al plan de Dios.[21]

Respecto a la pseudoepigrafía o seudonimia, no debemos –como indica Bauckham– considerarla un recurso intencionalmente fraudulento, como si al usar nombres de profetas o patriarcas de la antigüedad hubiesen querido engañar a los lectores. Debe entenderse como una forma literaria que "expresa el papel de los escritores apocalípticos como intérpretes de la revelación recibida en la época profética".[22] La apelación a un héroe del pasado para ganar la atención del lector propone engranar el texto con la tradición anterior sin que esto suponga –como ocurre hoy en la mentalidad contemporánea– un quebrantamiento de leyes de suplantación de identidad

---

[19] Henoc, según Gn 5:24, no murió sino que Dios se lo llevó consigo. Por ello, siendo una figura que conoce de primera mano la morada del Altísimo, da juego para ser presentada como una figura que conoce los misterios ocultos. Cf. Blanco, *Op. cit.* p. 58.

[20] A.J. Levoratti, *Op. cit.* p. 591. Cf. A. Díez Macho, *Op. cit.* p. 45.

[21] G. Aranda, *Apócrifos del Antiguo Testamento*, en: G. Aranda Pérez; F. García Martínez; M. Pérez Fernández; *Literatura judía intertestamentaria* (Estella: Verbo Divino, 1996) p. 272. Cf. A. Díez Macho; *Op. cit.* p. 46.

[22] R. J. Bauckham; *Op. cit.* Bauckham descansa demasiado en la idea de que los apocalípticos eran casi meros *intérpretes* de la tradición profética lo cual es una simplificación excesiva, aunque es cierto que se basan –y actualizan– esta tradición.

o de las referentes a los derechos de autor y propiedad intelectual.[23] Además, la anonimia, como también se la conoce, permite que un mensaje subversivo (que es lo que en realidad encontramos en el fondo de esta literatura) pueda difundirse libremente.

Asurmendi es un autor que resalta los puntos de conexión de la apocalíptica con la *profecía* y la *tradición sapiencial*, aunque subraya que no solo hay *continuidad* sino también *ruptura*, especialmente en la *concepción de la historia*. A diferencia de la literatura profética, los apocalípticos tienen la tendencia a considerar la historia de forma *determinista*. Además, la ruptura se da por otro lado respecto a los Salmos y la Torá. El apocalíptico no considera que Dios pueda cambiar de opinión (como en algunos relatos bíblicos) sino que Dios ya lo tiene todo fijado y el *destino final* es inevitable. Asimismo, en la literatura sapiencial hay atisbos de la tendencia a concebir el tiempo como algo fijado.[24]

Esta literatura emplea un lenguaje repetitivo, con largos discursos en el que abundan las cifras y las enumeraciones o listados.[25] Frecuentemente aparece un hilo narrativo de largas secuencias históricas, asiduamente con formas simbólicas o crípticas.[26] El rol comunicativo del texto escrito es de suma importancia. Las visiones que la narratividad de los textos transmiten no son en realidad experiencias extáticas, sino construcciones literarias a partir de las Escrituras, pensadas para transmitirse por escrito. Ahora bien, actualmente la exégesis plantea, desde la investigación psicológica y antropológica, que algunas de estas descripciones puedan ser experiencias de estados alternativos de conciencia, aunque esta no ha sido la aproximación general en el abordaje crítico de estos textos.[27] Por otra parte, habríamos de señalar también que, a diferencia de muchos libros de AT (como por ejemplo los libros proféticos), que pasaron por un largo proceso de formación,

---

[23] Cf. A. Díez Macho, *Op. cit.* p. 29.

[24] J. Asurmendi, *"Parte Quinta: Daniel y la Apocalíptica"*; en: J. M. Sánchez Caro (Ed.), *Historia, Narrativa, Apocalíptica* (Estella: Verbo Divino, 2000), pp. 528-531.

[25] U. Vanni, *Lectura del Apocalipsis. Hermenéutica, exégesis, teología* (Estella: Verbo Divino, 2005), p. 27.

[26] A. Díez Macho, *Op. cit.* p. 46.

[27] E. Miquel Pericás, *Jesús y los Espíritus. Aproximación antropológica a la práctica exorcista de Jesús* (Salamanca: Sígueme, 2009), pp. 62-63.

algunos libros apocalípticos fueron pensados de primeras como *un todo* (salvo excepciones como el conjunto de 1 Hen).

Asurmendi indica que no ha sido fácil definir las características de la apocalíptica como género literario y que hay desacuerdos entre los propios especialistas.[28] Tales discusiones, si bien son interesantes, quedan lejos de la intencionalidad de nuestro estudio, donde daremos pinceladas generales. Como tantos otros, el autor mencionado parece respaldar los estudios de Collins (reputado especialista) al considerar que los elementos característicos de la apocalíptica son, por una parte, *el cómo de la revelació*n (es decir, el *elemento visual*: visiones o epifanías donde el visionario viaja a los cielos,[29] incluyendo el *elemento auditivo* que aclara lo visual); por otra, el *quién de la revelación* (el mediador sobrenatural que comunica o interpreta la visión, que generalmente es un ángel)[30] y el *destinatario de la revelación* (el receptor humano, generalmente algún personaje del pasado).[31] Estos elementos, al que habríamos de añadir un *para qué de la revelación* (mensaje), se perciben en el Apocalipsis de Juan. Así que ya podemos ver que, en efecto, para estudiar el Apocalipsis (o cualquier referencia apocalíptica en el NT) es importante reconocer que comparte todas, o algunas, de estas características comunes con la literatura apocalíptica.

Asurmendi aclara y repite otro dato importante: ni la apocalíptica como género literario ni como movimiento, necesitan, como si de algo imprescindible se tratase, de una situación de *persecución* propiamente dicha. Esto es importante resaltarlo porque no son pocas las obras apocalípticas que tienen este rasgo. Ahora bien, como literatura, se trata de un género de confrontación, oposición y combate, y este enfrentamiento se exacerba en *persecución*. Quizá, pueda concluirse que es una literatura de clandestinidad, y críptica, de un grupo que se opone al poder.[32]

---

[28] J. Asurmendi, *Op. cit.* pp. 522-523.

[29] Cf. I. Rojas, *Op. cit.* p. 49.

[30] Ibíd. p. 50.

[31] J. Asurmendi, *Op. cit.* pp. 523-524. Cf. I Rojas, *Op. cit.* p. 49-50.

[32] J. Asurmendi, *Op. cit.* pp. 525-527. A. E. Portier-Young; *Apocalipsis contra Imperio. Teologías de la resistencia en el judaísmo antiguo* (Estella: Verbo Divino, 2016).

En cualquier caso, con persecución o sin ella, el contexto social es de *resistencia*, generalmente *pasiva*, aunque algunos apocalipsis tienen, al comienzo, un compromiso político activo. En efecto, los apocalípticos como tales son un movimiento de resistencia[33] y sus escritos "...presentan el final de la historia como la confrontación última e inminente entre las fuerzas celestes de Dios y el poder tiránico de los imperios".[34]

La finalidad de un texto apocalíptico era la de educar a sus adeptos, desvelando o interpretando que la presente *situación de sufrimiento* podía ser resistida (activa o pasivamente),[35] y *considerada* desde un plano de realidad mayor. Por ello, la literatura apocalíptica "insuflaba un hálito de esperanza en las almas que se sentían condenadas a vagar por un valle regado de lágrimas".[36] Como indica Blanco: "Los grupos que atraviesan situaciones de gran dificultad son quienes precisan, con mayor denuedo, de una proyección escatológica, la cual pueda postular una solución definitiva a los males que imperan en el presente histórico".[37]

No se le debe buscar un *entorno único* a la apocalíptica, ya que, como género, es una actividad cultivada durante varias centurias, con sus diversos contextos y conflictos. Tampoco puede decirse que cada apocalipsis sea fruto consciente y programático de un grupo social bien definido y determinado. Así pues, siguiendo nuevamente a Collins, Asurmendi indica que hablar de *movimiento apocalíptico* es una grosera simplificación. No obstante, debido a que los intereses que perseguimos con este estudio tienen una intención más divulgativa y pastoral de cara a entender nuestro Apocalipsis, corremos el riesgo a caer en simplificaciones de este y otro tipo. Cuando se den los casos, ruego la comprensión de quien lee estas líneas.

Las doctrinas de los escritos apocalípticos conciernen a la resurrección, a la proximidad del nuevo eón, y a la gran crisis que se

---

[33] I. Rojas, *Op. cit.* pp. 64-73.
[34] L. M. Guerra Suárez, *Apocalíptica, Literatura*, en: Alfonso Ropero (Ed. Gral.), *GDEB*, 3ª ed. (Viladecavalls, CLIE, 2014), p. 164.
[35] J. Asurmendi, *Op. cit.* p. 527.
[36] C. Blanco, *Op. cit.* p. 42. Cf. C. R. Erdman; *El Apocalipsis* (Grand Rapids: TELL, 1976), p. 5.
[37] Ibíd. p. 175.

cierne sobre la historia del mundo.[38] Plantean la cuestión del *origen del mal* y sus consecuencias para el pueblo de Israel y para toda la humanidad, incluso especula sobre cuándo el mal será vencido mediante el juicio a los pecadores y la instauración de un mundo nuevo.[39]

Asurmendi expone algunos distintivos propios de la teología que aparece en la apocalíptica.[40] Considera que la *trascendencia* es un elemento mucho más característico de esta teología que el *problema del mal*, si bien ambos van de la mano. No obstante, otro factor importante que encontramos en ella es el *dualismo*, el cual aparece como una división entre bandos: los buenos y los malos.

Como expresábamos anteriormente, el *determinismo* es un elemento decisivo para comprender la *historia* en este movimiento, pero no puede hablarse de manera rígida o mecánica de él sino de tendencias más o menos acentuadas en los diversos textos apocalípticos. Su función es consolar y ayudar a resistir hasta el tiempo final. La *libertad* y la *responsabilidad* también tienen su lugar, puesto que el determinismo apocalíptico no es tan rígido. Es decir, la libertad del ser humano se mantiene a toda costa. Podríamos hablar también de una *remitologización de la historia*, especialmente respecto a la interconexión del mundo celeste y el de los seres humanos con objeto de explicar las realidades del más allá o del destino final; no obstante, el término *remitologización* no convence del todo en este caso, ya que el *mito*, en propiedad, es un fenómeno narrativo, mientras que la apocalíptica establece cierto mecanismo cosmológico predeterminado por leyes divinas, por lo que no se adecúa demasiado a dicha expresión.

Los ángeles y *demonios* también ocupan un lugar clave.[41] Generalmente un ángel suele aparecer como intérprete de la revelación. Con frecuencia ángeles y demonios van ligados a la cosmovisión *dualista*.

---

[38] Cf. A. Díez Macho, *Op. cit.* p. 46.

[39] G. Aranda, *Op. cit.* p. 270. Sobre el origen del mal, cf. E. M. García García; *El origen del mal en la apocalíptica judía: evolución, influjos, protagonistas.* Tesis Doctoral dirigida por L. Vegas Montaner. Facultad de Filología-IURC, Universidad Complutense de Madrid, 2018.

[40] J. Asurmendi, *Op. cit.* pp. 531-538.

[41] Cf. I. Rojas, *Op. cit.* p. 78.

Por otra parte, sin ser una doctrina totalmente desarrollada, la creencia en la *resurrección* forma parte de sus estructuras teológicas. Sin concretar ni pretender hacerlo, esta apunta hacia una vida real más allá de la muerte. Asimismo, y relacionado con ello, la *justicia de Dios* es otro tema clave que lo impregna todo: al final Dios hará justicia.

El movimiento apocalíptico tiene una serie de rasgos característicos en el contexto del judaísmo del Segundo Templo, como su aproximación a la *escatología* y al *mesianismo* o su *simbolismo literario*. Conviene distinguir entre la apocalíptica como género literario, como escatología y como universo simbólico, además de considerarla como un fenómeno sociológico, político e histórico.[42] Ha de tenerse en cuenta, como decíamos, que el *problema del mal* es uno de sus puntos fundamentales y este se comprende generalmente como una realidad preexistente al ser humano (lo cual influye de forma liberadora en la interpretación de la culpa).[43]

Dado que la proyección escatológica de la apocalíptica tiene como intención brindar una solución a este problema del mal, la idea de que al final de los tiempos Dios traerá *justicia*, reluce con muchísima fuerza. La creación entera, como la propia historia (la cual es dividida en *etapas*)[44], será redimida, transfigurada radicalmente por Dios.[45] El Antiguo Testamento, la apocalíptica pseudoepigráfica y el Nuevo Testamento van todos en esta línea. Las excepciones son muy escasas y, entre ellas, podríamos mencionar con cierta prudencia, los textos de 4 Esdras y a 2 P 3:7 donde, en lugar de una recreación o

---

[42] C. Blanco, *Op. cit*. p. 55.

[43] Ibíd. p.56. Cf. G. Aranda; *Op. cit*. p. 271. No obstante hay algunos textos donde la responsabilidad cae en el hombre, aunque son una minoría.

[44] C. Blanco, *Op. cit*. p. 124.

[45] Cf. Ibíd. pp. 110-111. Existe en cierta forma la promesa veterotestamentaria de un orden renovado y transformado para la creación (cf. Is 11:6-9; 55:12-13; 65:17-25; Sal 104:5 y 35, etc.). El NT toma conciencia de ello: Rm 8:21-23 la creación entera y sus criaturas se transformarán y participarán en el nuevo mundo de Dios, así como Col 1:20 apunta la vuelta del universo a un orden reconciliado con Dios o también Hch 3:21 (no estamos identificándonos necesariamente con la formulación de Orígenes de la *apocatástasis*). Creación, reconciliación y redención van juntas.

restauración de la creación, parece hablarse de una destrucción seguida de la puesta en marcha de un segundo mundo.

Las doctrinas de la apocalíptica auguraban una *renovación de la existencia terrena* a la par que afirmaban la justicia divina sin acepción de personas. En esta panorámica, la idea de una vida *post morten* es absolutamente clave.[46] Los apocalípticos tenían, a diferencia de otras insistencias anteriores del judaísmo, una idea mayor de la trascendencia de Dios, que remarcaba su soberanía ante el mundo, el cosmos y la historia; por lo que todos los pueblos (y no solo Israel) se tenían por incluidos en los planes divinos. Esto también significaba un especial hincapié en la individualidad de cada persona. El contraste no es entre el pueblo de Dios y las otras naciones, sino entre los justos e impíos más allá de las fronteras de Israel (universalismo).[47]

La *restauración colectiva* es una doctrina principal, procedente quizá de Is 26:19. Lo escatológico se concentra en el regreso de la vida del pueblo de Israel, como rehabilitación política.[48] Asimismo, la *restauración individual* es una doctrina clave que hace referencia al *retorno a la vida* del individuo. La muerte no es negada sino vencida al final de los tiempos.

En la apocalíptica existe una evolución conceptual basada en el énfasis de la soberanía de Dios sobre el mundo, la historia y la muerte. Blanco resume así sus estratos: conciencia de la trascendencia de Dios sobre el mundo → conciencia de la trascendencia de Dios sobre la historia → conciencia de la trascendencia de Dios sobre la muerte.[49] Hay una tendencia *cosmocéntrica* inicial que gradualmente se torna en una visión *historicocéntrica*.[50]

Beyerle concreta este listado de rasgos definitorios de la apocalíptica:[51]

---

[46] Ibíd. p. 60.
[47] Ibíd. p. 66. Cf. I. Rojas, *Op. cit.* p. 79. Aquí no usamos el término *universalismo* en sentido *soteriológico* (salvación universal), sino en el plan universal de Dios hacia el ser humano.
[48] Cf. Ibíd. p. 170 y 172ss.
[49] C. Blanco, *Op. cit.* p. 108.
[50] Ibíd. p. 119.
[51] Ibíd. pp. 113-114.

1) Centralidad respecto a la temática de los misterios divinos.
2) Postulación de niveles escatológicos (moradas para los justos en el más allá o estancias para quienes padecerán la condenación).
3) Concepción determinista de la historia que provee para el universo una transformación radical que lo transfigurará completamente.
4) Acentuación de la acción divina en la vida humana, comprendiendo que Dios ha decretado un plan para la historia.
5) Concepción pesimista de la historia poniendo toda esperanza en el final renovado de la misma.[52]
6) Función consoladora de las Escrituras, encontrando en ellas las fuerzas para resistir las aflicciones presentes.
7) Adopción de una perspectiva universalista, desde la cual, la relación entre lo humano y lo divino, es ampliada para todas las naciones y no solo Israel. Ninguna razón esquiva ni la presencia ni el juicio de Dios.

Con los elementos vistos hasta ahora, podemos entender, junto a J. J. Collins, que literariamente la apocalíptica presenta *revelaciones* dentro de un marco narrativo en el que, un ser transmundano, actúa de mediador para desvelar una realidad trascendente que, al mismo tiempo, es temporal pero que vislumbra la salvación escatológica y señala hacia un *mundo supranatural*.[53] Mediante su visión simbólica del tiempo, asume cierta contemporalidad entre la esfera celestial y la terrena; lo temporal, entendido desde el designio de Dios, acabará en su consumación escatológica, preludio a la eternidad.[54]

Esta posibilidad de comunicarse con las altas esferas sin relación con el culto de Jerusalén era rechazada por la teología sadoquita (corriente principal), que entendía la relación entre Dios y el pueblo únicamente mediante el culto y el cumplimiento de la Ley. Que alguien se atribuyese la posibilidad de tener visiones que le

---

[52] Cf. Ibíd. p. 127.
[53] Ibíd.
[54] Ibíd. p.125. Cf. I. Rojas; *Op. cit.* p. 76.

trasportasen al mundo celestial para conocer secretos divinos, le hacían trasgresor de la teología hegemónica.[55] El reemplazo de Moisés (quien dio la Ley) por Henoc (anterior a la Ley y con la capacidad de obtener –según el Ciclo de Henoc– revelaciones de primerísima mano del cielo) significará un gesto subversivo que supondrá una oposición de los apocalípticos frente al *establishment* político y teológico del Templo, pues hacía peligrar el entendimiento del Templo como mediador con lo divino.[56]

El lenguaje apocalíptico, cargado de simbolismo y colorido metafórico, es sin duda un rasgo característico de este tipo de literatura. Muchos lectores del Apocalipsis de Juan se desaniman ante la dificultad de unas expresiones difíciles y codificadas. Pues bien, mucho antes del Apocalipsis de Juan, los apocalípticos daban a conocer sus reflexiones teológicas y políticas elaborándolas como si procediesen de unos mensajes revelados de manera sobrenatural. Estas reflexiones estaban preñadas de guiños a la literatura profética a la que interpretaban frecuentemente, con un estilo y una estética que pretendía sacar a la luz lo que, en Dios, estaba oculto o secreto. De esta manera se daba más fuerza y autoridad a los mensajes. Si bien es una cuestión que queda en la actualidad abierta, hemos de decir que, desde la investigación psicológica y antropológica, se discute una *posible* experiencia de *estados alternativos de conciencia* en las descripciones y lenguaje apocalíptico.[57]

En cualquier caso, la interpretación literalista respecto al lenguaje simbólico puede ser bastante espinosa, incluso peligrosa, tanto para los creyentes cristianos que buscan fecha para el fin del mundo, como también para esa popular obsesión de hallar pruebas de extraterrestres en los escritos de la antigüedad. Por ello, dedicaremos un pequeño apartado a esta cuestión con tal de esclarecer algunas características del lenguaje que aparece en estos textos.

---

[55] Ibíd. p. 77.
[56] Ibíd. p. 78.
[57] E. Miquel Pericás, *Jesús y los Espíritus. Aproximación antropológica a la práctica exorcista de Jesús* (Salamanca: Sígueme, 2009), pp. 62-63.

2) *Simbolismo y desvelamiento: el lenguaje apocalíptico*

Rojas nos dice que:

> Para embarcarse en la tarea de conocer los símbolos del Apocalipsis es preciso tener en cuenta las aportaciones que ofrecen las diversas ciencias modernas, especialmente la historia y la sociología. Por un lado, es necesario remontarse a los oscuros orígenes de la literatura apocalíptica judía para conocer el ambiente vital y literario en que nacieron los símbolos apocalípticos y entender cómo fueron recibidos por sus primeros destinatarios y por sus intérpretes posteriores desde que se escribió el libro hasta nuestros días.[58]

Joachim Jeremias señala que los escritos apocalípticos contenían las enseñanzas esotéricas, es decir ocultas o secretas, de los escribas, las cuales constituían grandes sistemas teológicos y grandes construcciones doctrinales que presuntamente procedían de inspiración divina.[59] Estos secretos, expresados en símbolos o metáforas, guardaban relación con el reino de Dios y el fin del mundo, y generalmente eran revelados mediante sueños, visiones o mensajeros angelicales.[60] Rowland y Russell consideran que lo esencial de la apocalíptica no es otra cosa que la pretensión de revelar un secreto escondido en la esfera del cosmos celestial.[61] Por ello "para la apocalíptica el simbolismo es una exigencia endógena y necesaria".[62]

Las metáforas y la numerología simbólica, entre otros aspectos, era sin duda bien interpretada (en su sentido verdadero) por los receptores originarios a quienes iba dirigido, mientras que suponía un

---

[58] I. Rojas, *Op. cit.* p. 8. Así también son importantes los enfoques literarios y de fenomenología de las religiones. Ibíd.

[59] J. Jeremias, *Jerusalén en tiempos de Jesús*, 4ª ed. (Madrid: Cristiandad, 2000), p. 312.

[60] A. G. Patzia, A. Petrotta, art: "*Apocalíptico*" en: *Diccionario de Bolsillo de Estudios Bíblicos* (Miami: Unilit, 2008).

[61] Cf. Blanco, *Op. cit.* p. 104-106.

[62] L. M. Guerra Suárez, *Op. cit.* p.167. Véase A. J. Levoratti, *Op. cit.* p. 592-593.

quebradero de cabeza para quienes no formasen parte de la comunidad que reconocía esos códigos. Este universo simbólico que transmitieron los apocalípticos nace, tal como se dijo anteriormente, como reacción a una situación social o religiosa crítica.[63] Como lenguaje posee una dimensión sociopolítica subversiva. C. Blanco infiere:

> En el contexto histórico en que se fraguó este movimiento judío, dominado por el helenismo [...], desarrollar un determinado tipo de lenguaje equivalía a disputar la hegemonía griega. El lenguaje se convertía, así, en un instrumento de afirmación de la identidad judía, con el propósito de responder al reto concitado por tan álgido momento histórico.[64]

El lenguaje apocalíptico tiene una vertiente simbólico-mitológica (concerniente a los sueños como desvelamientos del destino del mundo), otra sociológica, y otra histórica (que conlleva una revisión de la historia).[65] La parte simbólica alude principalmente a los eventos futuros, aunque puede referirse a eventos ya pasados, ocurridos con anterioridad a la redacción, expresados de manera cronológica. Además, este lenguaje tiene como objetivo transmitir esperanza en medio de situaciones difíciles o conflictivas en las que las personas sufren injusticia. El sufrimiento y la historia se interpretan desde la esperanza del futuro de Dios.

> ...la literatura apocalíptica está escrita por autores orientales dotados de una exuberante fantasía. A través de estos recursos literarios, lo que se pretende es poner de manifiesto el sufrimiento de los se-

---

[63] I. Rojas, *Op. cit.* p. 74.

[64] C. Blanco, *Op. cit.* p. 68. El libro de Daniel, enmarcado (o enmascarado) en el exilio (quizá para no levantar más sospechas), en realidad encubiertamente trata de la época en la que se elaboró, en el reinado de Antíoco IV. Su contenido rebosa de consignas políticamente subversivas contra la hegemonía seléucida que pretendía disolver la religiosidad del pueblo judío. Ibíd. p. 71. Por otra parte, la carga ideológica del discurso religioso de Henoc supone una oposición a la teología sacerdotal del judaísmo de su época. Ibíd. p. 73.

[65] Ibíd.

guidores afines, sean judíos o cristianos, y ofrecer la esperanza de liberación puesta en una intervención mesiánica capaz de salvarlos de la situación de opresión en la que se encuentran. Y todo ello en un lenguaje que resultaba inteligible únicamente para los iniciados.[66]

Jürgen Ebach entiende que la codificación cifrada es uno de los rasgos esenciales de los escritos apocalípticos, generalmente para hablar de manera encubierta de los imperios, poderes o emperadores (por ejemplo el imperio de Antíoco IV en el libro de Daniel o Nerón-Domiciano en el Apocalipsis de Juan).[67] Aunque sea controvertido, posiblemente estas cuestiones vengan acompañadas de jocosidad, tal como señala Juan Stam: "La apocalíptica es una literatura de la imaginación, del don de la fantasía y a menudo de una buena dosis de humor";[68] y continúa: "Con un gran sentido del humor en medio de sus sufrimientos, estos escritores crearon un mundo simbólico de visiones sicodélicas, monstruos grotescos, batallas horrendas y cataclismos celestiales, con el fin de infundir fidelidad y valentía a los lectores".[69] Es una literatura *contextual* que trata de interpretar la situación presente, guiando y animando a la fidelidad a Dios desde una actitud pastoral.[70]

Bauckham precisa que la apocalíptica tiene sus propias convenciones respecto a simbolismo y terminología, nutriéndose además de fuentes veterotestamentarias;[71] pero por otra parte, al tratar de describir una salvación futura que trasciende la experiencia histórica ordinaria, tomó seguramente símbolos de los mitos cananeos y de la mitología de la parte oriental de la diáspora, así como también de la Palestina helenística.[72] No obstante, este autor expresa, que si bien la

---

[66] M. García Ruiz, *Redescubrir la Palabra. Cómo leer la Biblia* (Viladecavalls: CLIE, 2016), p. 119.

[67] J. Ebach, *Op. cit.* p.19.

[68] J. Stam, *Apocalipsis Tomo 1*. Comentario Bíblico Iberoamericano (Buenos Aires: Ed. Kairós, 1999), p. 19.

[69] Ibíd. p. 20.

[70] Ibíd.

[71] Así también D. S. Russell, *Op. cit.* pp. 95-96.

[72] R.J. Bauckham, *Op. cit.*

apocalíptica empleaba imágenes o símbolos del ambiente no judío, su contenido escatológico provenía de la profecía del AT.[73] Además, "El punto de partida del simbolismo apocalíptico es el sueño; el sueño constituía en la mentalidad antigua, incluso en la bíblica, un modo de entrar en contacto con Dios…".[74]

Ante ello, Máximo García nos brinda, especialmente en relación a nuestro Apocalipsis neotestamentario, un importante apunte pastoral y hermenéutico: "Intentar descifrar este tipo de literatura, sin la necesaria e imprescindible preparación, supone un signo de inconsciencia conducente a establecer deducciones fuera del sentido que encierra el propio texto".[75] Este tipo de advertencia, respecto a lecturas literalistas de las visiones y símbolos también fueron dadas en 1936 por C. R. Erdman.[76]

Con todo, espero que al menos el lector entienda realmente la dificultad que se nos presenta con el lenguaje apocalíptico, y vislumbre la necesidad imperiosa de ser cautos para no hacer interpretaciones con ligereza.

3) Escatología y apocalíptica

La *escatología* es la parte de la teología que se centra en la esperanza (en nuestro caso cristiana), las últimas cosas o *novísimos*.[77] Si bien suele confundirse la apocalíptica con la *escatología*, C. Blanco, siguiendo a J. J. Collins, indica que mientras la apocalíptica atañe al *mundo celestial* y al *juicio escatológico*, la escatología agrupa temáticas sobre el *final de la historia* y la *futura vida* del individuo. En este sentido, la apocalíptica puede prescindir de la escatología, mientras

---

[73] Ibíd.

[74] L. M. Guerra Suárez, *Op. cit.* p. 167.

[75] M. García Ruiz, *Op. cit.* p. 119.

[76] C. R. Erdman, *El Apocalipsis* (Grand Rapids: TELL, 1976) p. 7-8.

[77] G. Canobbio, art: *"Escatología-escatológico"* en: *Pequeño diccionario de teología* (Salamanca: Sígueme, 1992). Cf. J. Moltmann, *Teología de la Esperanza* (Salamanca: Sígueme, 2006) p. 19; p. 163.

que la escatología no tiene por qué poseer naturaleza apocalíptica.[78] Ambas temáticas son cercanas y no siempre es fácil distinguir o ver las diferencias. Además, suelen aparecer fuertemente entremezcladas.[79] La apocalíptica no posee una escatología unificada ni tampoco sistematizada, sino que en su seno alberga gran variedad de puntos de vista, especialmente sobre lo referente a la creencia en la vida futura.[80]

Dice N. T. Wright que la palabra escatología quiere decir *estudio de las últimas cosas* y que no se refiere únicamente a la muerte, al juicio, al cielo y al infierno, tal y como todavía presentan algunos diccionarios. Más bien se refiere a la creencia firme que tenía la mayoría de judíos del siglo primero, como también los cristianos primitivos, de que la historia se dirigía hacia algún lugar bajo la guía de Dios. Ese lugar era un nuevo mundo de justicia, de sanación y esperanza en Dios.[81] Para comprender bien la escatología cristiana, tenemos que desprendernos de algunas conceptualizaciones teológicas que hacemos desde una óptica tomada de la filosofía griega, y adentrarnos, en el lenguaje bíblico de la *promesa* que nos conduce mejor a la idea de esperanza que conlleva.[82] Wright explica que los expertos emplean el término *escatología* para:

… denotar la creencia judía y cristiana de que la historia de Israel, y por tanto la historia del mundo, estaba avanzando hacia el gran momento culminante en el que todo se solucionará de una vez por todas. (Un pretexto para cometer un fallo muy común: entender que cuando los judíos y los cristianos antiguos usaban el *lenguaje* del 'fin del mundo' para describir este fenómeno no lo hacían en sentido literal. Ellos no creían que el mundo y la historia estuviesen

---

[78] C. Blanco, *Op. cit.* p. 56-57. Cf. p. 104.

[79] Véase J. J. Collins, *Apocalíptica y escatología del Antiguo Testamento*, en: R. E. Brown- J. A. Fitzmyer- R. E. Murphy (Eds.), *Nuevo Comentario Bíblico San Jerónimo. Antiguo Testamento* (Estella: Verbo Divino, 2005), p. 458.

[80] Ibíd. p. 104.

[81] N. T. Wright, *Sorprendidos por la esperanza. Repensando el cielo, la resurrección y la vida eterna* (Miami: Convivium Press, 2011), p. 175.

[82] Cf. J. Moltmann, *Teología de la Esperanza* (Salamanca: Sígueme, 2006) pp. 49-50.

destinados a la destrucción. Utilizaban el lenguaje del 'fin del mundo' para invertir los acontecimientos más importantes y catastróficos dentro de la historia.) Así, 'escatología' se refiere a la creencia de que la historia iba a alcanzar, o quizá ya había alcanzado, su clímax, su gran momento decisivo. Tanto al lenguaje que utilizaban para expresar esta creencia, como a la creencia misma, se les suele llamar también 'apocalíptico' o 'apocalíptica', aunque se ha convertido en un término técnico tan rcsbaladizo que algunos expertos han dejado de usarlo.[83]

Del mismo modo resulta provechoso diferenciar, como advierte Asurmendi, entre lo que significa *escatología* en *teología* (que trata de las realidades últimas de la vida del hombre como la muerte y la vida en el más allá) y la *escatología* en la *Escritura* donde el término guarda más relación con la esperanza en una acción futura y definitiva de Dios en favor de su pueblo. Indica además este autor que la *escatología profética* parte de la conciencia de que Dios actuó en el pasado a favor de su pueblo, pero desde la realidad de que el pueblo presente no ha respondido como corresponde a la acción liberadora de Dios y que se encuentra experimentando un consecuente castigo. Sin embargo, Dios, como antaño, volverá a perdonar el pecado y actuará de forma definitiva en un futuro. Por otra parte, nos dice, la apocalíptica comparte estas perspectivas pero con nuevos elementos.[84]

De nuevo, siguiendo a Collins, Blanco muestra dos tipos de apocalíptica, una concerniente al *desvelamiento* del sentido del curso de los tiempos (importante para la teología de la historia) y otra interesada en la exposición de los misterios del mundo celeste. Ambas se presentan como revelaciones sobrenaturales mediadas por un ser celestial y discurren sobre el final de la vida y la transformación del cosmos mediante un juicio divino.[85]

---

[83] N. T. Wright, *El verdadero pensamiento de Pablo. Ensayo sobre la teología paulina* (Terrassa: CLIE, 2005), p.40.

[84] J. Asurmendi, *Op. cit.* pp. 521-522.

[85] C. Blanco, *Op. cit.* pp. 57-58.

4) La apocalíptica en la Biblia

En el Antiguo Testamento se percibe una evolución desde la profecía hasta la apocalíptica.[86] En la formulación, revisión y redacción final del canon de la Biblia hebrea —en su configuración más tardía— pudo permear la apocalíptica[87]:

> La redacción de determinados libros bíblicos podría haber sido contemporánea a los estratos más antiguos de la literatura apocalíptica, y la revisión (y/o elaboración) de los primeros, para su inclusión en el canon, podría haber acontecido con posterioridad a la composición de ciertos escritos apocalípticos. No sería correcto, por tanto, sostener que la Biblia hebrea antecediese, como tal, a la literatura apocalíptica. Esta afirmación quizá resulte válida como aproximación genérica y orientativa (pues hay evidencias, por ejemplo, para una datación pre-exílica y exílica de gran parte del corpus profético), pero no hemos de olvidar que la formulación de un 'canon' de las sagradas escrituras del pueblo de Israel es relativamente tardía (muchos textos quizás se transmitieran oralmente, hasta ponerse por escrito en época persa o helenística), por lo que muchos textos ya existentes fueron susceptibles de revisión, e incluso de modificaciones sustantivas, de cara a su inserción en la Biblia hebrea.[88]

En la apocalíptica —si bien no está tan emparentada con la literatura sapiencial como postulaba Von Rad—, sí que resuena su eco en ella. En Eclesiastés (por ejemplo) experimentamos una reacción contraria.[89] Que existan libros bíblicos de influencia o expresamente apocalípticos (Isaías 24-27,[90] Daniel, Apocalipsis) y otros que reaccionen contra este estilo no debe sorprendernos, ya que en la Biblia

---

[86] Collins dedica un buen repaso a los oráculos proféticos donde se encuentra un incipiente germen. Cf. J. J. Collins, *Apocalíptica y escatología*, p. 458-463.

[87] Cf. C. Blanco, *Op. cit.* p. 108.

[88] Ibíd. p. 52.

[89] Ibíd. p. 58. p. 117. p. 195. P. Sacchi, *Historia del judaísmo en la época del Segundo Templo* (Madrid: Trotta, 2004), p.179. p. 195.

[90] Sección denominada *Apocalipsis de Isaías*.

encontramos no solo diferentes géneros sino también diversas teologías (a pesar de que podamos hablar de una *teología bíblica*).[91]

Como bien expresa Ignacio Rojas: "…autores del Nuevo Testamento conocedores de la tradición judía también se sirvieron de las imágenes y de los recursos propios de la literatura apocalíptica".[92] No hablamos solo del Apocalipsis de Juan, sino que lo vemos en todo el NT. Rojas continúa:

> La correspondencia de Pablo de Tarso con la comunidad de Tesalónica es uno de los primeros testimonios de literatura apocalíptica cristiana. El apóstol se sirve del universo simbólico apocalíptico para dirigirse a una comunidad que vive momentos críticos a causa de persecución y del rechazo social de sus coetáneos, y que, en consecuencia, se encuentra especialmente necesitada de ánimo y consolación. Pablo emplea imágenes propias de la tradición apocalíptica judía apócrifa para devolver la esperanza a los convertidos macedonios.[93]

Los evangelios sinópticos poseen variadas y continuas referencias apocalípticas. Juan el Bautista es un personaje clave en este sentido por el empleo simbólico apocalíptico de su mensaje.[94] También la literatura sinóptica posee textos catalogados en este género (baste citar por ejemplo Mc 13, Mt 24 y Lc 21). El discurso escatológico de Mc 13 ha llegado a denominarse *antiapocalipsis* o *apocalipsis sinóptico*.[95]

5) *El sentir del pueblo*

A diferencia del individualismo, propio de nuestra cultura occidental contemporánea, en aquel trasfondo socio-cultural al que nos

---

[91] Comúnmente, por ejemplo, respecto a los evangelios, hablamos de una teología joánica, petrina, paulina, etc., con sus particularidades, acentuaciones y diferencias entre ellas.

[92] I. Rojas, *Op. cit.* p. 85.

[93] Ibíd. p. 86.

[94] Ibíd. pp. 91-92.

[95] Ibíd. p. 92.

remontamos, las personas se percibían a sí mismas desde el *diadismo*, es decir, formando parte de su grupo, interconectados los unos con los otros.[96] A los forasteros, aun cuando estos perteneciesen al mismo grupo cultural, se les veía con sospecha, y a los extranjeros, se les tenía directamente por enemigos.[97] ¡Cuánto más cuando el pueblo había sido invadido por una fuerza imperial foránea que les condicionaba y restringía su identidad religiosa! Este es el caso durante las diversas invasiones, en los últimos tiempos la helenística y la romana.

Por lo que hemos venido diciendo, la literatura apocalíptica se genera y desarrolla desde una actitud de resistencia frente a unas condiciones sociales determinadas. La identidad de grupo está muy marcada. Viene a ser la expresión de un pueblo que se sentía condicionado, oprimido, perseguido o invadido. El pueblo necesitaba de un universo simbólico que pudiera generar oposición a la cultura dominante, de modo que se fortaleciese la identidad propia y la esperanza de la comunidad.[98] Ciertamente hubo movimientos concretos de resistencia en el que la apocalíptica, más allá de un tipo de expresión literaria, era una forma de identidad. Estas eran las sectas apocalípticas. Sin embargo, la estela de esta expresión y sentir de resistencia, esperanza y consuelo, impregnó de forma general muchos ámbitos del judaísmo, incluyendo a Jesús y su movimiento en el siglo I. Desde el padecer del pueblo, generalmente desde la invasión de cada imperio (persa, helenista, romano), suspiraban y clamaban por la irrupción de un cambio socio-político que restableciese la justicia, solucionase el mal y vindicase a los justos. Es decir, anhelaban la llegada del reinado de Dios, generalmente comprendido, como explicaremos un poco más adelante, como el retorno de un idílico y poderoso reinado davídico. Aunque esto debe ser matizado pues no todos lo esperaban de la misma manera.

---

[96] B. J. Malina, *El mundo del Nuevo Testamento. Perspectivas desde la antropología cultural.* 2ª ed. (Estella: Verbo Divino, 2016), pp. 90-91

[97] Ibíd. p. 56.

[98] P. D. Hanson, *Apocalipse,* Genre y *Apocalypticism,* en: *Interpreter's Dictionary of the Biblie: Supplementary Volume,* K. Grim y otros (eds.), (Nashville: Abingdon, 1962), p. 27.

La situación de Israel en el período helenista estaba impregnada de contradicciones que necesitaban de respuesta. La situación de dominio, opresión y censura por fuerzas extranjeras, requerían de una teología apocalíptica de resistencia que naciese de la fuerza revolucionaria de la religión de Yahvé. Esta teología de resistencia, vinculada a las tradiciones bíblicas de liberación, se articuló escatológicamente amparando un frente, por lo general no combativo, de oposición política y de empuje social. Además, desde ella, se reforzó una particular visión del mundo. Sin embargo, como ya hemos dicho, no hubo una única teología apocalíptica de resistencia, como tampoco hubo un único movimiento uniforme entre los apocalípticos. De hecho, repetimos: la apocalíptica no quedó encerrada en el marco de ciertos grupos con opiniones afines, sino que se extendió prácticamente –en mayor o menor grado– a casi toda una sociedad necesitada de esperanza y determinación ante sus opresores. Desde la apocalíptica, se podía mantener la confianza en un Dios dueño de la historia, que les haría justicia contra el imperio invasor cuando llegase el fin. Con sus expectativas y lenguaje, el pueblo, además de consolarse, podía capacitarse y asentarse, desde una actitud de resistencia y defensa (principalmente no violenta), en la reafirmación de su identidad. Eran muy conscientes de su realidad, y se consolaban reconociendo que el poder temporal tenía límites (cf. Dn 2 y 7; 1 Hen 89, 59-90, 25).[99]

El movimiento judío de resistencia fue muy eficaz porque, desde una teología intelectualmente bien articulada, logró movilizar a la población rural junto con los sectores insatisfechos de la población urbana.[100] En el contexto de la dominación helenística, primero con Alejandro Magno junto con sus sucesores seléucidas, y luego durante la invasión romana, el recurso apocalíptico, como cosmovisión y a

---

[99] En el primer capítulo de *Apocalipsis contra Imperio*, Portier-Young siguiendo a Albertz, comenta cómo en el Libro de los vigilantes se refleja, mediante un lenguaje simbólico, la oposición de las aspiraciones de divinización de ciertos gobernantes helenísticos. *Apocalipsis contra Imperio. Teologías de la resistencia en el judaísmo antiguo* (Estella: Verbo Divino, 2016).

[100] R. Kessler; *Historia del Antiguo Israel* (Salamanca: Sígueme, 2013), p. 274.

veces como estilo de vida, alentaba al pueblo a mantener la fidelidad a su identidad social, cultural y religiosa. Con este telón de fondo, la sublevación macabea (en este caso violenta), como señala Kessler, consistió en un alzamiento conservador contra la *modernización* de la sociedad que venía de la mano del helenismo dominante.[101] Modernización que ha de entenderse también –o más bien– como agresión, por venir acompañada –en el caso más extremo– de la prohibición de la religión judía y la profanación del templo de Jerusalén por Antíoco IV (Dn 11:31, la *abominación desoladora* alude a un altar pagano al Zeus Olímpico en el propio altar de los holocaustos[102]).

Lo anterior también nos lleva a tener en cuenta la cultivada esperanza popular *en* un mesías regio-político y, quizá ya aquí, debamos presentar su contraste con el mesiazgo de Jesús. El concepto mesiánico que se fue desarrollando en el judaísmo, fue configurándose conforme a la historia de la realeza davídica. La designación de *ungido*, que en un principio derivaba del ritual de ungir con aceite a los monarcas en su entronización, pasó a proyectarse sobre la esperada figura del Mesías (el Cristo, el Ungido). Esto se debía a que los reyes de Judá no´ cumplieron sus expectativas ético-religiosas (como denunciaban los profetas), brotando entonces el deseo de un nuevo retoño davídico capaz de cumplir con estas esperanzas (en conexión al vaticinio que Natán dio a David respecto a su linaje, cf. 2 Sm 7:12-16).[103] Este anhelo puede encontrarse en el texto de Is 9:1-7 donde encontramos un oráculo, en el que, en el contexto de los territorios asolados por Tiglatpileser III de Asiria, se anuncia la llegada de un niño que mantendría el trono de David.[104] Puede verse además el

---

[101] Ibíd. p. 272.

[102] Cf. C. Blanco, *Op. cit.* p. 36. R. Kessler, *Op. cit.* p. 257. M. Asurmendi, *Op. cit.* 527. F. F. Bruce; *Israel y las naciones* (Grand Rapids: Portavoz, 1988) p. 181.

[103] Algunos comentaristas señalan que este oráculo, en vez de tratarse de un nuevo pacto, consistiría en un paso más en el cumplimiento del pacto con Abraham, hacia la restauración entre Yahvé y su pueblo en el mundo.

[104] Necesitamos hacer algunas aclaraciones. Aunque el texto parece hablar claramente del nacimiento de un niño, en realidad se enuncia la entronización de un nuevo rey (como en el Salmo 2:7 que es un salmo de coronación anterior al exilio donde se expresa que el nuevo monarca era engendrado por Dios tal y como se decía también

poema profético de Is 11:1-16 (posterior al año 586 a. C. en un contexto en el que la monarquía davídica había sido talada), que proyecta en el futuro la esperanza de la restauración, dando pie a la expectación mesiánica.[105] Por tanto, las esperanzas del pueblo revestidas de mesianismo, toman un matiz escatológico de índole política.

El alzamiento macabeo, apoyado por la población rural,[106] en el contexto de la opresión seléucida y las posteriores acciones bélico-políticas asmoneas, favorecieron la elevación de los sentimientos nacionalistas y religiosos en la estela del restablecimiento del modelo davídico en la comprensión de un mesianismo regio. Números textos de la época reflejan, de una u otra forma, esta esperanza en el Mesías o hijo de David (cf. Salmos de Salomón 17 y 18). Es así como la comprensión del Mesías queda adherida tanto a funciones nacionalistas, políticas como religiosas. En este sentido, el movimiento zelote, en su adscripción al movimiento libertario, desarrollaba sus acciones político-militares desde la misma esperanza mesiánica. Por el contrario, en Qumrán se esperaban dos tipos de mesías diferentes, uno de tipo religioso (un mesías sacerdotal) y otro real y davídico.

Ahora bien, en los evangelios encontramos un aparente distanciamiento de Jesús frente a estas ideas mesiánicas de su época. En efecto, el discurso de Jesús es escatológico, pero se desliga notoriamente de los planteamientos regios de índole bélico-política como también de los religioso-políticos. Por supuesto, su proclamación del reinado de Dios tenía innegablemente una dimensión política muy fuerte (el proceso de su condenación en la cruz respondía a cuestiones indubitablemente políticas), pero esta orientación de Jesús se distanciaba frecuentemente de las habituales perspectivas populares. Por otra parte, desde el principio, los primeros cristianos que confesaban a

---

en la tradición de Mesopotamia). Dios engendraba al monarca porque este reinaría en su lugar cf. E. Schweizer, *El Espíritu Santo*, 3 ed. (Salamanca: Sígueme, 2002), p. 77. Cf. J. L. Sicre, *Los profetas de Israel y su mensaje* (Madrid: Cristiandad, 1986), pp. 211-212. Por tanto, en una primera instancia, este pasaje no habla de la venida de Jesús, sino que consiste en una acción de gracias por la subida al trono de un nuevo rey, probablemente Josías. Cf. Sicre, *Op. cit.* pp. 218-219.

[105] Cf. Y. M-J. Congar, *El Espíritu Santo* (Barcelona: Herder, 1991), p. 35.

[106] R. Kessler, *Op. cit.* p. 255.

Jesús como Mesías, entendían con claridad que en él se cumplían las esperanzas del Antiguo Testamento. Por tanto, asumían las expectativas tradicionales mesiánico-escatológicas sobre el *shalom* universal (que estaban aún por cumplirse, cf. Hch 1:6-7[107]), aunque fueron posteriormente reflexionadas tras la destrucción del templo en el 70 d. C. De este modo, se rechazaron nuevamente y con más ahínco las concepciones del mesianismo regio-político como bien se manifiestan en el evangelio de Juan.[108] El ejemplo más notorio se encuentra en Jn 6:15, cuando tras la multiplicación de los panes y los peces su audiencia trata de convertir a Jesús en rey. El evangelista indica que Jesús se fue solo al monte para evitar esta investidura.[109]

No solo el evangelio de Juan corrige estas ideas. Jesús aparece desmarcándose de ellas en los otros evangelios. Por ejemplo, después de la famosa confesión de Pedro en el capítulo 16 de Mateo, en los versículos 21-28 Jesús, discretamente, enseña a sus discípulos el tipo de mesiazgo que va a desarrollar. No será un impositivo mesías militar ni de talante regio-político, por lo que no traerá el reinado de Dios ejecutando un poder y una autoridad de este tipo. En lugar de fuerza e imposición adoptará la vía sufriente expresada en Isaías (Cf. Is 42:1-7; 49:1-9; 50:4-11; 52:13-53:12). En este pasaje de Mateo, Jesús les dice (v. 21), que en vez del favor de las autoridades religiosas (quienes darían garantías de su mesiazgo), lo que va a encontrar será su oposición (lo que *en apariencia* sería un fracaso). Por lo que

---

[107] Ernst Haenchen decía equivocadamente que el autor de Hechos (tradicionalmente Lucas) con estos versículos estaba proyectando la idea de que había desistido decididamente ante toda expectativa de un final inminente, cf. E. Haenchen, *Acts* (Oxford: Blackwell, 1971), p. 143. Sin embargo, hay otros pasajes de fuerte contenido escatológico en el que Jesús no se interesa por *los tiempos* y las épocas como Mc 13:32-33; 1 Tes 5:1. También algunos piensan que la idea del fin solo afecta o concierne al papel desempeñado por Israel.

[108] Venimos siguiendo de cerca a J. Blank, *Comentario al evangelio de Juan*. Tomo primero (Barcelona: Herder, 1964) pp. 420-422.

[109] El relato se sitúa en Galilea donde la idea de mesiazgo regio-político tenía mucha fuerza. El carácter nacionalista se había fortalecido por la reciente repoblación por colonos de Judea en tiempos de Aristóbulo, y por su cercana ubicación a ciudades gentiles. Identificar a Jesús con un mesías regio daría pie a la justificación –en su nombre– de un alzamiento militar contra los romanos.

vemos, se trata de una orientación muy distinta al mesiazgo nacionalista y triunfalista esperado por sacerdotes, autoridades religiosas y el propio pueblo. De hecho, cuando en este pasaje de Mt 16 Pedro *tienta* a Jesús, las palabras del apóstol están en realidad en la misma línea de las tentaciones de Satanás en el desierto, donde se ofrece la vía de un mesiazgo exitoso conforme a los anhelos populares, es decir, implicando medios políticos, económicos y religiosos[110] (cf. Mt 4:1-11 y Lc 4:1-13).

El evangelio de Juan acentúa este desmarque (cf. Jn 18:36) y lo que en la tradición antigua da pie a una mesianología regia, lo recibe muy críticamente ofreciendo una ponderación.[111] Este evangelio presenta la nueva vida escatológica como un don ya presente en la fe, aunque se guarda de no confundir su contenido como una realidad intramundana, especialmente en lo que concerniría al poder terreno de este mundo. Entiende cabalmente que es necesario, hacer por tanto, una crítica al mesianismo político,[112] lo que implica que la preocupación social y política se aborde solo desde un modelo distinto, el de Jesús. En todo caso, en el cristianismo primitivo, Jesús responde, como Mesías, a determinadas expectativas escatológicas y se le entiende como cumplimiento de las esperanzas de Israel. En esta misma línea, más tarde abordaremos, como es lógico por el objetivo de este libro, la cuestión del Apocalipsis de Juan. Por el momento, el lector o lectora tendrá que esperar.

Ahora bien, veo necesario contemplar la panorámica que presenta N. T. Wright. El teólogo británico explica que los contemporáneos de Jesús creían, tal como lo habían anunciado los profetas, que Dios había prometido vivir en medio de su pueblo (refiriéndose de forma concreta al Templo, sucesor del Tabernáculo). Sin embargo, también los profetas habían dicho que Dios había abandonado este Templo en el exilio de Babilonia (cf. Ez 10-11), pero que volvería a habitarlo

---

[110] Cf. J. Moltmann, *El Espíritu de la vida. Una pneumatología integral* (Salamanca: Sígueme, 1998), p. 77. Cf. R. Bernal, *Comentario a Mateo 16, 21-28*. Working Preacher en Español (Minnesota: Luther Seminary, Agosto 2020).

[111] J. Blank, *Op. cit.* p. 371.

[112] Ibíd. p. 423.

(Mal 1; Is 40:5; 52:8). Al regreso del exilio y pasadas algunas centurias, el pueblo, en tiempos de Jesús todavía tenían –como explicaremos– este anhelo que constituía muchas de sus oraciones. En este mismo pueblo, defraudado de sus propios reyes humanos (la dinastía asmonea de los últimos cien años y luego la herodiana), se había formado un sector (considerado por Flavio Josefo como un movimiento *filosófico*) que decía que el tiempo de Dios sería una realidad cuando únicamente él reinase.[113] Esta anhelada teocracia remontaría a los tiempos anteriores de la monarquía en Israel, ya que, cuando el pueblo pidió por vez primera un rey, la respuesta de Dios mismo fue que *no era lo conveniente* (1 S 8:7; 12:12). Tras el fracaso del primer rey, Saúl, Dios escogió a David, donde en cierto sentido, por medio de él, Dios podía seguir siendo legítimamente el verdadero rey. Esta es la idea que se refleja en 1 S 16:13 con la unción de David donde el Espíritu de Dios vino sobre él.[114] Cuando el salmo 2 que es un salmo de coronación anterior al exilio (probablemente a Salomón),[115] expresa en el v. 7: "Mi hijo eres tú, yo te engendré hoy", al margen de la referencia mesiánica, se señala que, al igual que en Mesopotamia, el rey aparece como hijo de Dios engendrado en el momento de subir al trono,[116] lo que se indica es que desde el momento de la entronización el rey comenzaba a reinar en lugar de Dios.[117] La idea es que, con David, debería empezar un linaje real de hombres que legítimamente representarían una monarquía en nombre de Dios.

Los salmos regios suelen proclamar a Dios como rey gobernando en su santo Templo, siéndole las naciones sujetas a su gobierno, incluidas en la celebración alegre de Israel (aunque algunas de estas naciones son castigadas por la presión ejercida contra el pueblo de Dios). También la creación entera festejará esta entronización de

---

[113] N. T. Wright, *Sencillamente Jesús. Una nueva visión de quién era, qué hizo y por qué es importante*. 2ª ed. (Madrid: PPC, 2018), pp. 57-61.

[114] Ibíd. p. 61.

[115] Así lo expresa Kirkpatrick en su *Cambridge Bible Commentary* donde da los argumentos correspondientes.

[116] Cf. J. L. Sicre, *Los profetas de Israel y su mensaje* (Madrid: Cristiandad, 1986), pp. 211-212.

[117] Cf. E. Schweizer, *El Espíritu Santo*. 3ª ed. (Salamanca: Sígueme, 2002), p. 77.

Dios que implica justicia, equidad y desaparición de la opresión y de la corrupción.[118] Dios será el verdadero pastor que cuidará del rebaño, en oposición al fracaso de los gobiernos humanos (Ez 34:2-6, 11-12, 14-16, 23-24). El texto de Ez 34 presenta a Dios como el rey que cuida a su pueblo, en contraste a los gobernantes humanos que *no* lo han hecho. Lo que este anuncio profético no especifica, es cómo se integra en este reinado de Dios, la figura de un futuro príncipe davídico (vv. 23-24) sin anular el gobierno de Dios.[119] Es aquí donde el Salmo 2 fue interpretado en el siglo I, tanto por judíos como por cristianos, como el modelo de cómo Dios establecería su reino estableciendo un rey del linaje de David. Dios gobernará a través de su ungido.

Wright señala que en las Escrituras está "profundamente arraigada" la idea de Dios *viniendo* para reinar como rey de Israel.[120] Lo que no queda tan claro es *cómo* sería eso. ¿Sería Dios quien se aparecería visiblemente y de forma personal para encargarse de todo?, ¿o actuaría por medio de representantes escogidos de una forma especial? No había un modelo claro para indicar cómo tendría que ser el acontecimiento en el que Dios pusiera en práctica lo que, los profetas y los salmos, decían sobre su reinado en el mundo. No obstante, no faltaban quienes ostentaban pretensiones de hablar en nombre de Dios prometiendo la liberación sobrenatural inmediata.[121]

Como expresamos anteriormente, en tiempos del exilio babilónico se mantuvo la idea de que Dios había abandonado el Templo dejando al pueblo a su suerte (cf. Ez 10-11), si bien también se profetizó que la gloria de Dios volvería al Templo reconstruido (Ez 43:1-5, cf. Is 52). Sin embargo, a pesar de haberse reconstruido el Templo y del regreso de los judíos a su tierra, Dios no había vuelto a llenar el Templo con su gloria y, como podemos ver, los últimos profetas del canon continúan prometiendo una venida que todavía no había acontecido en su época (Za 8:3, 7-8; Mal 3:1-3, 5). Esto no quiere

---

[118] Cf. N. T. Wright, Sencillamente Jesús. p. 65.
[119] Ibíd. p. 68.
[120] Ibíd. p. 70.
[121] Ibíd. p. 70.

decir que Dios no estuviese siendo el soberano de todo, o que se entendiese que Dios no estaba al control de las cosas, sino que, desde lo más profundo de cada creyente judío, se reconocía que habían aspectos en los que Dios no estaba al mando (enfermedades y minusvalías, abuso de soldados invasores, gobierno extranjero pagano y blasfemo, dirigentes judíos corruptos, etc.).[122] Un gobierno definitivo de Dios daría por fin respuesta a todo ello. Por tanto, en tiempos de Jesús se esperaba este reinado de Dios, donde Dios *vendría* como rey. Además, como hemos señalado reiteradamente, se esperaba la irrupción divina para liberar y restaurar a su pueblo que estaba siendo oprimido por potencias extranjeras (se anhelaba su justicia y su gobierno).[123] Con el pasaje de Ez 34 y de Za 9:9-11 en mente, las expectativas de buena parte del pueblo eran las de *intuir* que este rey divino vendría de alguna forma como un monarca humano, pero en la figura de un *rey* humilde que cabalga sobre un asno.[124] Este modelo choca con las perspectivas de mesianismos triunfalistas. Según Wright, Jesús fue muy consciente de que lo que él hacía y decía no encajaba con lo que muchos esperaban, sin embargo él estaba convencido de que por su presencia, por su proclamación, enseñanza y forma de actuar, estaba siendo rey, y que estaba poniendo en marcha la campaña del reino de Dios.[125] Las esperanzas de Israel se estaban realizando en su ministerio de un modo que la gente no esperaba.[126]

Según los cuatro evangelios canónicos, al entrar Jesús en Jerusalén montado en un asno, deliberadamente sabía y mostraba que estaba encarnando la vuelta de Dios a Israel.[127] Además es totalmente significativo que el lugar que fue a visitar al entrar en la ciudad fuese precisamente el Templo, expresando la llegada de la presencia de Dios a él (por otra parte su purificación del templo evocará la vemos en 2 Mac 10). Los primeros seguidores de Jesús, en sus escritos,

---

[122] Ibíd. p. 80.
[123] Ibíd. pp. 71-72.
[124] Ibíd. p. 73.
[125] Ibíd. p. 109.
[126] Ibíd. p. 111.
[127] Ibíd. p. 57.

conversaciones y cánticos, hablaban de su maestro como la extraña combinación del rey davídico y el Dios que vuelve.[128] Estos seguidores fueron el primer movimiento que fusionó el tema del reino de Dios y el reino mesiánico. Creían, que *en* el Mesías Jesús, Dios se había convertido en rey para implantar su reino de justicia y paz.[129]

---

[128] En esta combinación entra la figura del Hijo del Hombre del libro de Daniel y la del Siervo Sufriente de Isaías.

[129] Ibíd. p. 74.

CAPÍTULO III

Comienzo y desarrollo

Vimos anteriormente, que en la Biblia, además del Apocalipsis del NT, encontramos otras secciones pertenecientes al género(s) literario(s) que nos ocupa. Según Guerra Suárez: "El primer apocalíptico en orden cronológico que se señala como tal es el libro de Ezequiel 38-39"[1] seguido del *Gran Apocalipsis de Isaías* que comprende los capítulos 24-27,[2] fechado en el siglo V a. C. o más tarde, así como el *Pequeño Apocalipsis de Isaías*, en los capítulos 34-35, con una datación más reciente. Siguiendo una posible cronología, le sucedería el Deuterozacarías (Za 9-14) de después del destierro (quizá Za 9:1-8 haga referencia a la conquista de Palestina por parte de Alejandro Magno[3]) y después Daniel.[4]

---

[1] L. M. Guerra Suárez, *Op. cit.*

[2] Generalmente este texto es considerado postexílico cf. J. L. Sicre, *Los profetas de Israel y su mensaje* (Madrid: Cristiandad, 1986), p. 73

[3] Cf. J. I. Packer, M. C. Tenney, W. White J.R. *El mundo del Nuevo Testamento* (Miami: Vida, 1985), p. 53.

[4] L. M. Guerra Suárez, *Op. cit.*

Aunque hay eruditos que no se ponen de acuerdo respecto a su origen,[5] la apocalíptica como movimiento surge en un contexto sociohistórico que exige considerar la incidencia del helenismo en Palestina, si bien sus raíces son prehelenísticas.[6] Posee elementos exógenos cananeos, zoroastrianos y por supuesto helénicos.[7] No obstante, conviene ser cauto –como Carlos Blanco– a la hora de hablar de *influencias directas* (como podría ser en la concepción de la vida tras la muerte u otros aspectos) de la literatura egipcia, mesopotámica o cananea[8] más allá de datos curiosos e influjos conceptuales.

1) *El cambio en la concepción de Dios*

En el judaísmo de la diáspora babilónica entró una concepción aún más trascendental de la divinidad. Esto se debía a una mayor comprensión del cosmos por influencia de las ciencias y de la astronomía babilónica, que invitaba a los judíos exiliados a comprender a Dios desde una cosmovisión más amplia. Asumieron así que Dios es más *cósmico* y *unitario*, no es ya *el que cabalga sobre las nubes* (cf. Sal 68:33; 104:3; 18:10 cf. Dt 33:26), sino que trasciende el mundo, planteando un *monoteísmo* más sólido, pulido y universal. El Dios de Israel es el Dios del Universo. Mengua por tanto las tendencias monolátricas y se acrecienta el monoteísmo. El profeta Ezequiel dará buen ejemplo de ello,[9] y su influencia, calará en el apocalipticismo posterior que gradualmente entenderá que este Dios soberano, cada vez más engrandecido, va más allá del mundo, de la historia y de la muerte.[10]

---

[5] Cf. R. H. Mounce, *Op. cit.* p. 36ss.

[6] C. Blanco, *Op. cit.* p. 19.

[7] Ibíd. p. 10.

[8] Cf. Ibíd. p. 82ss. Sobre préstamos culturales cf. p. 92.

[9] C. Blanco, *Op. cit.* p. 74. P. Sacchi, *Op. cit.* pp. 80-81.91. Cf. J. L. Ruiz de la Peña, *La pascua de la creación. Escatología* (Madrid: BAC, 1996), p. 79.

[10] Existen textos anteriores a Ezequiel, Zacarías o Daniel donde lo celestial cobra una relevancia simbólico-teológica considerable, pero son más bien ocasionales, cf. C. Blanco, *Op. cit.* p. 76.

Con todo, es aquí en el exilio babilónico donde tenemos que desplazarnos para conocer el origen más remoto de la apocalíptica.[11]

Ahora bien, en la primera época sadoquita, es decir, a la vuelta del exilio babilónico (cuando la dinastía sacerdotal de Sadoc tomó el control religioso), el pensamiento judío se hizo también más complejo por el contacto con la civilización persa (aquellos que les habían liberado de los babilonios). Tomaron concepciones del mundo iranio (quizá mediante el pensamiento del Deuteroisaías e ideas más antiguas de Ezequiel), pero adquiriendo ahora, en una atmósfera contextual distinta, nuevas dimensiones, dando origen a varias corrientes en el judaísmo.[12] No obstante, todavía se discute el grado en que los préstamos del zoroastrismo pudieron calar en la apocalíptica,[13] si bien la idea de resurrección de los muertos, el retorno al paraíso, la erradicación del mal, la fragmentación en épocas del mundo, la personificación del mal como demonios, cierto simbolismo de guerras cósmicas (entre el bien y el mal) o el dualismo escatológico, parecen una influencia bastante directa.[14] Sin embargo, esta consideración de una influencia directa debe ser tomada con cautela, reconociendo además las grandes diferencias entre la apocalíptica y el zoroastrismo.[15] Por otra parte, para ser exactos, habríamos de hablar como de dos estadios de influencia zoroastriana, la primera tras el exilio, y la segunda con la llegada del helenismo mediante las tropas de Alejandro.[16]

Los estudiosos asumen que las concepciones de origen persa paulatinamente fueron absorbiéndose en el judaísmo con peculiaridades propias. Aquí entran aspectos como el *dualismo*, la acentuación de

---

[11] I. Rojas, *Op. cit.* pp. 52-57.

[12] P. Sacchi, *Op. cit.* pp. 136-137. Cf. F. F. Bruce, *Israel y las naciones* (Grand Rapids: Portavoz, 1988), p. 150. A. J. Levoratti, *Op. cit.* p. 592.

[13] C. Blanco, *Op. cit.* p. 95. J. Maier, *Entre los dos Testamentos. Historia y Religión en la época del Segundo Templo* (Salamanca: Sígueme, 1996), p. 34ss. F. F. Bruce, *Op. cit.* p. 151.

[14] Ibíd. pp. 96-97. pp. 100-101. Cf. D. S. Russell, *Op. cit.* pp. 17-19.

[15] Cf. Ibíd. p. 99.

[16] Cf. J. Maier, *Op. cit.* p.35. D. S. Russell, *Op. cit.* pp. 17-19.

la *angelología* y la *demonología* (con un marcaje teológico distinto)[17], la idea de un *mediador* de naturaleza divina o sobrehumana entre Dios y los hombres, la *resurrección corporal* o vida tras la muerte, el consecuente castigo o recompensa *post mortem* (dimensión ética), o el alcance de un estado angélico para los justos.[18] Lo que es seguro es que la corriente saducea entendió algunos de estos elementos, como la *resurrección* o la creencia en los ángeles, como una fe nueva sin fundamentación en la Ley (cf. Hch 23:8),[19] lo que indica que tales creencias no habían tenido arraigo en el judaísmo, al menos en esta forma.

En el lenguaje visionario de Zacarías vemos cómo los acontecimientos futuros se describen como sucesos *ya acontecidos* dentro de un *orden superior* a la realidad terrena, garantizando que serían cumplidos también en la tierra (Cf. Za 5:5-11; 3:1-8). Lo que acontece en la tierra se entenderá entonces como *continuación* de lo ya empezado en este *orden superior*, por lo que los acontecimientos históricos se interpretan ahora como proyecciones de esa otra realidad y manifestaciones de la voluntad de Dios. Esta línea de pensamiento tomará sus consecuencias más extremas al establecerse *como tal* la apocalíptica; en ella, entender la historia significará entender la ejecución del plan de Dios.[20]

Tras el triunfo de los Macabeos proliferaron en el judaísmo de este tiempo diversas sectas en tensión con el helenismo. Dicha victoria despertó además un clima de fervor escatológico popular.[21] Con la revuelta de Matatías contra los seléucidas surgió la *asamblea de los justos* (*hasidim*),[22] quienes, de alguna manera, compartiendo las

---

[17] Es particular de la apocalíptica la individualización de las figuras de ángeles y demonios (Cf. Daniel o 1 Henoc). C. Blanco, *Op. cit.* p. 59. Cf. J. Maier, *Op. cit.* p. 37 nos dice que la influencia angélica no es solo de origen parsino sino que hay influjo siriocananeo.

[18] P. Sacchi, *Op. cit.* p. 137. Cf. C. Blanco, *Op. cit.* p. 58.

[19] Cf. E. Puech, *Op. cit.* p. 90.

[20] P. Sacchi, *Op. cit.* pp. 138-140. Cf. C. Blanco, *Op. cit.* pp. 14-15.

[21] C. Blanco, *Op. cit.* p. 39.

[22] Estos, al compartir los mismos objetivos políticos que los macabeos y un fondo ideológico común, desempeñaron un papel central en el movimiento, aunque no

esperanzas escatológicas del pueblo llano y, asumiendo la tradición profética de la Biblia Hebrea –subrayando el "papel cardinal de un futuro escatológico a la hora de dirimir el destino de la realidad presente"[23]–, se implicaron en la apocalíptica. El libro de Daniel, de aire apocalíptico, es ejemplo de ello (pese a que su narrativa le hace situarse en la deportación babilónica, siendo en realidad su redacción referida al clima del alzamiento con los seléucidas).[24]

Como literatura consolidada y asentada, podemos hablar propiamente de un primer estadio de la apocalíptica situado, además de en secciones de Daniel, en escritos de la corriente henoquita como el *Libro de los vigilantes* o el *Libro del movimiento de las luminarias celestiales o de la astronomía*[25] a los que me referiré de nuevo *más adelante*, así como en el llamado *Testamento de Moisés* y el *Libro de los Jubileos*.[26]

La apocalíptica ofrecía una alternativa cultural y teológica al helenismo pese a tener cierta influencia de la cosmovisión griega (además de la recibida en el exilio en Babilonia).[27] Este influjo helenista se manifiesta en algunos conceptos, tanto en un sentido de aceptación como de rechazo.[28] La preocupación acentuada por el destino del individuo (y no tanto por el del pueblo como predomina en la Biblia hebrea) tiene bastantes probabilidades de ser de procedencia griega. Asimismo, el internacionalismo en la concepción de la historia, considerando a la humanidad como un único género vinculado

---

abanderaron su concepción apocalíptica a juzgar por 1 y 2 Mac. Véase Díez Macho, *Op. cit.* pp. 56-57.

[23] C. Blanco, *Op. cit.* p. 41.

[24] Ibíd. p. 40 Algunos autores muy conservadores niegan –en contra del consenso de la erudición actual– la datación generalizada de Daniel y lo sitúan todavía como un escrito *autobiográfico* del profeta en el exilio. Sus obras son populares pero tienen escaso eco en el contexto académico universitario. Cf. G. L. Archer, *Reseña crítica de una Introducción al antiguo Testamento* (Grand Rapids: Portavoz, 1987), pp. 418-443. L. J. Wood, *Los profetas de Israel* (Grand Rapids: Portavoz, 1996), p. 356ss. S. J. Schultz, *Habla el Antiguo Testamento* (Grand Rapids: Portavoz, 1976), p. 349ss. J. I. Packer, M. C. Tenney, W. W. JR. *El mundo del Antiguo Testamento* (Miami: Vida, 1985), p. 180s.

[25] P. Sacchi, *Op. cit.* p. 181.

[26] I. Rojas, *Op. cit.* p. 60.

[27] C. Blanco, *Op. cit.* p. 29. Cf. p. 112.

[28] Ibíd. p. 19.

a un destino común, era propio de la cultura griega.[29] Por tanto se consolidaría aún más el universalismo (contra el etnocentrismo del pasado) que se había configurado en el exilio, al tener una concepción mayor de Dios sobre el cosmos, el mundo, las naciones, la historia o la muerte. No obstante, en la apocalíptica, a diferencia del helenismo, la *historia*, que es creación y consumación de Dios, contiene un comienzo y un término.[30] Por tanto las influencias no son asimilaciones acríticas sino que hay siempre una tensión de aceptación o rechazo, al igual que de utilización y beneficio de conceptos para expresar cuestiones implícitas en la propia tradición hebrea.

Aunque hay discusión sobre el origen de las concepciones apocalípticas, son manifiestas las similitudes entre muchos de sus elementos teológicos y los numerosos elementos simbólicos de las culturas circundantes.[31]

El Ciclo henóquico (que contiene libros apocalípticos antiquísimos) tiene partes concretas escritas mucho antes del alzamiento Macabeo contra Antíoco IV. Estas secciones posiblemente se remontan al siglo III a. C.[32]

Según el *Documento de Damasco*, trescientos noventa años después de la destrucción del Templo por manos babilónicas apareció una corriente disidente en el judaísmo cuya sensibilidad teológica pretendía recuperar la pureza de la religión. Atendiendo a la datación de este escrito, el inicio de la corriente esenia –o parte de ella– como movimiento apocalíptico (nos referimos a la comunidad de Qumrán), ha de ser fechada como anterior a las revueltas macabeas y al consecuente auge apocalíptico de este periodo posterior.[33]

---

[29] Ibíd. p. 93.

[30] C. Blanco, *Op. cit*. p. 94

[31] C. Blanco, *Op. cit*. p. 79. Patzia y Petrotta concretan que las obras apocalípticas forman parte de la cultura más amplia del mundo mediterráneo. A. G. Patzia, A. Petrotta; art: "*Apocalíptico*" en: *Diccionario de Bolsillo de Estudios Bíblicos* (Miami: Unilit, 2008).

[32] Esta datación es muy temprana y no todos están conformes con ella. Aquí hemos seguido a Sacchi, véase nuestra sección del Ciclo de Henoc.

[33] C. Blanco, *Op. cit*. p.43. Cf. J. Trebolle, *Los esenios de Qumrán…* pp. 76-77. Cf. D. S. Russell, *Op. cit*. p. 51.

2) Esenios, apocalíptica y la vida tras la muerte

No se puede hablar con ligereza de los esenios, y aún es más complicado hacerlo sobre los habitantes de Qumrán. No son pocas las discusiones en torno a su origen[34] e incluso respecto a su vinculación con la biblioteca encontrada en las famosas cuevas.[35] No es objeto de nuestro estudio y no podemos aquí adentrarnos en ello, pero es pertinente advertir que, si nos conformarnos con las hipótesis divulgativas de los manuales clásicos sobre este tema (no solo por la simpleza sino por falta de actualización), estaremos procediendo con desidia. Lo que sí resulta más apropiado para nuestro estudio es conocer que existe cierto debate entre los académicos sobre la relación entre la apocalíptica y los esenios. No se sabe con exactitud si este grupo de judíos pertenecía a un conjunto de mayor alcance donde habría de encajarse la apocalíptica o si la relación con ella era simplemente ocasional.[36] Trebolle es más explícito al decir que la comunidad de tipo esenia tuvo su origen en el ambiente de los movimientos apocalípticos.[37] En cualquier caso, esenios y apocalípticos coincidían en un rechazo al judaísmo oficial a inicios del período Macabeo.[38] Ambos compartieron temáticas y géneros literarios comunes, como el énfasis en la guerra escatológica, en luchas dualistas del bien y el mal o la división del tiempo en etapas diferenciadas. No cabe duda de que los esenios, y qumranitas en concreto, fueron un movimiento apocalíptico, quienes además nos sirven de referentes para analizar el fenómeno.

Si bien ha sido más difícil de lo que parece demostrar que los esenios creían en la *resurrección de los muertos* al final de la historia,[39]

---

[34] J. Trebolle, *Los esenios de Qumrán...* pp. 75-77.

[35] Véase C. Blanco, *Op. cit.* p.44-53.

[36] C. Blanco, *Op. cit.* p. 49.

[37] J. Trebolle, *Los esenios de Qumrán...* p. 77.

[38] C. Blanco, *Op. cit.* p. 49.

[39] Según F. Josefo los esenios creían en la inmortalidad del alma, pero no en la resurrección corporal; sin embargo, Hipólito expresa lo contrario. Cf. C. Blanco, *Op. cit.* p. 51. Parece ser que Josefo está condicionado a expresarse en esos términos y sea necesario atender aquí a Hipólito.

fácilmente puede decirse que coinciden con los apocalípticos al compartir con ellos la creencia de un *juicio final* (cf. 4Q204,2 se asemeja a 1 Hen 22:4). En cuanto a si creían o no en la *resurrección corporal* o lo hacían simplemente en la *inmortalidad del alma*, simplemente señalar que, en la literatura apocalíptica y en la peritestamentaria en general, existe variedad de creencias escatológicas que expresan la convicción respecto a la pervivencia del individuo tras la muerte, sin ser importante la forma de concretar el "cómo" (ambigüedad que se percibe en los rollos del Mar Muerto).[40] Wright indica que en el judaísmo del Segundo Templo y su literatura esta creencia no queda clara.[41]

Algunos textos conservados solo mencionan la supervivencia del *alma* tras la muerte, lo cual, según D. S. Russell, es una idea platónica que proviene de la influencia helenística (en Jubileos 23:31 los justos pasan tras la muerte a la felicidad de la inmortalidad).[42] Sin embargo, como Puech ha señalado, las prácticas funerarias de los esenios muestran que sus tumbas tienen más sintonía con la creencia en la resurrección corporal que en la inmortalidad del alma.[43] También hay que observar que la inmortalidad de las almas no se opone en modo alguno a la esperanza en la resurrección de los justos, sino que ofrece el testimonio de un mero *estado intermedio*. El *Sheol* en el *Libro de los vigilantes* aparece dividido en compartimentos donde las almas residen según su grado de justicia o impiedad a la espera de que por fin llegue el Juicio.[44] Los judíos en tiempos de Jesús tendían a pensar que, al morir, Dios cuidaría de su alma hasta que, al llegar el juicio, reharía el mundo y daría a su pueblo cuerpos nuevos.[45] Javier Alonso especifica, que en el siglo segundo de nuestra era, la creencia generalizada consistía en una resurrección con el mismo cuerpo que se tenía al momento de morir, con sus cicatrices, amputaciones o

---

[40] Ibíd. p. 51-52. La escatología judía no se "unificó" hasta el triunfo del rabinismo de raíz fariseica tras el año 70 d. C. Puede verse además p. 169ss.
[41] N. T. Wright, *Sorprendidos por la esperanza. Repensando el cielo, la resurrección y la vida eterna* (Miami: Convivium Press, 2011), p.84.
[42] D. S. Russell, *Op. cit.* p. 23.
[43] E. Puech, *Op. cit.* pp. 100-101.
[44] Ibíd. p. 89.
[45] N. T. Wright, *Op. cit.* p. 78.

defectos. Solo si tras el Juicio Final eran considerados justos, gozarían de un cuerpo sanado y restituido en la perfección de la juventud.[46]

Quedémonos con que, para la apocalíptica, la creencia de una vida *post mortem* y el *juicio* son completamente claves;[47] y tengamos en cuenta la siguiente reflexión que Carlos Blanco elabora partiendo de Sacchi:

> Es cierto que, como escribe Sacchi "antes del exilio, la muerte jamás representó un problema para los hebreos. Morir era una necesidad natural y significaba terminar en el Sheol, un mundo subterráneo sin luz y, diría, sin vida, donde las larvas humanas ('obot) vivían lejanas a Yahvé, sin poder tributarle alabanza alguna"; pero tampoco cabe negar que, en el seno del yahvismo, se había alumbrado ya, tímidamente, la idea de que el goce de la compañía de Dios no puede toparse con el límite insalvable que impone la muerte.[48]

De hecho, E. Puech indica en su estudio que los descubrimientos arqueológicos y epigráficos en las tumbas de la época de la monarquía (es decir, antes de la influencia babilónica, persa y helenista), señalan unas prácticas funerarias que apuntan a un más allá de la muerte.[49] Esta noción de vida tras la muerte irá afinándose con el tiempo, pasando del básico *Sheol* (donde iban sin retorno las *sombras-almas* de los difuntos sin distinción entre unas y otras), hasta la idea de que Dios preservará a los justos, y será tras la muerte donde la justicia y retribución divina se pronuncie.[50]

La creencia en la resurrección va unida a un despliegue más profundo de la fe monoteísta del Dios vivo, Señor de la vida y de la muerte, del cielo y del *Sheol*. También está ligada a la concepción de la historia del pueblo de la alianza con el que Dios establece

---

[46] J. Alonso López, *La Resurrección. De hombre a Dios* (Madrid: Arzalia, 2017), p. 47.

[47] C. Blanco, *Op. cit.* p. 60.

[48] Ibíd. p. 116.

[49] E. Puech, *Op. cit.* p. 85-86.

[50] Ibíd. p. 86. Su estudio repasa algunas citas veterotestamentarias sobre el triunfo de Yahvé sobre la muerte y cómo intervendrá a favor de los justos tras ella.

relaciones personales,[51] además de estar estrechamente vinculada a una visión sólida de la justicia divina y de Dios como buen Creador.[52] Respecto a ello, nos resultan clarificadoras las palabras del teólogo Jürgen Moltmann:

> Así, pues, la "resurrección de los muertos" es formulada en Israel primeramente en el marco de la fe de la promesa: no se trata de una revivificación natural, sino del cumplimiento, en el difunto portador de la promesa, de la promesa de vida de Yavé. Solo en la apocalíptica la "resurrección de los muertos" es entendida de una manera universal, en el sentido de que este Dios realizará su juicio y conquistará su derecho en injustos y en justos también por encima de la muerte.[53]

Blanco reconoce que la noción de la resurrección de los muertos forma parte de una fe profunda en la trascendencia de Dios sobre el espacio y el tiempo, que dependen de ese desarrollo teológico que brinda la apocalíptica respecto a la historia, al mundo y al ser humano.[54] Su auge despuntó en el siglo III a. C. pero, aunque incorporaba elementos de la imaginería de otras religiones y culturas circundantes, procedía más bien del teocentrismo tradicional del pueblo de Israel.[55] Por otra parte conviene tomar nota de que la apocalíptica, a grandes rasgos, *insiste más* en la resurrección de los muertos que en la inmortalidad del alma,[56] aunque hemos visto que la segunda parece un estado intermedio hasta llegar a la primera y que en tal caso no hay conflicto de compatibilidad.

A la creencia de la resurrección de los muertos le sigue también la de la transformación y glorificación del cuerpo de *aquellos que no les dio tiempo a morir.* En un texto del siglo II a. C. que hoy conocemos

---

[51] Ibíd. p. 88.
[52] Cf. N. T. Wright, *Op. cit.* p. 65.
[53] J. Moltmann, *Teología de la Esperanza*, 7ª ed. (Salamanca: Sígueme, 2006), p. 274. Cf. N. T. Wright, *El verdadero pensamiento de Pablo* (Terrassa: CLIE, 2002), p. 163.
[54] C. Blanco, *Op. cit.* p. 165.
[55] Cf. Ibíd. p. 171. Cf. p. 192
[56] Cf. Ibíd. p. 183.

como *Apocalipsis Mesiánico* (4Q521) encontramos ya la conocida escena que aparece en 1 Ts 4:16-17[57] y 1 Cor 15:51-52:

> ...el estado del resucitado no es el de alguien que vuelve, no es un retorno a la tierra para una larga vida dichosa, sino que supone una transformación espiritual tanto del justo, que estaba vivo, como del resucitado, glorificados uno y otro por la luz divina. Esta escatología ofrece la imagen de un regreso al paraíso de los orígenes, donde Adán vivía en presencia de Dios, en compañía de los ángeles, en una tierra purificada y renovada que encontramos en otros textos de Qumrán.[58]

En la apocalíptica como en la idea cristiana, el nuevo cuerpo es una *transformación* y no un mero reemplazo del antiguo cuerpo.[59]

Al margen de las *intuiciones* veterotestamentarias en torno a la resurrección, la primera referencia *clara* y canónica a la vida posterior a la muerte la encontramos por primera vez en la Biblia en un libro apocalíptico: Daniel (cf. Dn 12:2-3).[60]

---

[57] Como nota bíblico-pastoral, conviene señalar respecto a 1 Ts 4:16-17, que ningún intérprete cristiano ha tenido la ocurrencia de ver aquí ningún "rapto oculto de la iglesia" hasta que en 1880-1882 la tuvo Darby, siendo popularizada en EE. UU. por Scofield y más recientemente por Tim Lahaye. Cf. M. J. Borg, *Hablando en cristiano. Por qué el lenguaje cristiano ha perdido su significado y vigor, y cómo recuperarlos* (Madrid: PPC, 2012), p. 194.

[58] E. Puech, *Op. cit.* p. 95.

[59] Cf. N. T. Wright, *Sorprendidos por la Esperanza.* p. 226.

[60] Cf. M. J. Borg, *Op. cit.* p. 45.

CAPÍTULO IV

Libro de Daniel

Daniel ha sido calificado por la Iglesia como libro *profético* mientras que la Biblia Hebrea lo incluye como parte del grupo de los *Escritos*;[1] pero, indudablemente, se trata de un libro de amplias secciones apocalípticas. No pretende ser un libro histórico aunque frecuentemente se le toma como tal, simula haber sido escrito cuatro siglos antes en Babilonia, aunque realmente debe situarse en la época de Antíoco IV. De hecho, "confunde alegremente a Nabucodonosor con Nabónides, mientras que conoce muy bien el período griego y el reinado de Antíoco Epífanes, aunque ignora el fin de este tirano".[2] Son innumerables los libros apocalípticos que aluden a Daniel tomando

---

[1] J. M. Asurmendi, *Op. cit.* En la tradición masorética Daniel está situado en los *Escritos* (*Ketubim*) después de los Profetas (*Nebiim*) por varias razones. En primer lugar no es considerado un libro profético sino un texto de edificación y, en segundo, el bloque de los *Profetas* ya estaba cerrado en el canon judío cuando apareció Daniel, a pesar de que algunas secciones del judaísmo comprendiesen a Daniel como profeta, como vemos en la tradición alejandrina de la Septuaginta o en las declaraciones de Josefo (Ant X, XI,7). Ibíd. p. 486-487.

[2] F. Castel, *Historia de Israel y de Judea. Desde los orígenes hasta el siglo II d. C.* 7ª ed. (Estella: Verbo Divino, 2002), p. 165.

de él algunos temas característicos que irán repitiéndose continuamente en esta literatura.[3] Ejemplo de ello es la representación de los imperios a modo de *bestias*. Entre estos libros a los que nos referimos se encuentra el Apocalipsis de Juan. De un modo superficial, un tanto escueto, daremos una panorámica de Daniel que, recomiendo, sea completada con la lectura de algunos comentarios serios sobre el libro (especialmente los que maticen sus rasgos apocalípticos), así como con artículos de algún diccionario o enciclopedia bíblica.

El personaje principal es Daniel, a quien históricamente se ha atribuido la autoría debido a que, en 7:1 y 12:4, dichas visiones son "escritas" por este personaje. Sin embargo, y quizá para asombro de muchos lectores de la Biblia, actualmente se considera un caso más de pseudoepigrafía (lo cual no supone –dicho sea de paso– ningún escándalo para cualquiera de las diversas *doctrinas de la inspiración*).

Si atendemos al texto de Ez 14:14, 20, encontramos a un tal Daniel mencionado junto a Noé y Job (es decir, ocupando lugar con personajes de relevancia). Asimismo, en Ez 28:3 volvemos a ver una mención semejante aludiendo a su legendaria sabiduría pero, como indica J. L. Sicre, no se refiere al Daniel que se concreta como protagonista del libro homónimo.[4] También Esd 8:2 menciona un Daniel sacerdote que vuelve del exilio. Fuera de la Biblia hay tradiciones sobre un Daniel legendario, como en la *Epopeya de Aqatu* figurando como ejemplo de justicia y sabiduría. Daniel viene a ser una figura en la que convergen múltiples tradiciones.[5] Hoy por hoy, la crítica histórica, como la propia comprensión de la singularidad apocalíptica, dan la razón al filósofo Porfirio, quien antaño consideró que las profecías del libro eran *prophetiae ex evento* y, por tanto, no pudo escribirlo un autor exiliado en Babilonia.[6]

El libro contiene secciones diferentes que indican orígenes distintos (fruto de diversos autores de varias épocas), respondiendo a problemáticas distintas bajo el denominador común del pueblo judío

---

[3] Sobre estos temas cf. A. Díez Macho, *Op. cit.* pp. 46-48.
[4] J.L. Sicre, *Los profetas de Israel y su mensaje* (Madrid: Cristiandad, 1986), p. 165.
[5] J. M. Asurmendi, *Op. cit.* p. 481.
[6] Ibíd. p. 484.

sometido políticamente a poderes extranjeros.[7] A veces, se levantan voces de quienes consideran que esto no es más que el planteamiento del liberalismo teológico, pero en realidad esta es una afirmación gratuita que solo evidencia el desconocimiento de las características de la apocalíptica.

Daniel contiene tres partes. La primera, los caps. 1-6 donde encontramos, redactados en tercera persona, *relatos ejemplares* de la corte de distintos reyes paganos. Aquí Daniel y sus compañeros salen vencedores ante los diversos conflictos que se presentan en el ambiente pagano, reconociéndose al Dios de los judíos como el verdadero y único. La segunda parte, narrada en primera persona, corresponde a los caps. 7-12 y consiste en cinco visiones apocalípticas reveladas a Daniel. Por último tenemos la sección 13-14, algo más complicada, la cual ha de señalarse que aparece en algunas Biblias de la Reforma (como la *Biblia del Oso* y la *Biblia del Cántaro*[8]) pero que no suelen encontrarse en muchas de las actuales Biblias protestantes por no aparecer en el *Texto Masorético*, así como tampoco la porción de 3:24-90 (de lo que llamamos *Daniel Griego,* que sí aparece en las citadas Biblias castellanas y en Biblias Católicas o Interconfesionales formando parte de la sección *Deuterocanónica*).[9] Esta sección, al estar escrita en griego, tampoco se incluyó en el canon judío.[10] Pese a tener una problemática distinta al resto de Daniel, y de situarse en un marco social distinto (es un conflicto entre judíos),[11] nosotros haremos las referencias oportunas.

---

[7] Ibíd. p. 486.

[8] La *Biblia del Oso* contiene el pasaje 13-14 dentro del libro de Daniel mientras que la del *Cántaro* en una sección entre el AT y el NT.

[9] Ibíd. p. 482. Los vv. 24-90 del cap. 3 de Dn están en la *Biblia del Oso* en un encabezado apartado indicando que no están en los originales hebreos sino en los griegos. Estos versículos fueron eliminados de las Biblias Reina-Valera, a mediados del siglo XIX. Algunas Biblias católicas usan doble nomenclatura para los versículos (ej. *Nacar-Colunga*) de modo que el 24 de las Biblias protestantes es el 24/91 y otras Biblias como la del *Peregrino* tienen dos versículos nominados "24", primero en lo referente al texto griego y luego cuando se reinicia el 24 del texto hebreo.

[10] Ibíd. p. 486.

[11] Ibíd. p. 485.

Los seis primeros capítulos del libro, así como también el catorceavo, presentan reyes paganos con una actitud abierta, dispuestos a la conversión; pero, desde los capítulos séptimo al duodécimo, presentan a un rey pagano que encarna el mal en oposición al Dios de Israel. Esta sección supone necesariamente un conocimiento por parte del autor, de la época de las luchas macabeas, pues el cap. 11 es "un calco detallado de la historia de la época, incluyendo los acontecimientos que preceden la muerte de Antíoco IV".[12] Sin embargo, todo queda bien oculto en la narración, estratégicamente camuflado en la contextualización de un tiempo pasado (exilio babilónico), pero de una forma tan evidente, que el lector contemporáneo judío sabía a qué se estaba aludiendo en realidad.

Los caps. 1-6 tienen, de "telón de fondo", a judíos exiliados viviendo bajo civilizaciones y políticas paganas, pero exponiendo y dejando en evidencia que lo que ocasiona los conflictos, más que estas estructuras políticas, sociales o religiosas donde se mueven, son concretamente las actitudes nocivas de algunos individuos.[13] De ahí que, a pesar de aludir a Babilonia, el libro alumbre la situación particular del pueblo bajo el helenismo dominante.

Algunos autores han clasificado esta sección 1-6, que como decimos fue escrita muy probablemente al principio del período helenista,[14] como un *midrás*; un término que permite dos acepciones. Por un lado, define una interpretación y aplicación de un texto bíblico y, por otro, de forma coloquial, designa una narración legendaria, imaginativa y no histórica. Dado que Daniel guarda numerosos paralelos con la historia de José, se ha pensado en clasificar esta sección como midrás. No obstante Daniel no es una interpretación de José, sino que es un personaje nuevo en una situación también nueva. Además, la historia de José (Gn 36-50) ofrece paralelos y un esquema común con el libro de Ester y la historia de Ajicar (que es citado en Tobías 1:21-22) y no por ello estas obras son un midrás. En

---

[12] Ibíd. pp. 484-485.
[13] Ibíd. p. 485.
[14] Cf. Ibíd. p. 494. Algunos elementos literarios que emplea son de época persa.

efecto, todos estos relatos que incorporan una dimensión sapiencial, tratan de un personaje de clase baja que resuelve los problemas o enigmas de la corte real, mientras que los especialistas que pertenecen a dicha corte han sido incapaces. Estos personajes son luego recompensados por el rey para desempeñar funciones importantes en la corte. En este sentido, otro punto en común es que en los relatos de Daniel, José y Ester se encuentra una dimensión nacionalista y de orgullo religioso: muestran la superioridad del exiliado-sometido frente al monarca o poder opresor.[15]

Los relatos en Daniel 1-6 se podría decir que cumplen una función pedagógica y de ánimo pues alientan a que los judíos vivan fielmente su fe y tradición en contacto con infieles paganos, "ofrecen un 'estilo de vida para la diáspora', subrayando la posibilidad de participar plenamente en la vida de una nación extranjera",[16] al tiempo que marcan los límites de la integración como el rechazo a la idolatría. Animan a la fidelidad a Dios en un contexto pagano, ante la presencia del helenismo.[17]

La sección 7-12 es muy interesante para nuestro estudio, pues presenta cualidades importantes en la apocalíptica como visiones y comunicaciones de un mundo extra-humano. Las visiones –entendidas como género– son la expresión literaria de una experiencia, pero cuando se trata en concreto de visiones apocalípticas es difícil precisar la *base experimental* de las mismas.[18] Las visiones apocalípticas son distintas a las proféticas y contienen, por regla general, la presencia de un intérprete. Su mensaje no tiene la dimensión de inmediatez de las visiones proféticas, y su lenguaje no es tan sencillo y comprensible, ya que juega intencionalmente con toda una arquitectura de símbolos y

---

[15] Ibíd. pp. 489-490.
[16] Ibíd. p. 490.
[17] La vuelta de los exiliados con Ciro no fue tan masiva, y los judíos que habían prosperado y permanecido en la diáspora fueron muchos (Ibíd. pp. 495-496). Cabe decir que para entender las *perspectivas políticas* de Dn 1-6, pese a tener su *sitz im leben* en el helenismo, debemos partir de Jeremías, tanto de 25:11 como de Jr 27, ya que el profeta opta por la sumisión a Babilonia, cosa que también eligió Ezequiel en el exilio. De este modo se invita ahora a una aceptación pacífica de la invasión helenística.
[18] Ibíd. p. 491.

lenguaje figurado.[19] Cabe decir que Dn 7-12, además del vocabulario apocalíptico que le caracteriza, usa una rica terminología sapiencial, lo que permite conjeturar que esta parte fue escrita durante las revueltas macabeas y se terminó antes de la muerte de Antíoco.[20]

Por tanto, la visión de Dn 11, por sus detalles históricos, hay que situarla inequívocamente antes de la muerte de Antíoco IV Epífanes (164 a. C.). Aquí, frente a la persecución y la guerra, Daniel es una obra que aboga no por la resistencia activa, sino por la esperanza en Dios y su acción salvadora.[21] Esta es la habitual *función consoladora* de la apocalíptica para los oprimidos de la persecución, siendo una literatura de resistencia pasiva. El poder político en esta sección se percibe de modo distinto a la anterior. Encontramos ahora la resistencia (no bélica) como respuesta.[22]

Los capítulos 13-14 posiblemente fueron añadidos al libro en el momento de la traducción de la obra al griego, aunque esta porción también tuviese, con toda probabilidad, un original semítico (como ocurre con otras obras).[23] El texto de Susana de Dn 13 es un relato ficticio como 1-6.[24] Hay una diferencia notable de sentido entre la versión de este relato tal como aparece en la Septuaginta en contraste con la versión que ofrece el texto de Teodoción. Y eso es así porque los objetivos de sus redactores son distintos.[25]. Después, en cuanto a Dn 14, el relato de Bel y el Dragón, posee las mismas características de Dn 1-6 respecto al género literario y la función que desempeña, es decir, se trata de un relato cuya intención teológica es ridiculizar –por decirlo de alguna manera– las prácticas religiosas paganas.[26]

En cuanto a la disposición, es importante señalar que en Dn 2 encontramos el marco en el que se estructura todo el libro, el cual vuelve a relucir de nuevo en Dn 7. Esta estructura desglosa las potencias

---

[19] Ibíd.
[20] Ibíd. p. 494.
[21] Ibíd. p. 492.
[22] Ibíd. pp. 503-504.
[23] Ibíd. p. 494.
[24] Ibíd. p. 493.
[25] Cf. Ibíd. pp. 505-506.
[26] Ibíd. p. 507.

venideras, tiene como punto de partida el imperio Babilónico (Dn 2:38) que aparece como el primero de los cuatro imperios. Dn 1-5 se sitúa durante este imperio, luego en 6:1 se menciona el poder de los medos y después en 6:28 se apunta a los persas. En 7-12 se sigue la misma serie pero añadiendo una cuarta potencia: los griegos.

Dn 7-8 está situado en el contexto babilonio, luego el cap. 9 se centra en el reinado de Darío (del linaje de los medos), después en 10:1 entramos en el tercer año del reinado de Ciro, rey de Persia y en 10:20 se menciona el príncipe de Grecia.[27] Ahora bien, atendiendo a detalles, históricamente Baltasar (Dn 5:7-8) no fue nunca rey, sino gobernador de Babilonia y por otra parte tampoco hay noticias de un Darío el Medo, aunque hay constancia de varios persas así llamados. Siguiendo a Asurmendi conviene puntualizar que, aunque los comienzos del imperio persa van unidos a los medos, el esquema de los cuatro introduce a los medos para que el conjunto cuadre.[28] No obstante, muchos manuales de uso popular consideran que el último corresponde al romano al considerarse al imperio medo-persa como uno solo, debido a que el Apocalipsis de Juan (Ap 12s.) vincula el cuarto animal de Daniel a Roma,[29] lo cual figura también en 4 Esdras 12:10-12.[30] No es de extrañar que para los judíos revolucionarios, Daniel fuese –como indica N. T. Wright– uno de sus profetas favoritos.[31]

Los textos de Dn 9:26-27; 11:31 y 12:11 aluden a lo que ocurrió el 15 de diciembre de 167 a. C. cuando Antíoco IV erigió un altar dentro del Templo de Jerusalén.[32] Sin embargo, otros autores han querido ver aquí la destrucción de Jerusalén cuando Tito arrasó la ciudad.[33]

---

[27] Ibíd. p. 495.

[28] Ibíd.

[29] Cf. J. Ebach, *Op. cit.* p. 21.

[30] Cf. J. Stam, *Bestia*, en: *GDEB*.

[31] Cf. N. T. Wright, *El verdadero pensamiento de Pablo. Ensayo sobre la teología paulina* (Terrassa: CLIE, 2005), p. 40.

[32] C. Blanco, *Op. cit.* p. 36. Cf. Nota a Dn 9:26 Biblia de Estudio de la RVR95.

[33] J. Grau, *Op. cit.* p. 107.

Dado que Daniel habla encubiertamente del período de Antíoco IV camuflándolo en una narración basada en el destierro babilónico, y debido a que es un libro que utiliza simbología extraña que causa muchas confusiones, me parece útil el planteamiento que describe Ramírez Kidd. Este comentarista presenta el caso hipotético en el que un periodista contemporáneo escribe un relato de ciencia ficción basado en el 11S comenzando así:

> Y al cumplirse mil años, el día once a las diez horas del noveno mes, el peligro llegará del cielo: dos pájaros grandes se lanzarán contra las hermanas gemelas que contemplan los barcos al pasar. Una inmensa bola de fuego subirá hasta el cielo, y una gigantesca nube de polvo se extenderá hacia los cuatro vientos oscureciéndolo todo a su paso y trayendo la muerte de miles consigo.[34]

Siendo un *vaticinio ex eventu* lo que este texto describe, a pesar del lenguaje simbólico, sería perfectamente comprendido por los lectores contemporáneos.[35] La apocalíptica recurre de continuo a estas estrategias. O bien presenta acciones del presente camufladas en hechos del pasado, o bien presenta en el futuro actos que están viviendo en el presente. Se trata de un recurso literario complejo que despista al lector contemporáneo y que ha desconcertado a numerosos grupos religiosos a lo largo de la historia.

---

[34] J. E. Ramírez Kidd, "*Daniel*" en: A. J. Levoratti (dir.), *Comentario Bíblico Latinoamericano. Antiguo Testamento II* (Estella: Verbo Divino, 2007), p. 599.

[35] Ibíd.

CAPÍTULO V

Ciclo henóquico

En Gn 5:24, se dice que Henoc *anduvo con Dios y desapareció porque Dios se lo llevó*. Quizá este dato del redactor fuese una referencia a ciertas leyendas sobre Henoc ya existentes en aquel tiempo,[1] o, por el contrario, estas historias legendarias pudieron fundamentarse sobre este versículo.[2] Según Aranda:

> La rectitud de vida de Henoc dio pie a pensar que fue preservado del mal de la generación del diluvio, y que en los cielos pudo ver los misterios de la creación, conocer el origen del mal y el castigo que se avecinaba, y tener noticia del futuro previsto por Dios para todos los hombres y de forma particular para su pueblo. Tales especulaciones cristalizaron en un cuerpo de literatura muy variado, que se fue formando desde el siglo III a. C. al V d. C.[3]

---

[1] Ya existentes o contemporáneas a la composición de Génesis; es decir, siguiendo la datación que dicta la erudición actual y descartando, por tanto, una plena autoría mosaica.

[2] G. Aranda, *Op. cit.* pp. 272-273. Cf. C. Blanco, *Op. cit.* p. 58.

[3] Ibíd. p. 273.

Bauckham considera que las leyendas sobre Henoc pudieron surgir, en un primer momento, en la diáspora babilónica, como una forma de oposición a los sabios antediluvianos de las leyendas mesopotámicas. Así Henoc –como refutación a estas otras leyendas– pasó a convertirse en el *iniciador* del arte de escribir y en el primer sabio que recibió revelaciones celestiales (de los secretos del cosmos) para ponerlas por escrito.[4]

Numerosas obras tienen a Henoc por protagonista. Estas forman la *tradición henóquica* (el etiópico *1 Hen*, el eslavo *2 Hen*, el hebreo *3 Hen* y el copto incompleto similar a *2 Hen*). Aquí, debido a su importancia a la hora de atender luego al Apocalipsis de Juan, nos centraremos en *1 Henoc*, también llamado *Ciclo de Henoc (Ciclo henóquico)*, *Henoc Etiópico* o *Pentateuco de Henoc*. Este conjunto trabaja un universo conceptual que, sin ser del todo nuevo, proporciona significados que serán claves para entender la cosmovisión apocalíptica,[5] y por tanto también para nuestro libro de Apocalipsis. Asimismo, el NT hace puntualmente referencias a 1 Hen (algunas las veremos más adelante), como también lo hacen la Epístola a Bernabé y diversos Padres de la Iglesia.[6]

Está compuesto por estos cinco libros, de épocas diversas:

1) *Libro de los vigilantes* (Caps. 1-36, si bien hay que distinguir la introducción 1-5 como añadido aparte).
2) *Libro de las parábolas de Henoc* (Caps. 37-71 llamado también *de las Similitudes*).
3) *Libro de astronomía* (Caps. 72-82).
4) *Libro de los sueños* (Caps. 83-89).

---

[4] R. J. Bauckham, *Enoc*, en: *NDBC*, 2ª ed. Ampliada (Barcelona: Certeza Unida, 2003).
[5] C. Blanco, *Op. cit*. p. 77.
[6] Por ejemplo, Justino Mártir, Atenágoras, Taciano, Irineo, Orígenes, Clemente de Alejandría, Tertuliano, Lactancio, Metodio de Filipo, Minuncio Felix, Comodiano, y Cipriano de Cartago, entre otros, consideraron el libro de inspiración divina. El obispo Prisciliano también fue defensor de 1 Hen. Cf. F. Corriente – A. Piñero, *Libro 1 de Henoc. Introducción*; en: Díez Macho, A.- Piñero, A. *Apócrifos del Antiguo Testamento IV* (Madrid: Cristiandad, 1984), pp. 13-17. Cf. F. Klein, *Enoc, Libro de*, en: *GDEB*, 3ª ed. (Viladecavalls, CLIE, 2014).

5) *Exhortaciones de Henoc* (90-107). Consta de:
   -91; 93 *Apocalipsis de las semanas*
   -92 *Epístola de Henoc*
   -106-107 *Libro de Noé*
   -108 *Conclusión*

En *1 Hen* encontramos casi todas las características propias de la apocalíptica, de ahí que nos sea tan útil para nuestro propósito explicativo.[7] Despunta vivamente la esperanza de la supervivencia al final de los tiempos, mediante la resurrección de los muertos o la inmortalidad del alma.[8] Muestra el paso del etnocentrismo exclusivista de Israel hacia un entendimiento más amplio de Dios en el cosmos, entendiendo que todos los pueblos, y no solo el hebreo, están sometidos a los efectos del mal (por causa de una caída angélica), y que la historia del pueblo judío está inserta en el seno de la historia universal, en la que Dios tendrá la última palabra.[9] Como hemos apuntado antes, estas obras recurrirán deliberadamente al texto de Gn 5:24 para sustentar su teología, pues allí se menciona la figura de Henoc en la morada celestial ("Henoc trató con Dios y después desapareció, porque Dios se lo llevó", BP).

1) *Libro de los vigilantes*

Hemos indicado que nos centraremos en 1 Hen más que en cualquier otra obra apocalíptica peritestamentaria y, más concretamente, a modo de escaparate de todo el conjunto, prestaremos especial atención al *Libro de los vigilantes* que, por importancia en sus relatos, es el que más puede aportar a nuestro estudio.

---

[7] En castellano también es recomendable la lectura de C. Santos Carretero, *Apócrifos y Apocalípticos. Angeología y demonología en los libros de Henoc.* Tesis Doctoral dirigida por E. Yidiz Sadak. Facultad de Filología de la Universidad de Salamanca, 2014-2015.

[8] C. Blanco, *Op. cit.* p. 51. p. 52.

[9] Cf. Ibíd. p. 91.

Díez Macho lo sitúa en el siglo V a. C.,[10] Sacchi en el IV a. C. y Bachmann en el siglo III a. C.,[11] pero Aranda lo sitúa en el siglo II a. C., aunque reconoce que recoge material del 400 a. C. (el tiempo en que la erudición contemporánea data el Génesis).[12] Lo interesante de la datación temprana, en los inicios del segundo período sadoquita (400-200 a. C.) es que lo hace ser más antiguo de lo que se pensaba hasta ahora.[13] No obstante, algunos como C. Blanco lo fechan algo antes del 170 a. C. atendiendo a que ya conocía la muerte de Judas Macabeo,[14] aunque refleja más concretamente la situación anterior a las revueltas macabeas, dando explicación al origen del mal que sufre el pueblo y genera expectativas ante un *futuro mundo nuevo* del Mesías.[15]

La obra procede de círculos cultos donde se conocía bien la astronomía, y en los que las antiguas tradiciones se desarrollaban a la luz de las nuevas exigencias conceptuales. Presenta influencias del mundo mesopotámico y egipcio, pero desde un talante religioso y cultural novedoso.[16]

La primera sección 1-5 se denomina *Libro del juicio* y es añadida a modo de prólogo. En el primer capítulo vemos que la obra se concibe como palabras de Henoc para bendecir a los elegidos y justos que vivirán en el día de la tribulación, cuando serán rechazados todos los malvados e impíos mientras que ellos serán salvados. Semejante temática aparece en Ap 7:14 con atención a aquellos que superan la Gran Tribulación (cf. Dn 12:1; Mt 24:21, Mc 13:19; Hch 14:22). Aquí se anticipa ya el castigo a los ángeles (vigilantes) v. 5.

---

[10] Cf. Díez Macho, *Op. cit.* p .40, p. 51.

[11] Cf. V. Bachmann, *En la pista de un orden sólido. Sobre los comienzos de la Escritura apocalíptica en el judaísmo antiguo;* en: *Revista Concilium* Nº 356 (Estella: Verbo Divino, junio 2014), p. 29.

[12] G. Aranda, *Op. cit.* p. 276.

[13] P. Sacchi, *Op. cit.* p. 189.

[14] C. Blanco, *Op. cit.* p. 201.

[15] G. Aranda, *Op. cit.* p. 275.

[16] P. Sacchi, *Op. cit.* pp. 183-184.

Los caps. 6-8, remontándose al tiempo de los orígenes, abordan el tema de los ángeles vigilantes,[17] que se reunieron y bajaron a la tierra para tomar a las mujeres de los hombres y engendrar hijos con ellas (los gigantes) y dar conocimientos técnicos a los seres humanos.[18] Esta concepción de la bajada o caída de los ángeles (*Katábasis*) parece estar asociada al fenómeno astronómico de las estrellas fugaces, pues ángeles y *estrellas* están, tanto en la literatura apocalíptica como en algunos textos bíblicos, relacionados e identificados como sinónimos (Is 14:12, cf. Lc 10:18, Ap 6:13; 9:1; 12:4).[19] Este episodio de los vigilantes se arraiga en el famoso relato de los *nephilim*, los gigantes de los versículos 2 y 4 de Gn 6.[20]

En Gn 6:4 lo que encontramos es un reflejo particular[21] de esta historia como antesala al diluvio.[22] El redactor bíblico que hace esta observación no cree en los gigantes, por lo que indica que simplemente son los héroes de los tiempos antiguos, desmitificándose así el sentido del término.[23] En Is 24:21 se vuelve a hacer referencia al castigo a los ángeles (estrellas = ejércitos de los cielos), que en el

---

[17] En Dn 4 vv. 13, 17 y 23 encontramos este término para referirse a los ángeles.

[18] Cf. V. Bachmann, *Op. cit.* p. 30. Cf. G. Aranda, *Op. cit.* p. 275.

[19] F. Klein, *Op. cit.* p. 758.

[20] Esta porción de Génesis probablemente no formaba parte del relato original del diluvio. Cf. H. de Wit, *En la dispersión el texto es patria. Introducción a la hermenéutica clásica, moderna y posmoderna* (San José: UBL, 2002), pp. 147-148.

[21] Cf. J. Maier, *Op. cit.* p. 135.

[22] Es común en la historia de las religiones, como en la historia que aquí tenemos, la pretendida unión sexual con seres divinos para lograr fecundidad (o fecundidad de la tierra). En este caso la sátira bíblica muestra que ese modo de lograr fecundidad para la tierra acaba produciendo un diluvio descomunal que solo produce muerte. Cf. A. González, *Reinado de Dios e Imperio* (Santander: Sal Terrae, 2003), p. 95.

[23] Cf. P. Sacchi, *Op. cit.* p. 193. Los "hijos de Dios" de Gn 6:2 aparecen en los Targumim como "hijos de los jueces" o "hijos de los notables" cambiando también el trasfondo del mito. Cf. J. Trebolle, *La Biblia judía y la Biblia cristiana. Introducción a la historia de la Biblia*, 3ª ed. (Madrid: Trotta, 1998), p. 492. En la tradición cristiana a los "hijos de Dios" se le quiso dar otro significado. San Agustín consideró que era una referencia a los hijos de Set (Gn 4:26). Esta presuposición está bastante arraigada en la tradición cristiana. Cf. A. Edersheim, *Comentario Bíblico Histórico*. 6 tomos en 1 (Viladecavalls: CLIE, 2009), p. 39. Es curioso que Edersheim, judío convertido al cristianismo, conocido por explicar al mundo cristiano las costumbres e interpretaciones judías, adopte la postura de Agustín.

Libro de los vigilantes y otros textos apocalípticos son los causantes del origen del mal. Sin embargo, mientras que en aquellos textos apocalípticos que no están en la Biblia el origen del mal tiene que ver con la caída de los ángeles (y el diluvio es consecuencia de ello), el texto bíblico atribuye el diluvio a causa de la maldad de la humanidad.[24] Por otra parte, hemos de señalar que hay textos bíblicos que también señalan que no todo el mal es causado por el hombre (ahí tenemos la serpiente en Gn, o Ecl 3, Job...).

Un creyente actual, que conozca la historia del diluvio de Noé (Gn 6-9) y vea la película *Noé* (2014) protagonizada por Russell Crowe, descubrirá una serie de elementos desconcertantes, tales como ángeles caídos o gigantes. Estos y otros elementos no fueron tomados del relato de Génesis, sino de este *Libro de los vigilantes* y del llamado *Apocalipsis de los animales*, que es la mayor porción del *Libro de los sueños*.

Según el relato, los ángeles caídos enseñaron a la humanidad secretos celestiales: las ciencias y las técnicas (entre ellas la astronomía, que será considerada base de todo saber).[25] De ahí se desprenderá que la causa del mal acontecerá por la revelación de estos secretos. El *Libro de los vigilantes* anuncia para el futuro lejano un gran juicio, donde Dios se aparecerá en el Sinaí como juez para dar a los justos una existencia pacífica mientras que, a los impíos, les pedirá cuentas (caps. 1-5).[26]

Es necesario volver a subrayar la importancia de conocer el género apocalíptico y sus figuras literarias. Ciertos ufólogos, tomando literalmente el simbolismo del lenguaje apocalíptico —y desde la premisa de los *alienígenas ancestrales*— han llegado a formular teorías que conectan a los ángeles vigilantes con los extraterrestres. No solo el literalismo de algunos cristianos traiciona el sentido de los textos bíblicos, sino que, igualmente hay otro tipo de literalismos que desvirtúan el lenguaje mítico y simbólico, al concebirlo como si se tratara de historiografía moderna. Tan errado es el literalismo del

---

[24] Cf. F. García Martínez, *Dualismo y origen del mal*, en: J. Vázquez Allegue (Coord.), *Para comprender los manuscritos del Mar Muerto* (Estella: Verbo Divino, 2012), p. 105.

[25] Cf. J. Maier, *Op. cit.* p. 136.

[26] Cf. V. Bachmann, *Op. cit.* p. 30.

fundamentalismo cristiano, como el de este tipo de "investigadores" ufológicos, pues proyectan en sus lecturas concepciones anacrónicas que falsean el significado legítimo del texto.

Sacchi señala algunas aportaciones de esta obra henóquica:

> Dos son las grandes novedades que el Libro de los vigilantes incorporó a la historia del pensamiento y religión judías [sic]: el origen no humano del mal y la inmortalidad del alma, entendida como entidad separable del cuerpo y capaz de vivir después de la muerte de este en una dimensión donde el mal no existe ya.[27] Sin embargo, el interés del libro está centrado en el problema del mal, que encuentra explicaciones múltiples pero todas reducibles a un punto común: el mal deriva de una primera trasgresión que se produjo en una esfera superior a la humana.[28]

Todo ello aparece en primera instancia descrito como si se tratase de un relato histórico pero, a partir del cap. 12, distinguimos claramente que en realidad se trata de la experiencia de una visión de Henoc, pues mediante visiones o audiciones directas se hacían cognoscibles las cosas del cielo y de la tierra.[29]

Henoc tiene la visión de un *más allá* cósmico y terrestre. En el gran vacío cósmico vislumbra, siendo castigados, a *siete ángeles* que en el cuarto día de la creación trasgredieron el orden de Dios (sacando de su órbita a las *estrellas* que se les había confiado, 1 Hen 18:12, 15; 21:6).[30]

---

[27] La teología bíblica asume la idea de la resurrección corporal, en lugar de la inmortalidad del alma separada del cuerpo. En el libro de los Vigilantes es la primera vez que aparece esta idea (cf. caps. 12-16). Habrá que esperar hasta el libro de Sabiduría o los escritos del siglo I d. C. para encontrar en el judaísmo esta creencia. P. Sacchi. *Op. cit.* p. 179. Ahora bien, en el judaísmo, tanto la creencia en la resurrección corporal rechazada por los saduceos como la de la inmortalidad del alma aparecen más o menos a la par. Ibíd.

[28] P. Sacchi. *Op. cit.* p. 190. Asimismo, la continuación del mal ya no dependerá de los secretos revelados, sino de las almas de los gigantes que se pasean por la tierra originando desgracias. Ibíd. p. 192.

[29] Ibíd. p. 191.

[30] Ibíd. p. 192.

Dada la identificación habitual de ángeles con estrellas en la apocalíptica, conviene preguntarse si hay relación con Ap 1:16, 20, donde *siete estrellas* se muestran en la mano derecha del Hijo del Hombre (Jesucristo cósmico), y se explica (v. 20) que también representan ¡a los *ángeles*! En este caso equivalen a las siete iglesias a las que Juan es encomendado escribir (v. 16). Que las Iglesias (ángeles-estrellas) de Ap 2:1 estén en la mano derecha del Señor simboliza el vínculo que tiene con ellas.[31] En 1 Hen 18:13 volvemos a encontrar a las siete. Además de este juego simbólico, si, en efecto, Apocalipsis se escribió en tiempos de Domiciano (hablaremos de ello en capítulos finales), habría que tener en cuenta que el hijo de este, al morir joven sobre el 77-81 d. C., apareció divinizado en la ilustración de una moneda en señal de gobernar el mundo y con *siete estrellas* en su mano derecha. Por lo tanto, el autor de Apocalipsis estaría despreciando el pretendido dominio y poder del joven divinizado en la moneda, a la vez que expresaba que solo Jesucristo es el verdadero rey del cosmos, quien de verdad tiene las *siete estrellas* en su diestra. Como vemos, el tema es bastante complejo, ya que el simbolismo de las siete estrellas en 1 Hen 18:13 es anterior al emperador romano. Probablemente, más que una respuesta sencilla, englobe una identificación compleja.

Así como los servidores angélicos de Dios pecaron el cuarto día de la creación en la tradición henóquica (necesitando por tanto de remisión),[32] ahora las siete iglesias a las que Juan escribe se encuentran en una situación parecida, necesitando ser advertidas y corregidas (volviendo a sus órbitas, lo que puede referirse a una doctrina correcta). Mucho se ha escrito sobre las estrellas en el texto. Raymond E. Brown indica que las siete estrellas en la mano derecha son un símbolo real e imperial que anticipa las visiones posteriores en las que Cristo peleará con el césar.[33] A la luz del LV personalmente tengo algunas reservas. Sencillamente el v. 20 identifica las *siete estrellas*

---

[31] I. Rojas, *Op. cit.* p. 119.

[32] G. Aranda, *Op. cit.* p. 276.

[33] R. E. Brown, *Introducción al Nuevo Testamento II. Cartas y otros escritos*. Trad. A. Piñero (Madrid: Trotta, 2002), p. 1005.

como los ángeles de las *siete iglesias* (aunque en concreto los ángeles pueden ser precisamente los responsables de cada comunidad[34]).

En Dn 12:3 –texto de carácter apocalíptico–[35] se dice que los *entendidos* y los que enseñan justicia a la multitud, resplandecerán como *estrellas* a perpetua eternidad, por lo que la asociación simbólica entre *estrellas* e *Iglesia* pudiera tener aquí su "origen"; pese a que la concepción de la *inmortalidad astral* aparecía en algunas ideas egipcias sobre la muerte, y también en la cultura griega.[36] En 1 Hen 104:1-2 se expresa que los justos brillarán como *luminarias* en el cielo y tendrán sus *nombres escritos* (cf. los nombres de los justos escritos en el *libro de la vida* en Ap 3,5; 20,12; 17,8) ante la gloria de Dios. Esta idea de los nombres escritos en el *libro de la vida* de Dn 12 también es recogida en El *Rollo de la Guerra* 1QM XII-XIII). El *Libro de las parábolas* y la *Epístola de Henoc* toman la idea de que los justos brillarán con vestiduras de gloria en un universo transformado, tales como *luminarias* en el cielo, mientras que los pecadores perecen en la llama del fuego eterno (1 Hen 91:16 y 45:4-5).[37] En Mt 13:43, en palabras de Jesús encontramos un eco a Dn 12:3 "los justos resplandecerán como el sol".[38] La cultura grecolatina concebía la transformación de los difuntos en estrellas o constelaciones (catasterismo), tal es el caso de Jasón, Ganímedes, Andrómeda, Quirón, Orión y otros.[39]

---

[34] Cf. nota en *Biblia del Peregrino* de L. A. Schökel.

[35] Este texto manifiesta claramente la intertextualidad que la apocalíptica emplea al jugar con las Escrituras, ya que implícitamente hay relación con Is 53 y con el Salmo 69:29 (libro de la vida).

[36] Cf. C. Blanco, *Op. cit.* p. 87 (Blanco señala aquí lo improbable que es que la creencia de la resurrección de los judíos dependa de un préstamo egipcio), véase también p. 90. Por otro lado, el *Comentario del Contexto Cultural de la Biblia. Antiguo Testamento* dice que estrellas y ángeles tienen en común que a ambos se los conoce como ejército de los cielos, y también indica que el pensamiento griego contemporáneo y la literatura apocalíptica señalaban que los justos llegaban a ser estrellas o ángeles, aunque la alusión de Daniel no es una identificación, sino una comparación cf. (El Paso: Mundo Hispano, 2006), p. 854.

[37] Cf. E. Puech, *Op. cit.* p. 89.

[38] N. T. Wright, *Op. cit.* p. 79.

[39] J. Alonso López, *La Resurrección. De hombre a Dios* (Madrid: Arzalia, 2017), pp. 178-179.

En conexión a lo anterior, Ap 1 emplea la figura de *siete ángeles* y *siete estrellas,* pero también *siete candeleros* (1:12-13, 20). Identifica con ellos a las siete iglesias, estando en medio Jesucristo (v. 13). Como la cifra *siete* tiene el valor simbólico de expresar *plenitud* (generalmente es así en la numerología bíblica)[40] puede referirse a la Iglesia universal. Probablemente los candeleros representan la *luz* que la Iglesia ha de ser en el mundo (Mt 5:14-16). Como se puede apreciar existe un estrecho vínculo en la tradición bíblica entre *estrellas* y *luces.*

El pensamiento hebreo y bíblico hasta entonces mantenía que una *sombra* del fallecido bajaba al *Sheol* (independientemente de si se trataba de una persona buena o mala). Sin embargo, en LV aparece por primera vez la idea revolucionaria que indica una *separación* entre las almas de los buenos y su destino respecto a las de los malvados.[41] El *Sheol* en LV está formado por cuatro compartimentos donde residen los difuntos, según su grado de justicia e impiedad, mientras esperan el Juicio. Esto supone un *estado intermedio* entre la idea de la inmortalidad de las almas (ya que aquí son estas sombras las que sobreviven sin el cuerpo) y la creencia en la futura resurrección corporal.[42]

El árbol de la vida de Ap 22:2, texto que anuncia cómo será la vida sin maldad en la tierra nueva y el cielo nuevo, tiene su paralelo en LV. Aparece situado en alguna parte del "cosmos", sin que nadie pueda tocarlo hasta el momento del Gran Juicio (1 Hen 15:4 cf, 25:4), cuando los justos, los humildes y los escogidos podrán comer su fruto.[43] Lo que diferencia a este árbol respecto al del Apocalipsis es que las almas que tomen de su fruto vivirán en una tierra

---

[40] Creación en siete días (Gn 2:2), siete pares de animales en el arca (Gn 7:2-3), siete vacas gordas y siete flacas en el sueño del faraón (Gn 41:17-30), siete rociamientos debía hacer el sacerdote (Lv 4:6), siete vueltas a Jericó (Jos 6:1-5), siete zambullidas de Naamán (2 R 5:14), siete veces se levanta el justo (Prov 24:16), siete bienaventuranzas esparcidas en Apocalipsis, etc.

[41] P. Sacchi, *Op. cit.* p. 193. Idea familiar que se expresa en Jn 5:29, tratándose de resurrección corporal y no del destino de almas sin cuerpo.

[42] Cf. E. Puech, *Op. cit.* p. 89.

[43] Cf. P. Sacchi, *Op. cit.* p. 194. C. Blanco, *Op. cit.* p. 186.

regenerada durante una *larga vida*, quizá mayor que la de los antiguos patriarcas (1 Hen 25:6), pero *después* les esperará la *muerte definitiva*.[44] Se trata de una perspectiva embrionaria del concepto de resurrección corporal.

El período de *mil años* conocido por Ap 20:2-3 aparece en LV como castigo para las *siete estrellas* (1 Hen 18:16 y 21:6). Este castigo de mil años mantiene cierta relación e influencia con el periodo de mil años de arrepentimiento propio de movimientos religiosos de matriz griega.[45] El simbólico número *mil* es abundante, aplicándose a otros aspectos en la apocalíptica judía, como puede verse tanto 1 Hen como en 2 Baruc o Qumran.[46]

Por otra parte, el grito de los justos en el más allá pidiendo justicia (Ap 6:9s) encuentra cierto eco en 1 Hen 9:3-10.

2) *Libro de las parábolas*

Comprende los capítulos 37-71 y probablemente es la sección más tardía del ciclo, en la actualidad se piensa que la forma final es ya del siglo I de nuestra era.[47] Expresa que Dios juzgará a la humanidad mediante un Elegido.[48] Sus formas descriptivas tienen notable parentesco con Apocalipsis. Henoc recibe conocimiento divino en forma de parábolas. Habla de juicio y condenación para los injustos, así como de la agradable residencia de los justos en presencia de Dios. En 41:1 encontramos, siguiendo a Dn 5:27, que las acciones de los seres humanos son pesadas en balanza, al igual que en 43:2 es pesada en balanza la "luminosidad" de las estrellas.

---

[44] P. Sacchi, *Op. cit.* p. 194.
[45] C. Blanco, *Op. cit.* p. 92.
[46] Cf. L. Jaramillo Cárdenas, *El mensaje de los números* (Miami: Vida, 2012), pp. 200-201.
[47] Sin embargo, Díez Macho lo sitúa sobre el 100 a. C., pero considera que hay elementos más tardíos dentro del Ciclo. Cf. *Op. cit.* p. 49.
[48] C. Blanco, *Op. cit.* p. 201.

En 1 Hen 46:1 hallamos otros elementos conocidos, como la cabeza del Anciano de días con pelo como de lana limpia (citado en Dn 7:9 y que también figura en Ap 1:14). Correspondería hacer un justo examen comparativo de Apocalipsis con *el Libro de las parábolas* que por razones de espacio no podemos hacer aquí.

En 42:2 leemos: "La Sabiduría fue a habitar entre los hijos de los hombres y no encontró sitio. Entonces la Sabiduría ha regresado a su hogar y ha tomado su silla entre los ángeles". Recordando que en otros textos del Ciclo henóquico los ángeles caídos trajeron el conocimiento (sabiduría) y técnica al ser humano dando pie al origen del mal, probablemente se indique aquí un regreso al orden primigenio del cosmos.

El juicio a Israel aparece en LP mediante una criba del Espíritu por parte del Mesías (1 Hen 49:3; 62:2, cf. Salmos de Salomón 17:26-37 y 1 QSb 5:24-25). Teniendo esto en cuenta, Menzies interpreta Mt 3:11-12 (donde el Bautista anuncia el bautismo de Espíritu Santo y Fuego) como si se tratase de una criba similar (juicio), expresando que ni Jesús ni Juan entendieron el don del Espíritu como una renovación ética interior, como suele interpretarse comúnmente.[49]

3) Libro de la astronomía

Posiblemente, aunque no es del todo seguro, sea el libro más antiguo del Pentateuco de Henoc.[50] Evidentemente es anterior al 200 a. C.[51] Describe el cielo desde la perspectiva de Henoc, quien narra un viaje celestial y explica los fenómenos celestes, atendiendo además a los problemas del calendario. En este libro descubrimos ya la concepción de predestinación[52] y, según 1 Hen 81:1-2, se indica la

---

[49] R. P. Menzies, *The Development of Early Christian Pneumatology with Special Reference to Luke-Acts* (Sheffield: Academic Press, 1991), pp. 135-145. Quizá esta sea clave para entender la blasfemia contra el espíritu cf. 13:31-32.

[50] C. Blanco, *Op. cit.* p.67 cf. p. 120. p. 200. J. Trebolle, *Los esenios de Qumrán...* p. 83.

[51] Sin embargo, Díez Macho lo data alrededor del 130 a. C. *Op. cit.* p. 49.

[52] La predestinación será afirmada por los esenios en la *Regla de la Comunidad*, donde se dice que Dios ha creado al ángel de luz y al de las tinieblas para amar a uno y odiar a otro (1 Q 3:26-4:1). Asimismo, afirmarán la omnipotencia de Dios a costa

existencia de unas tablas celestiales de las leyes concernientes al cosmos, a la historia de la humanidad y a la de los individuos.

Trata el asunto del origen del mal de forma semejante a LV2*b*. No nos dice cuándo ocurrió la *trasgresión*, pero señala que muchos ángeles encargados del gobierno de las estrellas las sacaron de las órbitas dispuestas por Dios (80:6). Confirma una tradición henóquica que recurre a sí misma (independientemente de cual de los dos libros fuese el primero).[53] El Señorío de Dios florece aquí impregnado de tintes universalistas sobre el mundo y la historia.[54] La parte más antigua del libro incluye el calendario de 364 días, el cual fue observado por los qumranitas siendo uno de los factores que determinó la ruptura con las corrientes centrales del judaísmo.[55]

En el Apocalipsis canónico encontramos la obligación que tenía Juan de escribir la revelación que veía (1:11, 19). Del mismo modo, siglos antes, el autor del *Libro de astronomía* expresaba la misma obligación a Henoc para escribir su visión (81:5-6). Ambos trascienden lo terrenal en su revelación y han de dejar constancia por escrito. Tanto en Apocalipsis como aquí hallamos la imagen de los misterios escritos en libros celestes y su papel al final de los tiempos. Solo Dios (o el Mesías) es capaz de abrir los libros (cf. Ap 5:1-9).[56]

La diferencia más notable entre el LV y este otro es que, en el primero, el ser humano es víctima de la caída angelical que origina el mal, mientras que en el segundo los seres humanos son culpables.

4) *Libro de los sueños*

Se trata también de una obra escrita tras la muerte de Antíoco IV (164 a. C.). Contiene dos visiones apocalípticas mediante sueños

---

de negar o limitar el libre albedrío de humanos y ángeles. Los esenios dirán que Dios creó al Diablo como tal (1 QS 3:18).

[53] P. Sacchi, *Op. cit.* p. 195-196.

[54] C. Blanco, *Op. cit.* p. 67.

[55] J. Trebolle, *Los esenios de Qumrán...* p. 83. Cf. 74-75. Antecedentes a este calendario cf. Ez 45:18-20; véase también Jub 6:29-33.

[56] G. Aranda, *Op. cit.* p. 284.

de Henoc. En una, la Tierra llega a su fin (83:4-5) y, en la segunda, muestra una historia de la humanidad (y de Israel) hasta el fin de los tiempos, con representaciones simbólicas de animales. El tema de la destrucción de la Tierra, como parece presentar la primera visión, es algo extraño en la teología bíblica, solo en 2 P 3:7 parece aludirse a algo así. También es infrecuente en la literatura apocalíptica, donde lo encontramos excepcionalmente en 4 Esdras, ya que los textos veterotestamentarios y pseudoepigráficos generalmente lo que señalan no es una destrucción irreversible, sino la recreación o restauración del mundo (o cosmos) actual. En este caso, el *Libro de los sueños* conlleva una súplica a Dios para que la destrucción no acontezca.

Su autor es contemporáneo al de Daniel (datación moderna), pero mira la historia con sentido de globalidad, partiendo de los orígenes del mundo y no desde el reino dorado de Nabucodonosor.[57] La historia es presentada en cuatro períodos[58] predominando un planteamiento determinista. Todo es concebido como predeterminado por Dios. Henoc tiene una visión de la historia futura en la cual Dios condena al Templo a la destrucción junto con las ovejas ciegas de Israel. La ideología que muestra, atendiendo a su *sitz im leben*, es opuesta a los asideos (que habían aceptado la organización del Templo), pero próxima a los esenios, aunque con mayor contacto con la historia que estos. El presente es interpretado como una época dominada por la violencia, donde se martirizan a las ovejas que tienen temor de Dios.[59]

Los *vigilantes* nuevamente son descritos como las *estrellas* que cayeron del cielo, siendo la primera de ellas la que transmitió el *conocimiento* a los humanos. Aunque respecto a la existencia del mal, en lugar de atribuirlo a los ángeles, lo hace remontar a antes de la caída

---

[57] P. Sacchi, *Op. cit.* pp. 258-259. Blanco lo data como posterior a Daniel (cf. *Op. cit.* p. 201).

[58] Cf. C. Blanco, *Op. cit.* p. 124.

[59] V. Bachmann, *En la pista de un orden sólido. Sobre los comienzos de la escritura apocalíptica en el judaísmo antiguo*, en: Revista Concilium Nº 356 (Estella: Verbo Divino, junio 2014), p. 33.

de estos, remitiéndonos al fratricidio de Caín.[60] Por otra parte, al decir de Blanco: "la rebelión de los ángeles caídos, cuyo efecto más profundo sobre la historia humana se manifiesta en la violenta lucha del mal contra el bien, no conculca la convicción fundamental de que el plan divino sobre el mundo se culminará gloriosamente (cf. 1 Henoc 90, 28-30)".[61] La sección principal del libro 1 Hen 85-90, encuadrada en la segunda visión, se denomina *Apocalipsis de los animales.* Los seres humanos a los que se hace referencia aparecen con formas de animales[62] y los ángeles caídos aparecen nuevamente como estrellas que caen a la tierra.[63] Finalmente hay un juicio donde las estrellas caídas, los malos pastores y otros pecadores son quemados en un abismo de fuego tras lo cual se produce una transformación del hábitat terrenal y de las estructuras sociales: una nueva Jerusalén.[64]

5) *Exhortaciones de Henoc*

Esta obra, según el trabajo de Díez Macho, podría fecharse hacia el 50 a. C.[65] Trata sobre el inminente juicio de Dios que conlleva la bendición eterna para el justo. Menciona de nuevo que el justo brillará como las luminarias del cielo (104:2) siguiendo a Dn 12:3. Contiene una sección, aproximadamente del 170 a. C.,[66] denominada *Apocalipsis de las diez semanas* (93:1-10 y 91:11-17), que, en paralelo a la semana de los siete días de la Creación de Génesis, propone una disposición de la historia del mundo en clave cronológica cuyo curso se divide en diez semanas del año.

---

[60] Ibíd. p. 32. La caída angelical sucede aquí después del fratricidio y no antes.
[61] C. Blanco, *Op. cit.* p. 128.
[62] Como los doce patriarcas que indirectamente aluden a las tribus de Israel. Es propio de la literatura apocalíptica que los animales simbolicen países, regiones o imperios (cf. las típicas bestias apocalípticas).
[63] V. Bachmann, *Op. cit.* p. 32.
[64] Ibíd. pp. 32-33.
[65] Cf. A. Díez Macho, *Op. cit.* p. 49.
[66] Cf. Ibíd.

El autor relaciona el séptimo día con la consumación escatológica del mundo, a la que considera como fuente de paz. Por tanto, la consumación escatológica del mundo hacia el *eón venidero* se fundamenta en la misma paz de la Creación[67] (una Creación entendida como un ordenamiento del caos). En 2 P 2:4 se menciona el castigo de los ángeles de igual manera que aparece en el *Apocalipsis de las semanas* (mencionado en LV),[68] alusión que también encontramos en Judas 6, libro cuyo versículo 9 posiblemente procede de un libro pseudoepígrafo: *La asunción de Moisés*.[69] Judas 9 alude a la batalla de Miguel con el Diablo disputando sobre el cuerpo de Moisés. En Apocalipsis 12:7-9 encontramos de nuevo una batalla de Miguel y sus ángeles contra el dragón (Satanás) y los ángeles de este, teniendo como trasfondo –según R. E. Brown– el texto de Gn 3.[70] No obstante, en mi opinión, el levantamiento de Miguel a favor de los escogidos se entiende mejor desde Dn 12:1-2.[71]

---

[67] C. Blanco, *Op. cit.* p. 82.

[68] Cf. G. Aranda, *Op. cit.* pp. 290-291.

[69] Debido a que la cristiandad no canonizó 1 Hen ha ocasionado ciertos problemas como la aceptación de la carta de Judas cf. F. Klein, *Op. cit.* p. 757.

[70] R. E. Brown, *Op. cit.* p. 1015. De estar en lo cierto, resultaría curioso, ya que Gn 3, conocido como el *relato de la trasgresión*, difiere de algunos textos apocalípticos, pues en ellos (a excepción de Jubileos) no siempre aceptan que el mal provenga del pecado de Adán. No solo nos referimos a 1 Hen, que atribuye el mal a la caída angelical, sino que el *Tratado de los dos Espíritus* (1 QS 3:13-4:26) no acepta que el mal venga de Adán. Cf. F. García Martínez, *Dualismo y origen del mal*, en: J. Vázquez Allegue (Coord.), *Para comprender los manuscritos del Mar Muerto* (Estella: Verbo Divino, 2012), p. 112.

[71] El texto de Dn 13:1-3 alude a la esperanza ya manifestada en Is 25:8. Cf. E. Puech, *Op. cit.* p. 87.

CAPÍTULO VI

Apocalipsis de Juan

Nuestro estudio no consiste en un comentario del Apocalipsis. La ruta trazada hasta aquí, ha hecho evidente, la necesidad de conocer la literatura apocalíptica para que, desde ella, podamos tener más claridad a la hora de abordar el último libro de la Biblia. En esta sección nos ocuparemos de acentuar estos rasgos.

No podemos entrar aquí en el proceso de cómo Juan de Patmos, autor del Apocalipsis, pasó con los años, a mediados del siglo II, a ser identificado tempranamente con el apóstol Juan.[1] Simplemente, tengamos en cuenta, que el mundo académico, con muy pocas excepciones, considera que no fue el apóstol quien escribió esta obra sino otra persona llamada del mismo modo (no se trataría de pseudoepigrafía en este caso). Al respecto, poco o nada tenemos que decir a este y a otros asuntos similares. No obstante, hay otros aspectos,

---

[1] J. L. González, *Para la salud de las naciones. El Apocalipsis en tiempos de conflicto entre culturas* (El Paso: Mundo Hispano, 2005), p. 17. 18. Cf. J. Stam, *Apocalipsis Tomo 1.* Comentario Bíblico Iberoamericano (Buenos Aires: Ed. Kairós, 1999), p. 23.

en lo referente al acercamiento interpretativo de Apocalipsis que hemos de tratar.

1) *Fundamentación veterotestamentaria*

Hemos dejado constancia de la importancia de los símbolos en la literatura apocalíptica. También subrayamos que la apocalíptica se basó directamente en la literatura profética anterior y algunas veces, como en la tradición henóquica, sus escritos retornaban y bebían unos de otros.

La Torá siguió ocupando un lugar importante en el pensamiento apocalíptico, a pesar de que los apocalípticos prefirieron, como parte de su reacción subversiva contra el culto hegemónico del Templo, revelaciones distintas a la mosaica, escogiendo otros héroes como Henoc antes que Moisés. Sin embargo:

> El centralismo de la Torá en el pensamiento de los libros apocalípticos se puede ilustrar libro tras libro, desde los jubileos y los Testamentos de los XII Patriarcas del siglo II a. de J. C. hasta 2 Esdras y 2 Baruc del siglo I d. de J. C.[2]

Ahora, entrando concretamente en el libro de Apocalipsis, tengamos en cuenta que: "...el Apocalipsis de Juan, más que de la apocalíptica judía precedente, depende en gran parte del AT; la experiencia profunda, quizá litúrgica, del mensaje del NT le lleva a una reelaboración original del AT, al que nunca se cita expresamente".[3] Tenney detecta no menos de cuatrocientas alusiones al AT.[4] González dice: "No hay otro libro en todo el Nuevo Testamento que incluya más alusiones que el Apocalipsis a las Escrituras hebreas o a otros libros

---

[2] D. S. Russell, *Op. cit.* p. 69.
[3] L. M. Guerra Suárez, *Op. cit.* p. 167. Véase I. Rojas, *Op. cit.* p. 116 y 137.
[4] M. C. Tenney, *Nuestro Nuevo Testamento. Estudio panorámico del Nuevo Testamento.* Ed. Aumentada y revisada (Grand Rapids: Portavoz, 1989), p. 455.

de origen judío".[5] Y Daniel es, sin duda, uno de los libros favoritos del autor, por sus continuas referencias, hasta el punto que no se puede entender el simbolismo de Apocalipsis sin tener en cuenta el trasfondo de Daniel.[6] En cuanto a los libros pseudoepigráficos a los que también hace sus guiños, hay similitud de Apocalipsis con 1 Henoc, 4 Esdras, Apocalipsis de Abraham, 2 Baruc…[7]

2) ¿Un calendario del fin del mundo?

Ebach observa que: "Muchos evangélicos siguen interpretando aún los apocalipsis bíblicos como hoja de ruta de la historia del mundo",[8] y González describe el mismo error: "… muchas personas dan por sentado que el Apocalipsis es ante todo una profecía que describe el fin de los tiempos paso a paso, y que entonces la tarea del intérprete consiste en descubrir en qué paso estamos, cuándo llegará la próxima trompeta, cuándo el Señor regresará, etc.".[9] González recoge una anécdota muy común:

> …he conocido personas que estaban convencidas, en base a cálculos que creían ser absolutamente infalibles, que la bestia cuyo número es el 666 era Hitler, o que era Stalin, o que era Roosevelt, o que era el Papa, o que era Fidel Castro, o que era Bush, o que era Sadam Hussein, o que era la reina Isabel de Inglaterra, o que era el comunismo, o que era el capitalismo, etc.[10]

El error de fondo de esas interpretaciones no es una cuestión de cálculo, sino de la manera en que se interpreta el libro. Apocalipsis no nos ha llegado como una codificación de la fecha de la parusía

---

[5] J. L. González, *Op. cit.* p. 19.
[6] Ibíd. p. 19.
[7] Ibíd. pp. 19-20.
[8] J. Ebach, *Op. cit.* p. 21.
[9] J. L. González, *Op. cit.* p. 10.
[10] Ibíd. p. 11.

ni de etapas de la misma (Hch 1:7; Mc 13:32).[11] Del mismo modo suele darse un mal entendido respecto al concepto de *profecía* en Ap 1:3 (cf. 22:18) asumiendo que se trata de un mensaje sobre el futuro, siendo un término que simplemente alude a que lo expresado viene en nombre de Dios.[12]

Redunda González en referencia al concepto de *profecía* (como función de portavoz divino) de la siguiente manera: "...no significa, como frecuentemente se ha pensado, que esté describiendo un calendario o programa para los acontecimientos futuros. Juan es profeta en el sentido bíblico estricto: le habla palabra de Dios al pueblo de Dios".[13]

Concebir Apocalipsis como si se tratase de un programa sobre los últimos tiempos, como si no tuviese nada que decir como Palabra inspirada para cada época,[14] es acotarlo exageradamente. El libro está dirigido a los contemporáneos de Juan, pero eso no ha impedido que sea significativo para los cristianos de todos los siglos. Por supuesto, tiene partes que se refieren al fin de los tiempos pero expresadas, como siempre ocurre en el género apocalíptico, de una manera que viene a ser un mensaje de aliento y esperanza y esto, en primer lugar, a los prístinos lectores del libro.[15]

3) *Similitudes respecto al género apocalíptico*

Es nuestro interés entender el Apocalipsis a la luz de la literatura apocalíptica, pues entendemos que comparte características propias de este género. No obstante, ha de observarse que posee diferencias, las cuales veremos más adelante. Comencemos primero con las semejanzas

---

[11] Ibíd.
[12] Ibíd. p. 12. Véase *profecía* en cualquier diccionario bíblico.
[13] Ibíd. p. 26.
[14] Ibíd. p. 13.
[15] Ibíd. p. 16.

3.1 Una escritura simbólica

Apocalipsis comparte, con muchos escritos semejantes, la situación de persecución o dificultad y el uso de *visiones* como recurso literario para introducir conceptos, impartir enseñanzas y comunicar principios o verdades ocultas.[16] En este sentido es importante no caer en una interpretación literalista de los símbolos que tienden a mostrar ideas espirituales y trascendentes. Respecto a ello, A. E. Puente apunta que la mayoría de comentaristas de Apocalipsis reconoce el uso de los símbolos como no literales, pero difieren en su interpretación.[17]

Hemos de ser sensibles a los símbolos apocalípticos anteriores que Juan reutiliza, pero también atender a los que son propios o inéditos suyos. Estos símbolos eran fácilmente comprendidos por los iniciados destinatarios del libro y poseían gran fuerza de convicción.[18]

El lenguaje y las imágenes de Apocalipsis no solo provienen de tradiciones hebreo-judías, sino que también de las babilónicas, las del zoroastrismo, las grecorromanas y las asiáticas, como señala Ricardo Foulkes. La cultura general de la región –a diferencia de la del lector contemporáneo– estaba al tanto de estos elementos y detalles.[19] El estilo descriptivo es semejante en muchos casos a la apocalíptica anterior.

Las referencias al libro de Daniel son numerosas y conocidas, por ello resulta más interesante hacer aquí comparaciones con textos extracanónicos. Que el Apocalipsis, que consideramos *inspirado*, contenga, como otros textos neotestamentarios, alusiones a unos libros que no entraron en el canon no debe inquietarnos. Tales referencias sirven de puente y ayudan a la compresión de la revelación dentro de un marco cultural. La inspiración no está reñida con ello.

---

[16] Cf. A. E. Puente, *Op. cit.* p .4.

[17] Ibíd. p. 5.

[18] Cf. J. Stam, *Apocalipsis Tomo 1.* Comentario Bíblico Iberoamericano (Buenos Aires: Ed. Kairós, 1999), p. 19.

[19] R. Foulkes, "*Apocalipsis*", en: A. J. Levoratti (dir.), *Comentario Bíblico Latinoamericano III. Nuevo Testamento* (Estella: Verbo Divino, 2003), p. 1180.

De modo parecido, hoy en día es frecuente encontrar sermones que aluden a la cultura popular o al cine para ilustrar una enseñanza. De hecho, estamos más acostumbrados de lo que parece a que se acuda a los recursos o tradiciones propias de un mismo género sin que suponga ningún trauma. Así, por ejemplo, es fácil encontrar en un cómic de Marvel, como alguna saga de Spiderman, referencias a otras sagas de la misma compañía o referencias cruzadas a ellas (Xmen, Hulk, 4 Fantásticos…), al pertenecer al mismo universo conceptual –que es conocido por los lectores–, tales referencias se comprenden. Algo parecido pasa en Apocalipsis.

3.2 Algunas referencias directas

En Ap 1:11, 19 o 21:5 Juan tiene la obligación de *escribir* la revelación que está viendo, tal y como el autor del *Libro de astronomía* (así como otros) había manifestado antes (81:5-6). En Ap 4:1 una voz mediadora le dice a Juan el vidente: "sube acá" en referencia a las moradas celestiales, siguiendo el modelo común de la apocalíptica (como vemos, por ejemplo, en 1 Henoc, 2 Baruc).[20] Seguidamente, en el v. 2 ve el trono en el cielo y a Aquel que está ahí sentado, a semejanza de 1 Hen 14:15-25.

En Ap 5:1-5 se habla del libro escrito y sellado que solo es digno de ser abierto por Jesús, lo cual presenta alguna similitud con secciones de 1 Hen (y muy especialmente con Dn 12:4, 9). En 5:11 los ángeles alrededor del trono, además de en Is 6:1-3, tienen su antecedente literario en 1 Hen 14:15-25 y especialmente en 1 Hen 71:5-11. Del mismo modo los cataclismos cósmicos, terremotos, etc. (cf. Ap 6:12-13; cf. 11:13), que no deben tomarse literalmente, son imágenes tradicionales que se repiten una y otra vez en la apocalíptica.[21] El grito de los justos en el más allá pidiendo justicia (Ap 6:9ss.) tiene su paralelo en 1 Hen 9:3-10.

---

[20] Cf. I. Rojas, *Op. cit.* p. 49. p. 63. Cf. R. H. Mounce, *Op. cit.* p. 39.
[21] Cf. R. E. Brown, *Op. cit.* p. 1012.

Las alusiones a los ángeles como sinónimos de estrellas (cf. Ap 12:4) son, como ya hemos visto, comunes a toda la apocalíptica, especialmente en 1 Hen. En Ap 9:1 observamos cómo a una estrella se le da la llave del abismo (lugar donde se supone están encerrados los ángeles caídos).[22] Ap 11:1-13 es un texto que habla de dos profetas que la tradición relaciona con Pedro y Pablo, que fueron martirizados en Roma en torno al 60.[23] *Apocalipsis de Elías* 3 parece tener la misma alusión a los profetas, solo que concretadas en las figuras de Elías y Henoc, quienes luchan contra el Anticristo, muriendo y resucitando después.[24]

Anteriormente nos referíamos a Ap 20:2-3, donde se menciona el castigo de mil años para Satanás, semejante al castigo a las siete estrellas (ángeles) de 1 Hen 18:16 y 21:6. Ap 21:27 indica que solo los que están inscritos en el libro de la vida entrarán en la Nueva Jerusalén, en 1 Hen 104:1-2 se menciona a aquellos cuyos nombres están escritos en un libro, lo cual les autoriza estar ante la gloria de Dios. La destrucción de Satanás en Ap 20:7-10 guarda semejanza a los Oráculos Sibilinos 3,662-701.[25]

Se nos escapa, de la intención de este estudio, el poder llevar a cabo un comentario a Apocalipsis versículo a versículo, donde podamos hacer las explicaciones pertinentes basándonos en paralelos con toda la literatura del período del Segundo Templo. Sirvan las referencias anteriores para hacernos una breve idea.

La viveza, el colorido y el dramatismo que se desprenden de muchas ilustraciones en Apocalipsis es también algo propio del género.[26] El libro emplea en su estructura una serie de septenarios: siete cartas, siete sellos, siente trompetas y siete copas (además algunos especialistas identifican otros septenarios no enumerados y

---

[22] Nota a 9:1 en BTI.
[23] Cf. R. E. Brown, *Op. cit.* p. 1015.
[24] Cf. G. Aranda, *Op. cit.* p. 307.
[25] R. H. Mounce, *Op. cit.* p. 497.
[26] A. E. Puente, *Op. cit* p. 5.

difundidos). Esta técnica es clásica en la literatura apocalíptica, aunque no es ajena al resto de la tradición bíblica.[27]

3.3 El símbolo como sistema para *camuflar* a los opresores

Los apocalipsis, al estar escritos en contextos de clandestinidad, angustia y opresión, necesitan de una simbología y estilo literario que haga referencia a sus perseguidores u opresores de forma velada. El uso de imágenes míticas y cataclísmicas sirve para quejarse del sistema imperial que les asfixiaba.

El lenguaje apocalíptico suele utilizar la categoría de *bestias* para representar a las naciones paganas o naciones impías.[28] "El Apocalipsis de Juan retoma el motivo de Daniel y vincula su cuarto animal a un monstruo en el que se revela Roma" (Ap 12s).[29] En Ap 13:1 se menciona una primera bestia que simboliza al Imperio romano[30] o al poderío de este[31] y una segunda bestia aparece en el v. 11 que bien puede simbolizar el culto al emperador,[32] o la autoridad romana ejercida desde las autoridades locales en Asia Menor.[33]

En tiempos de Domiciano, más que una persecución directa contra los cristianos, lo que hubo fue un ambiente hostil en el que se exigía el *culto al emperador* dejando a los creyentes en una situación complicada (semejante a la de Daniel respecto a la estatua de Nabucodonosor cf. Dn 3).[34] Ambas bestias de Ap 13 se fusionan en una sola que simboliza el Imperio romano asentado sobre los siete montes (cf. Ap 17:9 las siguientes alusiones a Babilonia en realidad

---

[27] J. Stam, *Op. cit.* p. 33. Cf. M. C. Tenney, *Op. cit.* p. 461.

[28] Cf. A. E. Puente, *Op. cit.* p.179.

[29] J. Ebach, *No siempre será igual. Observaciones e intuiciones sobre la apocalíptica bíblica*, en: *Revista Concilium* Nº 356 (Estella: Verbo Divino, junio 2014), p. 21

[30] Cf. R. E. Brown, *Op. cit.* p. 1017.

[31] J. González, *Op. cit.* p. 25.

[32] Cf. R. E. Brown, *Op. cit.* p. 1018.

[33] Cf. J. González, *Op. cit.* p. 25. Cf. A. E. Puente, *Op. cit.* p. 183.

[34] I. Rojas, *Op. cit.* p. 96.

son una forma indirecta para hablar de Roma, del mismo modo que los actuales *rastafaris* se refieren al sistema imperante en el primer mundo con la misma designación).[35]

En 13:18 encontramos el famoso *número de la bestia* seiscientos sesenta y seis (en otros manuscritos seiscientos dieciséis[36]), que consiste en una codificación del nombre del emperador romano *Nerón*, del mismo modo que el Antíoco IV está simbolizado en el *undécimo cuerno* en Dn 7:8.[37]

Conviene tener en cuenta que *no es* un triple seis ("6, 6, 6") con ese efecto de repetición de tres cifras seguidas según nuestro actual sistema decimal, puesto que no tenían grafías específicas para los números, sino que lo expresaban recurriendo a las letras del alfabeto, a las que otorgaban un valor numérico. Hablamos de la cantidad *seiscientos sesenta y seis* como totalidad ¡tal cual! Esta aclaración deja al descubierto que algunas de las propuestas interpretativas fantasiosas del mundo del cine o de algunos grupos religiosos actuales no tienen más fundamento que una admirable imaginación.

La propia palabra griega para *bestia* (*thêiron*) transliterada al hebreo también suma seiscientos sesenta y seis. Esta codificación se ha realizado mediante un método llamado *gemetría* (o *gematría*), iniciado en Israel en la época del Segundo Templo.[38] En este sistema las letras sirven de numerales, siendo que las consonantes hebreas que transliteran la forma griega del nombre del césar Nerón componen la cifra de seiscientos sesenta y seis.[39] En los *Oráculos sibilinos*, se señala que el nombre de Jesús en griego, mediante el mismo juego

---

[35] Cf. J. Stam; *Bestia*, en: *GDEB*. Cf. J. Stam, *Apocalipsis Tomo 1*. Comentario Bíblico Iberoamericano (Buenos Aires: Ed. Kairós, 1999), p. 18. Cf. M. C. Tenney, *Op. cit.* p. 453.

[36] Esto se debe, según la gematría que explicaremos en breve, a lo que sería la forma latina del nombre de César Nerón sin la "n". Para el seiscientos dieciséis cf. R. Moraleja Ortega, *Seiscientos sesenta y seis*, en: *Palabra Viva* Nº 25, 3er Trimestre (Madrid: Sociedad Bíblica, 2008), pp. 16-18.

[37] Cf. J. Ebach, *Op. cit.* p. 19.

[38] Art: *Gematría* en: *GDEB*.

[39] R. E. Brown, *Op. cit.* p. 1018. Cf I Rojas, *Op. cit.* p.126-127. I. Barchuk, *Explicación del libro de Apocalipsis*, 1ª ed (Tarrasa: CLIE, 1978), pp. 260-262.

matemático suma *ochocientos ochenta y ocho*, cuyo significado es "más que perfecto".

En Ap 13:3 se describe la herida mortal de una de las cabezas de la bestia que parece coincidir con el suicidio de Nerón el 68 d. C., pero se nos habla en un contexto de *resurrección*, porque tras dos años de caos sin emperador, el Imperio (es decir la Bestia) resucitó con Vespasiano y, más concretamente, el césar Nerón "resucitó" en la figura de Domiciano: *Nero redivivus*.[40] Precisamente es curioso cómo entre los paganos hubo un grupo que realmente pensaba que Nerón había vuelto a la vida.[41] Domiciano sería el emperador que continuó la "persecución" cristiana entre los años 86-95 d. C., es decir, en torno a las fechas en las que se considera que se escribió Apocalipsis.[42] Sin embargo, para los cristianos la "persecución" no fue llevada a cabo únicamente por los romanos, sino que las autoridades judías también tomaron partido.[43] Las comillas sobre la palabra "persecución" se deben a que en realidad Domiciano no extendió la persecución propiamente contra los cristianos sino que reclamó estrictamente el culto al emperador.[44]

Por otra parte, el número *seiscientos sesenta y seis* recuerda que, mientras el siete en la numerología bíblica significa *perfección*, el 6 es un número que no ha llegado a dicha perfección.[45] Es un número que simbólicamente no ha dado la talla, y señala lo malo e imperfecto. Al no llegar al *setecientos setenta y siete,* el seiscientos sesenta y seis sugiere que el poder de la bestia sea parcial, transitorio y no decisivo.[46] Este número pudo llegar a significar un gran poder *maligno*,[47] identificado no solo con las fuerzas romanas, en sentido humano,

---

[40] Cf. J. Stam; *Bestia*, en: *GDEB*.

[41] Algo parecido al estilo de los que dicen que Elvis sigue vivo: Cf. N. T. Wright, *Sorprendidos por la Esperanza*. p. 78.

[42] I. Rojas, *Op. cit*. p. 14.

[43] Ibíd. p. 15.

[44] M. C. Tenney, *Op. cit*. p. 454.

[45] Art: Seis, en: *GDEB*.

[46] Cf. nota a 13:18 en BTI.

[47] Cf. A. E. Puente, *Op. cit*. p. 187

sino, también, con el perverso poder que las movía (pues la lucha no es con carne ni sangre, Ef 6:12[48]). Stam ofrece un interesante apunte:

> Al escrutar el libro del Apocalipsis con la lupa histórica, descubrimos que el autor inspirado estaba muy consciente de esta multifacética crisis y dirigió su palabra profética a todos sus aspectos: explotación y esclavitud, especulación e inflación, consumismo y hambre, militarismo y represión, el culto al poder y al éxito, la falta de respeto a la verdad y el deterioro del valor de la palabra. ¡El vidente de Patmos conocía muy bien las entrañas de la bestia![49]

3.4 El juicio en Apocalipsis

El cristianismo desde el principio atribuye a Jesús el papel de juez al final de los tiempos, un rol que, hemos visto, era común e imprescindible en la apocalíptica judía. Pese a lo inaceptable que en nuestras mentes modernas conlleva el concepto de *juicio*, Wright recuerda que, en la teología bíblica, principalmente en los salmos, la idea de juicio de Dios es algo bueno y alegre que se debe celebrar y esperar.[50] Supone el fin de las injusticias, de la violencia, la opresión, etc. La idea de un Dios bueno implica un Dios que juzga, toma el control de la situación dañada y restablece la dignidad pisoteada de los débiles y los que sufren. El juicio implica un paso en la recreación de este mundo hacia un mundo nuevo, y los oprimidos recibirán la justicia que merecían al tiempo que los opresores se toparán con la firmeza de Dios y la imposibilidad de continuar con sus actos deshumanizadores. Surgirá una nueva creación que es continua a la presente:

---

[48] Es interesante que Ef 6:12 haga referencia a las huestes de maldad de las religiones celestes, es decir, las potencias de los astros (recordemos la asociación de astros/estrellas con ángeles caídos), aludiendo de este modo a los poderes del mal.

[49] J. Stam, *Apocalipsis Tomo 1*. Comentario Bíblico Iberoamericano (Buenos Aires: Ed. Kairós, 1999), p. 28.

[50] N. T. Wright, *Sorprendidos por la Esperanza*. p. 197.

En los últimos días, Él rehará el cielo y la tierra y los unirá para siempre. De igual manera, cuando lleguemos a la imagen del verdadero Final en Ap 21 y 22, no encontramos almas rescatadas que están logrando llegar a un cielo incorpóreo, sino más bien a la Nueva Jerusalén que baja del cielo a la tierra, hasta que el cielo y la tierra se unen en un abrazo por siempre.[51]

4) *Diferencias con la apocalíptica*

Hay elementos donde el Apocalipsis es diferente de la apocalíptica. Para empezar, hemos de señalar que supone un error considerar Apocalipsis como un libro que solo pertenece al género apocalíptico, ya que también contiene epístolas, himnos, proverbios, audiciones y visiones, e incluso está dispuesto de modo que viene a ser un libro principalmente litúrgico,[52] pero además hay otros elementos de contenido que lo hacen distinguirse de la apocalíptica.

Mounce resume:

Podrían plantearse otras diferencias entre el Apocalipsis y la literatura apocalíptica, como por ejemplo la urgencia moral del libro bíblico (cf. la exhortación al arrepentimiento en 2:5, 16, 22; 3:3, 19), su costumbre de limitarse sencillamente a narrar las visiones dejando la tarea interpretativa al lector en lugar de aportar un tutor celestial (17:7 y ss. y algunos otros pasajes son excepciones), su franca declaración de la verdad escatológica en lugar de transmitir un conocimiento esotérico preservado en secreto desde la Antigüedad (cf. Dn 12:9; 2 Esd 12:35-38), y la notable inclusión de siete cartas pastorales a las iglesias de Asia.[53]

Evidentemente, Apocalipsis no es un libro pseudoepigráfico, pues comienza diciendo que su autor se llama Juan. Muy pocos investi-

---

[51] Ibíd. p. 50.
[52] Cf. I. Rojas, *Op. cit.* pp.117-118. U. Vanni; *Lectura del Apocalipsis. Hermenéutica, exégesis, teología* (Estella: Verbo Divino, 2005), p. 8, p. 30, p. 55.
[53] R. H. Mounce, *Op. cit.* p. 43.

gadores tienden a pensar que se trate de un recurso de seudonimia para aludir al apóstol, por ello abogamos que se trata simplemente de otro Juan. Este autor escribió el Apocalipsis a comunidades que le conocían personalmente sin necesidad de encubrir su identidad.[54] Juan se distingue de los demás autores apocalípticos por su *corazón pastoral* dedicado a orientar a las congregaciones y fortalecerlas en tiempos de prueba y peligro (sin bien estos rasgos sí son comunes en el género).[55]

Otra diferencia radica en que, mientras que generalmente los libros apocalípticos miran al futuro para la venida del Mesías, el Apocalipsis presenta tal cosa como algo ya acontecido.[56] No anuncia la primera llegada del Mesías, sino la venida del juicio sobre el enemigo de la Iglesia ahora sufriente. Es un libro expectante y alegre en esta esperanza. En sus recursos, acude al empleo de un notorio simbolismo cromático[57] donde los diversos colores conllevan un significado (que por cierto, no debemos equipararlo a los significados contemporáneos, como la asociación que el color verde tiene con la esperanza en la actualidad, ya que, por ejemplo el verde aquí se relaciona con la caducidad que lleva a la muerte[58]).

En el Apocalipsis se da por hecho que el mal no existe simplemente, sino que ha sido causado; pero a Juan no le interesa cómo entró en el mundo. Por eso, a diferencia de los textos apocalípticos (por ejemplo, 1 Hen) no especula sobre la caída prehistórica de ángeles ni cosas por el estilo.[59]

Tampoco propone una *fuga de la historia* sino que dirige a sus lectores un mensaje ético que les llama a la desobediencia civil y la denuncia profética contra el Imperio romano.[60] Ni qué decir tiene, esto debe resultar incongruente a los evangélicos que se acogen con furor a Rm 13:1 (texto sobre la obediencia a las autoridades), aunque la sumisión

---

[54] J. Stam, *Op. cit.* p. 21. p. 41.

[55] J. Stam, *Op. cit.* p. 31. Cf. I. Rojas, *Op. cit.* p. 15.

[56] A. E. Puente, *Op. cit.* p. 6.

[57] U. Vanni, *Op. cit.* p. 57ss.

[58] J. Stam es más directo en esto que U. Vanni.

[59] R. Foulkes, *Op. cit.* p. 1218.

[60] J. Stam, *Op. cit.* p. 21.

a toda autoridad no fue precisamente ejemplar en Pablo (quien escribe ese texto de Romanos).[61] Pablo no solo se enfrentó a otros líderes del movimiento de Jesús, sino también con las autoridades judías de las ciudades que visitaba y con las autoridades imperiales.[62]

Apocalipsis no incita a una toma de las armas como hicieron los zelotes contra el Imperio romano, pero tampoco llama a los cristianos a ser moralistas pasivos en su forma de vivir, sino que motiva a desarrollar una *no violencia activa*. Clemente de Roma en su carta a los Corintios (96 a. C.) recomienda sujetarse a las autoridades mientras estas no contradigan la voluntad divina (esto en vísperas de la furia de Domiciano).[63]

Es interesante la observación de Clemente de Roma si tomamos en cuenta la datación que propone Juan Stam para Apocalipsis, el año 95 d. C. bajo el mismo emperador (aunque considera que tiene insertados pasajes anteriores escritos por Juan).[64] Por otra parte, hay autores que sitúan Apocalipsis bajo la tiranía de Nerón en el 68 a. C.; en cualquier caso, Domiciano fue considerado un nuevo Nerón: *Nero redivivus*, una estilosa designación similar al uso del término *Babilonia* para referirse a Roma (cf. Ap 14:8; 17:5; 18:2; cf. 1 P 5:13).

Otra diferencia respecto a la apocalíptica es que Apocalipsis no comienza desde el pasado repasando la historia hasta el presente-futuro. Juan no comienza en el pasado, sino en el presente, mirando hacia las cosas que sucederían "pronto" (1:1).[65] Tampoco coincide en el típico *pesimismo* de la apocalíptica, sino que resalta el gozo en la victoria de Jesucristo.[66]

---

[61] Cf. Se discute que puede ser una interpolación tardía que toma como fuente 1 Tm 2:1-2; Tt 3:1 y 1 P 2:13-15 aunque la mayoría de especialistas no lo creen así (aunque rompa la secuencia epistolar), cf. C. Gil Arbiol, *El fracaso del proyecto de Pablo y su reconstrucción*. Estudios Bíblicos LXXIII (2015), p. 404.

[62] Cf. C. Gil Arbiol, *Op. cit.* p. 386.

[63] Cf. W. D. Maxwell, *El culto cristiano: su evolución y sus formas* (Buenos Aires: Methopress, 1963) p. 22. Para un enfoque ético cf. M. Vidal, *Para conocer la ética cristiana* (Estella: Verbo Divino, 1989), pp. 269-270.

[64] J. Stam, *Op. cit.* p. 24.

[65] A. E. Puente, *Op. cit.* p. 6.

[66] I. Rojas, *Op. cit.* p. 111.

Nos dice Asurmendi[67] que hay que distinguir entre apocalipsis como género literario y la apocalíptica como teología, aunque ambos van frecuentemente juntos. En este sentido podemos encontrar apocalíptica sin apocalipsis, y apocalipsis sin apocalíptica. La propia historia del Nuevo Testamento y del Apocalipsis de Juan es una historia *abierta* que, a diferencia de la apocalíptica, no es *determinista*, ni *dualista* ni *pesimista*. Mounce también señala que el Apocalipsis difiere de la apocalíptica estándar en su punto de vista de la historia.[68] Si un apocalipsis habla de *un final ya realizado* no es apocalíptica, y esto es lo que encontramos en el Nuevo Testamento. La revelación de Jesucristo consiste en ese final que la apocalíptica anuncia y espera. En Cristo se ha hecho todo.[69] Por ello, Cullmann expresa:

> El criterio para definir una apocalíptica realmente cristiana consiste en saber si el que ocupa el centro de la línea es el Cristo crucificado y resucitado, o el Cristo que ha de venir en el futuro. Solo puede haber una apocalíptica cristiana si el centro de la historia es el Cristo muerto y resucitado.[70]

Por tanto, en Apocalipsis y en la escatología cristiana, la cristología juega un papel decisivo y distintivo. De hecho, la escatología cristiana es cristología. A decir de Moltmann: "...la escatología cristiana es, en su núcleo, cristología en perspectiva escatológica".[71] Es necesario referirnos a ello pues, en palabras de Ruiz de la Peña: "El discurso escatológico surge enteramente condicionado y permanentemente acuciado por el hecho-Cristo".[72] El NT comprende a Jesús

---

[67] J. Asurmendi, *Op. cit.* pp. 539-540.

[68] R. H. Mounce, *Op. cit.* p. 43.

[69] Véase también I. Rojas, *Op. cit.* p.85. Cf. J. L. Ruiz de la Peña, *La pascua de la creación. Escatología* (Madrid: BAC, 1996), p. 28. p. 32.

[70] O. Cullmann, *Cristo y el Tiempo* (Madrid: Cristiandad, 2008), p. 114.

[71] J. Moltmann, *Teología de la Esperanza*, 7ª ed. (Salamanca: Sígueme, 2006), p. 252.

[72] J. L. Ruiz de la Peña, *La pascua de la creación. Escatología* (Madrid: BAC, 1996), p. 30. p. 89. p. 253, el autor apunta que la *escatología neotestamentaria* es en realidad *cristología*, cf. p. 116.

como el líder (guía) escatológico del nuevo pueblo de Dios,[73] pero más allá de este *liderazgo*, la cristología, desde muy temprano, asume la *devoción* a Cristo, y este, ocupa el lugar central de la apocalíptica cristiana.[74]

Esta devoción ya consta en las fuentes cristianas más antiguas, las prístinas cartas de Pablo, lo que evidencia que el reconocimiento de Cristo exaltado era anterior a las mismas.[75] Como señala Hurtado, la consideración hacia Jesús como *divino* apareció en el siglo I repentinamente, y no de forma gradual y tardía.[76] Por ejemplo, Flp 2:6-11 es un pasaje que da a Jesús un reconocimiento escatológico a la vez que se manifiesta hacia él una devoción regularizada en las primeras décadas del movimiento cristiano.[77]

En 1 Cor 15:1-11, a veinte años de comenzar el movimiento cristiano, Pablo recoge ya una tradición anterior a esta epístola que expresa que Jesús murió por la redención de nuestros pecados y que resucitó conforme a las Escrituras.[78] La óptica apocalíptica del cristianismo parte de este hecho: en Jesucristo se ha cumplido el plan redentor de Dios.

Hemos de resaltar que además de las diferencias mencionadas anteriormente, respecto a la apocalíptica judía y el Apocalipsis de Juan, la distinción fundamental radica en la singularidad del cristianismo, lo que permea en la concepción escatológica del movimiento.

Entre el 30 d. C. y el 50 d. C. Jesús ya era objeto de la devoción cristiana y se le asociaba con Dios, de una forma tan llamativa, que supuso una mutación en el monoteísmo judío de donde

---

[73] L. W. Hurtado, *Señor Jesucristo. La devoción a Jesús en el cristianismo primitivo* (Salamanca: Sígueme, 2008), p. 224.

[74] J. Moltmann, *Teología de la Esperanza*, p. 253.

[75] L. W. Hurtado, *Op. cit.* p. 108.

[76] L. W. Hurtado, *Op. cit.* p. 732. Cf. L. W. Hurtado, ¿Cómo llegó Jesús a ser Dios? Cuestiones históricas sobre la primitiva devoción a Jesús (Salamanca: Sígueme, 2013), p. 19. p. 65ss.

[77] L. W. Hurtado, *Señor Jesucristo...* p. 61. Cf. 141. S. Rosell Nebreda, *La nueva identidad de los cristianos. El himno a Cristo en la Carta a los Filipenses* (Salamanca: Sígueme, 2010). Cf. L. W. Hurtado, ¿Cómo llegó Jesús a ser Dios? pp. 89-94.

[78] L. W. Hurtado, *Señor Jesucristo...* p. 95. Cf. pp. 128-129.

partía.[79] Esta elevación de Cristo carece de una auténtica analogía en el judaísmo, pues ni los personajes como Henoc en la literatura del Segundo Templo adquieren una *divinización* de este tipo.[80] En Ap 5 encontramos perfectamente la descripción de una escena en la que Cristo es representado junto a Dios recibiendo conjuntamente el culto celestial, indicándose el estatus divino de Cristo.[81]

Tanto *Apocalipsis* como *La ascensión de Isaías*[82] manifiestan, mediante visiones celestiales, una condición extremadamente divina de Jesús mientras se afirma una actitud fuertemente monoteísta.[83]

Aunque hay muchos apuntes cristológicos importantes en Apocalipsis, concretemos solo unos puntos. En Ap 1:12-20 encontramos el retrato de Jesús glorificado descrito con términos veterotestamentarios, (como Dn 7:9-10; 10:5-6 donde se describe la manifestación visual de Dios).[84] Esta concepción elevada de Jesús se desarrolla en Ap 2-3, y, en el cap. 5, encontramos a Cristo (como el Cordero), recibiendo el culto al lado de Dios.[85] Es significativo que en Ap 14:1 los redimidos tengan escritos en la frente tanto el nombre del Cordero como el del Padre por igual.[86] De hecho, el autor de Apocalipsis hace un énfasis entre el culto a Dios y a Jesús, en oposición a las idólatras exigencias del entorno religioso romano (el culto imperial representado en la *Bestia*).[87] Es decir, planta cara a la idolatría rechazando indirectamente que la elevación a Cristo como un ser divino sea también idolatría.

También los evangelios presentan a Jesús en una perspectiva escatológica, influidos por la idea de que habrá una victoria decisiva de los planes de Dios sobre el mal y contra aquello que se oponga al

---

[79] L. W. Hurtado, *Señor Jesucristo...* p. 20. Cf. p. 26. p. 50. p. 88. pp. 96-97. Cf. L. W. Hurtado, ¿Cómo llegó Jesús a ser Dios? p. 22. p. 54. p. 79.
[80] L. W. Hurtado, ¿Cómo llegó Jesús a ser Dios? p. 44-45. p. 47. p. 82-86.
[81] L. W. Hurtado, *Señor Jesucristo.* p. 72. Cf. p. 75.
[82] Escrito apocalíptico cristiano extracanónico.
[83] Ibíd. p. 665.
[84] L. W. Hurtado, *Señor Jesucristo.* p. 667.
[85] Ibíd. p. 669. El honor de ser alabado junto a Dios está fuera del alcance de los ángeles.
[86] Ibíd. p. 670.
[87] Ibíd. p. 671.

plan salvador de Dios.[88] Y es que, en el cristianismo, Jesús mismo es una figura y un acontecimiento escatológico, pues en él se concentran las esperanzas escatológicas.[89]

Otro importante elemento fundamental es la *parusía*. Un fragmento confesional muy temprano, como es 1 Tes 1:10, manifiesta la esperanza de los creyentes de un retorno de Jesús, desde el cielo, para salvarles de la ira escatológica.[90] Así, en Ap 22:20 se pronuncia el deseo por el *regreso* de Jesús con la expresión aramea *marana-ta*, la cual era conocida por los primitivos cristianos antes de que Pablo la emplease en 1 Cor 16:22.[91]

Si bien en este libro nos hemos empeñado especialmente en destacar las similitudes y características compartidas del Apocalipsis con la apocalíptica judía de la que bebe, teníamos que llegar a este apartado para poder decir con U. Vanni, que el Apocalipsis tiene una originalidad propia e irrepetible.[92]

---

[88] Ibíd. p. 311.
[89] Ibíd. p. 312.
[90] Ibíd. p. 40.
[91] Ibíd. p. 41. p. 172.
[92] U. Vanni, *Op. cit.* p. 34.

CAPÍTULO VII

Un legado de esperanza y compromiso

Apocalipsis nos hace vivir en esperanza: Dios tiene la última palabra, Jesús ha triunfado sobre el enigma del mal.[1] Pero esta es una esperanza comprometida con el mundo, a diferencia de los grupos religiosos cuyas ideas "apocalípticas" les hacen evadirse y desentenderse de la realidad terrenal. Ni el Apocalipsis ni la escatología cristiana tienen que ver con el pánico al fin del mundo.[2] En nuestro contexto protestante se dan posturas fundamentalistas sobre escatología que son francamente contrarias a la fe e identidad Reformada. Estas posturas son incapaces de transmitir el mensaje de esperanza y sirven para evadirse y huir de la realidad del mundo.[3] Pero la fe cristiana ha de estar "en continua relación con las tensiones y problemas

---

[1] Cf. A. Torres Queiruga, *Recuperar la salvación. Para una interpretación liberadora de la experiencia cristiana*, 2ª ed. (Santander: Sal Terrae, 1995), p. 126, p. 114, p. 131, p. 152.

[2] Sobre estos aspectos son recomendables algunas secciones de: R. Zaldívar, *Apocalipticismo: Creencia, duda, fascinación y temor al fin del mundo* (Viladecavalls: CLIE, 2012).

[3] Aquí tomo la opinión de I. Flores, quien sigue a Pablo Richard. Cf. I. Flores, *Esperanza escatológica y el clamor de "otro mundo es posible"*, en: *Cristianismo Protestante* Nº 60 (IEE, 2011), p. 7.

que se viven en el mundo y que desafían a esta fe a dar razón de su esperanza".[4]

Jesús inauguró el reinado de Dios y estamos a la espera de la consumación escatológica de dicho proyecto.[5] Nos toca vivir como participantes directos de este reino que ha irrumpido mientras esperamos el *mundo nuevo*. Apocalipsis es una obra que nos alienta a una *praxis de resistencia y esperanza*.[6] Como dice Moltmann: "...los cristianos anticipamos el futuro de la nueva creación, del reino de la justicia y la libertad, no porque seamos optimistas, sino porque confiamos en la fidelidad de Dios".[7] Nos toca vivir como un *adelanto* del mundo que viene. Este teólogo europeo expresa: "el que cree en Dios tiene la esperanza para esta tierra y no desespera, sino que, más allá del horizonte de terror apocalíptico, ve el mundo nuevo de Dios y actúa en consecuencia".[8] También hoy, en las adversidades que nos tocan, Apocalipsis nos anima al seguimiento y a la fidelidad a la espera de recibir al final la "corona de la vida" (Ap 2:10).

Apocalipsis es un libro que tiene mucho que aportar en nuestro tiempo. Vivimos en un mundo globalizado donde los choques culturales se viven frecuentemente con tirantez. El terrorismo de matriz islamista es ejemplo de ello. Justo González ha advertido la pertinencia de Apocalipsis en lo referente a los encontronazos culturales.[9]

Por otra parte, como ha señalado Xavier Alegre,[10] el Apocalipsis del Nuevo Testamento también tiene mucho que decir como "crítica

---

[4] Ibíd. Cf. J. L. Ruiz de la Peña, *Op. cit.* p. 17.

[5] Hablamos de la famosa tensión del "ya pero todavía no" del reinado de Dios. Cf. O. Cullmann, *Cristo y el Tiempo* (Madrid: Cristiandad, 2008). Cf. J. L. Ruiz de la Peña, *Op. cit.* p. 26. p. 109. p. 115ss.

[6] R. Foulkes, "*Apocalipsis*", en: A. J. Levoratti (dir.) *Comentario Bíblico Latinoamericano III. Nuevo Testamento* (Estella: Verbo Divino, 2003), p. 1184.

[7] J. Moltmann, *La justicia crea futuro. Política de paz y ética de la creación en un mundo amenazado* (Santander: Sal Terrae, 1992), p. 19.

[8] Ibíd.

[9] De ahí su obra anteriormente citada: *Para la salud de las naciones. El Apocalipsis en tiempos de conflicto entre culturas*.

[10] X. Alegre Santamaría, *El Apocalipsis de Juan, modelo de relectura creyente de la vida en tiempos de crisis*. En: *Revista Concilium* N° 356 (Estella: Verbo Divino, junio 2014), pp. 38-44.

al Imperio" (en un sentido actual). Al igual que Juan de Patmos des-enmascara la mentira y el falso poder del Imperio, Apocalipsis tiene aún mucho que decir frente a los poderes financieros que rigen el mundo. Del mismo modo, su propuesta de lectura anima, en estos tiempos de crisis actual, a vivir los valores del evangelio en clave subversiva, valores que terminarán derribando el poder imperial.[11] La pobreza y la opresión son temas muy presentes en Apocalipsis, no directamente en su vocabulario técnico y explícito sino en sus imágenes, y, por tanto, nos habla hoy.

Apocalipsis da testimonio de la situación hostil que la Iglesia es-tuvo viviendo. Advertía a los descuidados y negligentes cristianos de no caer en la conformidad con el mundo (el sistema).[12] La misma exhortación hallamos para hoy. Es más, Gregor Taxacher considera que la apocalíptica bíblica debería hacer reflexionar a la propia teo-logía contemporánea para obtener el *discernimiento de espíritus* con la mirada puesta en el capitalismo y en la crisis ecológica.[13]

De hecho, la dimensión ecológica en clave de esperanza merece la debida atención. El pensamiento dualista griego concibe la salvación como una huida del alma desde lo terrenal hacia una esfera celestial separada. Cierto es que este pensamiento ha calado en el cristianis-mo, entendiendo que al morir solo el alma se salva. Se da por hecho que lo corporal, lo material y lo terrenal es *malo*. No obstante, el pensamiento bíblico es distinto, coloca al ser humano en una Tierra redimida[14] cuyo advenimiento encontramos en Ap 21:1-22:5.[15] Hay esperanza para la Creación (Rm 8:21; Col 1:20).[16] Como expresa

---

[11] Ibíd. p. 39.

[12] M. C. Tenney, *Op. cit.* p. 454.

[13] G. Taxacher, *Dios, fuerza de oposición. Sobre la utilidad de una crítica de la razón apoca-líptica,* en: *Revista Concilium* Nº 356 (Estella: Verbo Divino, junio 2014), pp. 58-66.

[14] Cf. N. T. Wright, *Sorprendidos por la Esperanza.* p. 50.

[15] Cf. R. H. Mounce, *Op. cit.* p. 507.

[16] Dios no reniega de su creación. En no pocos salmos, creación, reconciliación y re-dención forman una trilogía indisoluble. Véase mi comentario al v. 5 del Sal 104 en: R. Bernal, *El Salmo 104: su relación con el himno de Akhenatón y otros mitos creacionales,* en: *RYPC* (2016). En línea: http://www.revista-rypc.org/2016/01/el-salmo-104-su-relacion-con-el-himno.html (consultado 9/08/2017).

un documento del CMI: "Todas las criaturas y la naturaleza misma se transformarán y participarán en el nuevo mundo de Dios".[17] Este futuro esperado contiene una dosis de continuidad con nuestro modo de conocer la existencia. Lo que viene será una realización de lo virtualmente presente, una transmutación de las realidades terrestres por obra de la instauración del reinado de Dios.[18]

Esta doctrina cristiana sobre el mundo no solo tiene en cuenta a las personas, sino al mundo como obra divina; es decir, la salvación humana no es independiente de la salvación del mundo.[19] El ser humano –según expresa Tillich– es el primer fruto del *nuevo ser*, el universo (la creación) vendrá a continuación.[20] Como en la apocalíptica judía, confiemos además en que la creación (obra realizada por amor y, por tanto, con pretensión de *definitividad*)[21] y la historia, están llamadas a ser redimidas, transfiguradas por la obra divina.[22] Concluimos citando a Ruiz de la Peña:

> El proceso histórico en el que estamos comprometidos culminará con un acontecimiento salvador que afectará a la totalidad de lo real; a la humanidad, pero también al mundo humanizado. En ese punto-omega de la historia, Cristo el Señor vendrá a consumar lo que se había iniciado en el punto-alfa al que se refiere el primer artículo del credo ('creo en Dios…, creador del cielo y de la tierra'). Será entonces cuando la realidad creada cobre su cabal estatura; cuando Cristo, en la majestad de su gloria, lleve el reino de Dios a su plenitud con el juicio escatológico, la resurrección de los muertos y los cielos y

---

[17] CMI, *Confesar la fe común. Una explicación ecuménica de la fe apostólica según es confesada en el Credo Niceno-Constantinopolitano* (Salamanca: Centro de Estudios Orientales y Ecuménicos, 1984), p. 53 cf. 56-57. Cf. J. L. Ruiz de la Peña; *Op. cit.* p.28. Cf. J. Moltmann; *Teología de la Esperanza*, p. 267 y p. 179.

[18] Cf. J. L. Ruiz de la Peña, *Op. cit.* pp. 5-6. p. 55.

[19] El pacto con Noé en Gn 9 establece una intención de recuperar los propósitos creacionales de Dios.

[20] P. Tillich, *Teología Sistemática III. La vida y el Espíritu en la Historia y el Reino de Dios* (Salamanca: Sígueme, 1984), p. 336.

[21] J. L. Ruiz de la PEÑA, *Op. cit.* p. 30.

[22] C. Blanco, *Op. cit.* p. 111.

tierra nuevos, de modo que toda la creación conozca su *pascua*, su paso de la forma de existencia transitoria a la forma de existencia definitiva.[23]

---

[23] J. L. Ruiz de la Peña, *Op. cit.* p. 132. Cf. p. 30. En cuanto a lo aquí referido sobre el Credo, Karl Rahner afirmaba también que la *protología* (narración de los orígenes) equivale en realidad a la *escatología* (narración sobre el fin), cf. A. Torres Queiruga, *Op. cit.* p. 165.

CAPÍTULO VIII

Conclusión

No solo creo suficientemente demostrada la pertinencia de conocer la apocalíptica judía para poder asomarnos a la apocalíptica canónica (con ese énfasis especial en el libro de Apocalipsis), sino que además hemos podido ver cómo se correlacionan ambas literaturas, pudiendo contrastar las similitudes y las diferencias entre ellas. Hemos dejado patente que el Apocalipsis no ha nacido en el vacío y, como también señala U. Vanni, tampoco ha venido viajando hacia nosotros en el vacío.[1] No oculto que lo que me preocupa es por dónde está viajando ahora en algunos contextos eclesiales y cómo se le ha arrancado de su legítimo lugar. Espero que esta contribución haya podido arrojar al menos un poquito de luz.

Lógicamente, acorde a nuestro modesto objetivo, solo hemos ofrecido una suficiente presentación de los libros apocalípticos más relevantes, lo que significa que nos hemos dejado muchísimos en el camino. Este libro es meramente introductorio y soy consciente de

---

[1] U. Vanni, *Lectura del Apocalipsis. Hermenéutica, exégesis, teología* (Estella: Verbo Divino, 2005), p. 15.

sus limitaciones. Sin embargo, creo que hemos logrado tener la conveniente visión panorámica para tener un acercamiento más justo al Apocalipsis. Si el lector no ha quedado satisfecho, queda esperar que la bibliografía ofrecida pueda solventar las lagunas que no se han cubierto, o son deficientes en este estudio.

Parecerá una tontería decirlo, pero como ha amanecido una nueva inquisición formada por nuevos cazadores de herejes que desarrollan su funesto hobby por internet, aquí encontrarán material suficiente para malinterpretar (sobre todo malintencionadamente) y despacharse a gusto. Por otra parte, en clave de actitud pastoral, sí que me parece conveniente aclarar que no pretendo dar importancia canónica a ninguno de los libros pseudoepigráficos referidos. Preciso esto porque también en estos días, especialmente entre cristianos que utilizan 1 Henoc para apoyar la visita de extraterrestres en el pasado (los Visitantes), están tomando este tipo de literatura como un nuevo canon. Este tipo de interpretaciones me parecen proyecciones anacrónicas hijas de nuestra cultura contemporánea.

Ojalá el resultado de esta lectura sea de provecho para la comprensión bíblica.

ANEXO

1 Henoc

Hacemos uso, con algunas modificaciones, de la traducción de difusión gratuita.[1] Ciertamente esta no es la mejor de las traducciones que existen en castellano, la considero muy deficiente, pero para los modestos fines que perseguimos será más que suficiente. Para un estudio exhaustivo del texto remito al volumen IV de *Apócrifos del Antiguo Testamento*[2] donde se ofrece una traducción directa del etíope clásico con un excelente aparato crítico. Esta traducción que ofrecemos, que consiste en una readaptación de las versiones inglesas de R. H. Charles y H. F. Sparks, y de la francesa de F. Martin, aunque deficiente, servirá a los lectores para relacionarse con estos cinco libros que forman 1 Henoc,[3] con tal de localizar las referencias

---

[1] La editorial Verbum presenta una traducción de Marta Izquierdo sin divisiones de versículos que fue publicada en 2019. Esa traducción de M. Izquierdo es, exactamente, la misma que desde muchos años antes circula de forma anónima y gratuita, la cual puede encontrarse en diversos lugares de internet como *Biblioteca Pléyades*.

[2] Madrid, Cristiandad, 1984.

[3] En castellano lo más correcto es escribir el término con *h*, aunque también podemos encontrarlo sin ella en muchas ediciones de la Biblia, en libros o en diccionarios bíblicos.

citadas en este manual y para descubrir otros paralelos e influencias en la literatura canónica y viceversa. Encontrará que viene acompañado de un sencillo cuerpo de notas con comentarios y referencias básicas. Volvemos a recordar que estos libros no son considerados *inspirados* ni *canónicos* por las iglesias cristianas, excepto por la Iglesia Ortodoxa Etíope y la Iglesia Ortodoxa Copta. Los versículos que se encuentran entre corchete probablemente no formasen parte de los textos originales, especialmente el Capítulo 108, que parece ser el comienzo de otro libro. Sin embargo, aparecen en varios manuscritos etíopes o griegos.

Libro de los vigilantes[1]

(Capítulos del 1-5 son un añadido
posterior titulado *Libro del juicio*[2])

Capítulo 1

[1] Palabras de bendición con las que Henoc bendijo a los elegidos justos que vivirán en el día de la tribulación, cuando todos
los malvados e impíos serán rechazados, mientras que los justos
serán salvados.[3]

---

[1] Díez Macho lo sitúa en el siglo V a. C., Sacchi en el IV a. C., Bachmann en el siglo
III a. C., Aranda en el siglo II a. C., aunque reconoce que recoge material del 400 a.
C. (el tiempo en que la erudición contemporánea data el Génesis). Lo interesante de
la datación temprana, en los inicios del segundo período sadoquita (400-200 a. C.) es
que lo hace ser más antiguo de lo que se pensaba hasta ahora. C. Blanco lo fecha algo
antes del 170 a. C. atendiendo a que ya conocía la muerte de Judas Macabeo, aunque refleja más concretamente la situación anterior a las revueltas macabeas, dando
explicación al origen del mal que sufre el pueblo y genera expectativas ante un *futuro
mundo nuevo* del Mesías.

[2] Funciona a modo de prólogo.

[3] Esta teología de las dos vías aparece en un texto prequmránico anterior al libro de
Daniel (véase que Dn 12:2 plantea lo mismo). Se trata de *Las visiones de 'Amram* (en
4Q548 1-2 ii 9-14) y retoma la concepción de Is 26 y algunos pasajes de Prov. Cf. E.
Puech, *Apocalíptica esenia: la vida futura*, en: J. Vázquez Allegue (Coord.), *Para comprender los manuscritos del Mar Muerto* (Estella: Verbo Divino, 2012), p. 92.

[2] Henoc, hombre justo a quien le fue revelada una visión del Santo y del cielo, pronunció su oráculo y dijo: la visión del Santo de los cielos me fue revelada y oí todas las palabras de los Vigilantes y de los Santos, y porque las escuché,[4] he aprendido todo de ellos y he comprendido que no hablaré para esta generación, sino para una lejana que está por venir.[5]

[3] Es acerca de los elegidos que hablo y a causa de ellos que pronuncio mi oráculo: el Único Gran Santo vendrá desde su morada.

[4] El Dios eterno andará[6] sobre la tierra, sobre el monte Sinaí aparecerá con su gran ejército[7] y surgirá en la fuerza de su poder desde lo alto de los cielos.

[5] Y todos los Vigilantes temblarán[8] y serán castigados[9] en lugares secretos y todas las extremidades de la tierra se resquebrajarán, y el temor y un gran temblor, se apoderarán de ellos hasta los confines de la tierra.[10]

---

[4] "Los apocalípticos se sentían receptores de unas verdades dictadas desde lo alto", C. Blanco, *El pensamiento de la apocalíptica judía. Ensayo filosófico-teológico* (Madrid: Trotta, 2013), p. 105. No obstante, se trata de una elaboración de un pensamiento, no es una audición o una visión real, sino que mediante ese recurso literario, expresaban el mensaje que consideraban divino.

[5] Cf. 1 P 1:12 Algunos piensan que este versículo de 1 Pedro tiene en mente textos como estos donde el mensaje no era para aquella época "sino para nosotros". Cf. 1 Hen 16:3.

[6] En esta época tardía del prólogo del *Libro de los vigilantes* donde está incluido este versículo, se concibe la idea de Dios mismo "andando" sobre el Sinaí. Pero hay que distinguir entre las ideas anteriores del Hijo del Hombre (no divino en 1 Hen) y estas elaboraciones más tardías que tienen otra óptica. Cf. Nota a 1 Hen 48:3.

[7] Los ejércitos del Señor a veces interpretados como huestes angelicales o astros. En la apocalíptica, ángeles y estrellas son generalmente una misma cosa. Cuando en las Escrituras encontramos alusiones parecidas, (p. ej. JHVH de los ejércitos) debe leerse en este sentido. Fue a partir de Ezequiel que encontramos una comprensión del cielo mucho más desarrollada que en etapas anteriores de la historia de Israel, siendo Dios mucho más trascendente y grande de lo que habían pensado en el pasado. Cf. P. Sacchi; *Historia del judaísmo en la época del Segundo Templo* (Madrid: Trotta, 2004), p. 92, 84, 74-75. En este sentido, la fuerza que YHWH ejecuta según este versículo es de unas proporciones incuantificables.

[8] St 2:19: "los demonios creen y tiemblan".

[9] El castigo angelical. Cf. Nota a 1 Hen 18:16.

[10] El lenguaje de los cataclismos es recurrente en la literatura apocalíptica. Especialmente la metáfora de los terremotos con la cual se expresa que los cimientos

⁶ Las altas montañas se resquebrajarán y derrumbarán, y las colinas se rebajarán y fundirán, como la cera ante la llama.

⁷ Y la tierra se dividirá, y todo lo que está sobre la tierra perecerá, y habrá un juicio sobre todos.

⁸ Pero con los justos Él hará la paz y protegerá a los elegidos y sobre ellos recaerá la clemencia y todos ellos pertenecerán a Dios, serán dichosos y benditos, los ayudará a todos y para ellos brillará la luz de Dios.

⁹ Mirad que Él viene[11] con una multitud de sus santos,[12] para ejecutar el juicio sobre todos, y aniquilará a los impíos y castigará a toda carne por todas sus obras impías, las cuales ellos han cometido perversamente, y por todas las palabras altaneras y duras que los malvados pecadores han hablado contra Él.[13]

Capítulo 2

¹ Observad todas las cosas que ocurren en el cielo, cómo las luminarias del cielo no cambian su ruta en las posiciones de sus luces y cómo todas nacen y se ponen, ordenadas cada una según

---

inconsistentes de la realidad se rompen. En Ap 6:12 también se describe un gran terremoto pero no debe interpretarse de modo literal sino simbólico. Cf. R. E. Brown, *Introducción al Nuevo Testamento II. Cartas y otros escritos* (Madrid: Trotta, 2002), p. 1012.

[11] Aquí el que viene es Dios, no es el Hijo del hombre ni una figura mesiánica. En 1 Hen no tenemos la concepción cristiana en la que Jesús está incorporado en la noción monoteísta. Solo en la parte más tardía de 1 Hen, probablemente del siglo I, podría quizá intuirse algo así (pero algunos piensan que por influencia cristiana).

[12] Cf. Nota 1 Hen 39:1.

[13] En el Nuevo Testamento, la epístola de Judas vv. 14-15 hacen una referencia directa a este versículo de 1 Hen. Cf. D. S. Russell, *El Período Intertestamentario* (El Paso: Casa Bautista de Publicaciones, 1973), p. 84-85. Cf. A. Edersheim, *Comentario Bíblico Histórico*. 6 tomos en 1 (Viladecavalls: CLIE, 2009), p. 735. Cf. F. F. Bruce, *El Canon de la Escritura* (Terrassa: CLIE, 2002), p. 51 y 85. La postura conservadora habitual es la de entender que Judas no cita a Henoc como si fuese literatura canónica. Sencillamente utiliza un pasaje conocido de esta obra para reafirmar un pensamiento que coincide con la enseñanza de los libros canónicos, cf. J. M. Martínez, *Hermenéutica bíblica* (Terrassa: CLIE, 1987), p. 503. Cf. S. J. Kistemaker, *1 y 2 Pedro y Judas. Comentario del Nuevo Testamento* (Grand Rapids: Desafío, 1994), p. 1994.

su estación y no desobedecen su orden. Mirad la tierra y presta atención a sus obras, desde el principio hasta el fin, cómo ninguna obra de Dios sobre la tierra cambia, y todas son visibles para vosotros.

2   Ved las señales del verano y las señales del invierno, cómo la tierra entera se llena de agua y las nubes rocían la lluvia sobre ella.

Capítulo 3

1   Observad y ved cómo todos los árboles se secan y cae todo su follaje; excepto catorce árboles cuyo follaje permanece, y esperan, con todas sus hojas viejas, hasta que vengan nuevas tras dos o tres años.

Capítulo 4

1   Y otra vez observad las señales del verano, cómo en él, el sol quema y rescalda, y entonces, sobre la superficie ardiente de la tierra, buscáis sombra y refugio del ardor del sol, sin encontrar forma de marchar ni por el suelo y ni por las rocas, a causa del calor.

Capítulo 5

1   Observad y ved todos los árboles, cómo en todos ellos despuntan las hojas verdes y los cubren y todos sus frutos son para adorno y gloria. Ensalzad y considerad estas obras y sabed cómo el Dios vivo, que vive eternamente, ha hecho todas esas cosas.

2   Como todas sus obras, prosiguen de año en año hasta siempre, y todas le obedecen sin alteraciones y todo pasa como Dios lo ha estatuido.

3   [Y ved como los mares y los ríos de igual forma cumplen y no cambian sus tareas, según los mandamientos de Él.]

[4] Pero, vosotros cambiáis sus tareas y no cumplís su palabra, y en cambio, la habéis transgredido, y habéis ultrajado su grandeza con palabras altaneras e hirientes de vuestra boca impura. Duros de corazón, ¡no habrá paz para vosotros![14]

[5] Por ello maldeciréis vuestros días y los años de vuestra vida se perderán; pero los años de vuestra destrucción se multiplicarán como una maldición eterna, y no habrá misericordia ni paz para vosotros.

[6] En esos días, vuestros nombres significarán maldición eterna para todos los justos, y en vosotros, serán malditos todos los malditos y por vosotros jurarán todos los pecadores y malvados.

[7] Para los elegidos habrá luz, alegría y paz, y heredarán la tierra,[15] pero para vosotros impíos habrá maldición.

[8] Y entonces la sabiduría se dará a los elegidos y vivirán todos, y no pecarán más ni por olvido ni por orgullo, sino que en cambio los que sean sabios serán humildes.

[9] No transgredirán más ni pecarán el resto de su vida, ni morirán por el castigo o por la ira divina, sino que completarán el número de los días de su vida. Su vida será aumentada en paz, y sus años de regocijo serán multiplicados en eterna alegría y paz por todos los días de su vida.

Capítulo 6

[1] Así sucedió, que cuando en aquellos días se multiplicaron los hijos de los hombres, les nacieron hijas hermosas y bonitas;[16]

---

[14] Cf. Nota a 1 Hen 16:4.

[15] Cf. Mt 5:5; Sal 37:11.

[16] Cf. Gn 6:1. Algunos especialistas consideran que Gn 6:1-4, donde se describe una situación parecida a la que tenemos aquí (que los ángeles se acuesten con las mujeres de la tierra y las fecunden), no formaba parte del relato original del diluvio. Cf. H. de Wit, *En la dispersión el texto es patria. Introducción a la hermenéutica clásica, moderna y posmoderna* (San José: Universidad Bíblica Latinoamericana, 2002), pp. 147-148.

[2] y los Vigilantes, hijos del cielo, las vieron y las desearon, y se dijeron unos a otros: "Vayamos y escojamos mujeres de entre las hijas de los hombres y engendremos hijos".

[3] Entonces Shemihaza que era su jefe, les dijo: "Temo que no queráis cumplir con esta acción y sea yo el único responsable de un gran pecado".

[4] Pero ellos le respondieron: "Hagamos todos un juramento y comprometámonos todos bajo un anatema a no retroceder en este proyecto hasta ejecutarlo realmente".

[5] Entonces, todos juraron unidos, y se comprometieron al respecto los unos con los otros bajo anatema.

[6] Y eran en total doscientos los que descendieron sobre la cima del monte que llamaron "Hermon", porque sobre él habían jurado y se habían comprometido mutuamente bajo anatema.

[7] Estos son los nombres de sus jefes: Shemihaza, quien era el principal y en orden con relación a él, Ar'taqof, Rama'el, Kokab'el, -'el, Ra'ma'el, Dani'el, Zeq'el, Baraq'el, 'Asa'el,[17] Harmoni, Matra'el, 'Anan'el, Sato'el, Shamsi'el, Sahari'el, Tumi'el, Turi'el, Yomi'el, y Yehadi'el.

[8] Estos son los jefes de decena.

Capítulo 7

[1] Todos con sus jefes tomaron para sí mujeres, y cada uno escogió entre todas y comenzaron a entrar en ellas y a contaminarse con ellas, a enseñarles la brujería, la magia, el corte de raíces y el uso de las plantas.

---

[17] Cf. Gn 15:11 lo que en algunas versiones de la Biblia traducen como "aves de rapiña" es en realidad 'Asa'el (o Azazel), cf. Lv 16:8-10.

2 Quedaron embarazadas de ellos y parieron gigantes de unos tres mil codos de altura que nacieron sobre la tierra, y conforme a su niñez crecieron;[18]

3 y devoraban el trabajo de todos los hijos de los hombres hasta que los humanos ya no lograban abastecerles.

4 Entonces, los gigantes se volvieron contra los humanos para matarlos y devorarlos;

5 y empezaron a pecar contra todos los pájaros del cielo y contra todas las bestias de la tierra, contra los reptiles y contra los peces del mar, y los unos se devoraban la carne de los otros y bebían sangre.

6 Entonces la tierra[19] acusó a los impíos por todo lo que se había hecho en ella.[20]

Capítulo 8

1 Y 'Asa'el enseñó a los hombres a fabricar espadas de hierro y corazas de cobre y les mostró cómo se extrae y se trabaja el oro hasta dejarlo listo; y en lo que respecta a la plata, a repujarla para brazaletes y otros adornos. A las mujeres les enseñó sobre

---

18 En cambio, el autor de Gn 6:4, aunque resume lo descrito aquí, desmitifica el término gigantes al volcar sobre él otro sentido. El autor bíblico no está conforme con la creencia en los gigantes, por lo tanto aclara que meramente se trata de los héroes de los tiempos antiguos. Como Evémero de Mesina su método es reducir el mito a una leyenda etiológica. Cf. P. Sacchi, *Historia del judaísmo en la época del Segundo Templo* (Madrid: Trotta, 2004), p. 193. Mientras el autor bíblico trata de restar credibilidad al relato, hoy en día, es tendencia elevar el mito –interpretado con cierta dosis de fantasía– a la categoría de historia. Por ejemplo, para los ufólogos y teóricos de los *antiguos astronautas* que supuestamente visitaron la tierra, los Vigilantes son identificados con seres extraterrestres procedentes de otros planetas. Cf. J. J. Benitez, *El ovni de Belén* (Barcelona: Planeta DeAgostini, 2001), pp. 42-47.

19 En Ap 12:16 también es la tierra la que aparece personificada desarrollando una acción. Cf. Gn 4:10.

20 De aquí nace el pensamiento de que la acción consecuente es el diluvio, Gn 6:5ss.

el antimonio, el maquillaje de los ojos, las piedras preciosas y las tinturas.[21]

2 Y entonces, creció mucho la impiedad, y ellos tomaron los caminos equivocados y llegaron a corromperse en todas las formas.

3 Shemihaza enseñó encantamientos y a cortar raíces; Hermoni a romper hechizos, brujería, magia y habilidades afines; Baraq'el los signos de los rayos; Kokab'el los presagios de las estrellas; Zeq'el los de los relámpagos; 'el enseñó los significados; Ar'taqof enseñó las señales de la tierra; Shamsi'el los presagios del sol; y Sahari'el los de la luna, y todos comenzaron a revelar secretos a sus esposas.

4 Como parte de los hombres estaban siendo aniquilados, su grito subía hasta el cielo.[22]

Capítulo 9

1 Entonces Miguel, Sariel, Rafael y Gabriel observaron la tierra desde el santuario de los cielos y vieron mucha sangre derramada sobre la tierra, pues estaba toda llena de la injusticia y de la violencia que sobre ella se cometía.[23]

2 Considerando esto, los cuatro fueron y se dijeron: "el grito y el lamento por la destrucción de los hijos de la tierra sube hasta las puertas del cielo".

3 Y dijeron a los santos del cielo: "Es ahora a vosotros a quienes las almas de los hijos de los hombres suplican[24] diciendo 'llevad nuestra

---

[21] Este versículo lo utilizó Tertuliano en su tratado *Del vestido de las mujeres*. 'Asa'el aparece en Lv 16:8; 10 y 26 (también en Gn 15:11 aunque algunas Biblias traducen su mención como "aves de rapiña"). Era aquel a quien se dedicaba el macho cabrío enviado al desierto el día de la expiación anual. Cf. F. F. Bruce, *El Canon de la Escritura* (Terrassa: CLIE, 2002), p. 85, p. 185...

[22] Se expresa la misma idea que en Ex 3:7 y 9 donde Dios oye el clamor de su pueblo.

[23] Cf. Gn 6:5.

[24] Sobre esta mediación de los santos, en otro caso ángeles, cf. nota a 1 Hen 40:9.

causa ante el Altísimo, nuestra destrucción ante la gloria majestuosa y ante el Señor de todos los señores' en cuanto a majestad".

4 Y Rafael, Miguel, Sariel y Gabriel dijeron al Señor del mundo: "Tú eres nuestro gran Señor, el Señor del mundo, el Dios de dioses, el Señor de señores y el Rey de reyes; los cielos son el trono de tu gloria[25] por todas las generaciones que existen desde siempre; toda la tierra es el escabel ante ti para siempre, y tu nombre es grande, santo y bendito por toda la eternidad.[26]

5 Eres tú quien todo lo ha creado y en ti reside el poder sobre todas las cosas; todo es descubierto en toda su desnudez ante ti; tú lo ves todo y nada se te puede esconder.[27]

6 Tú has visto lo que ha hecho 'Asa'el, como ha enseñado toda injusticia sobre la tierra y revelado los secretos eternos que se cumplen en los cielos;[28]

7 y lo que ha enseñado a los humanos Shemihaza, al que tú habías dado la facultad de gobernar sobre sus compañeros.

8 Ellos han ido hacia las hijas de los hombres y se han acostado con ellas y se han profanado a sí mismos descubriéndoles todo pecado.[29]

9 Luego, estas mujeres han parido en el mundo gigantes, por lo que la tierra se ha llenado de sangre e injusticia.[30]

10 Y ahora mira que las almas de los que han muerto gritan y se lamentan[31] hasta las puertas del cielo; su gemido ha subido y no puede cesar debido a la injusticia que se comete en la tierra.[32]

---

[25] Cf. Mt 5:34; 23:22 y Hch 7:49: el cielo como trono de Dios.
[26] 1 Cr 29:11.
[27] Cf. Hb 4:13.
[28] El pecado angelical, además de tomar a las hijas de los hombres, es también el haber enseñado técnicas y conocimientos que solo pertenecen al cielo.
[29] Gn 6:1-2.
[30] Gn 6:4ss.
[31] Aquí tenemos el denominado *clamor de los difuntos* que también es recogido en Ap 6:10.
[32] Cf. 1 P 3:19-20.

[11] Pero tú, que conoces todas las cosas antes de que sucedan, tú que sabes aquello, tú los toleras y no nos dices qué debemos hacerles al observar eso".[33]

Capítulo 10

[1] Entonces el Altísimo, Grande y Santo habló y envió a Sariel al hijo de Lamec.

[2] Y le dijo: "Ve hacia Noé y dile en mi nombre, 'escóndete'; y revélale la consumación que viene, pues la tierra entera va a perecer; un diluvio está por venir sobre toda la tierra y todo lo que se encuentre sobre ella perecerá.[34]

[3] En seguida enseña al Justo, al hijo de Lamec, lo que debe hacer para preservar su alma para la vida y escapar definitivamente, pues por él será sembrada una planta y serán establecidas todas las generaciones".

[4] Y además, el Señor le dijo a Rafael: "Encadena a 'Asa'el de pies y manos, arrójalo en las tinieblas,[35] abre el desierto que está en Dudael y arrójalo en él;[36]

[5] echa sobre él piedras ásperas y cortantes, cúbrelo de tinieblas, déjalo allí eternamente sin que pueda ver la luz,

[6] y en el gran día del Juicio que sea arrojado al fuego.[37]

---

[33] El clamor se asemeja al de Hab 1:2-4, con un fuerte tono de reproche a Dios por permitir el mal.

[34] Aquí vemos que a diferencia del relato de Gn, el diluvio es consecuencia del pecado angelical, pero no del humano (Gn 6:6).

[35] Expresión similar a la que aparece en Mt 22:13.

[36] Castigo angelical. En 1 P 3:19 se menciona a los espíritus encarcelados y 2 P 2:4 comenta que los ángeles fueron arrojados al infierno. Jd 6 habla de las prisiones eternas de los ángeles. En Ap 12:9 Satanás es arrojado. Cf. 1 Hen 18:16: allí las estrellas-ángeles son encadenadas al igual que en 1 Hen 21:6. Cf. 1 Hen 91:16-17.

[37] El lenguaje apocalíptico del fuego (o lago de fuego) se encuentra en el Nuevo Testamento, cf. Mt 18:8; Mc 9:47-48; Ap 19:20; 20:10; 20:14-15; 21:8.

7 Después, sana la tierra que los Vigilantes han corrompido y anuncia su curación,[38] a fin de que se sanen de la plaga, y que todos los hijos de los hombres no se pierdan debido al misterio que los Vigilantes descubrieron y han enseñado a sus hijos.

8 Toda la tierra ha sido corrompida por medio de las obras que fueron enseñadas por 'Asa'el, por tanto impútale todo pecado".

9 Y el Señor dijo a Gabriel: "Procede contra los bastardos y réprobos hijos de la fornicación y haz desaparecer a los hijos de los Vigilantes de entre los humanos, y hazlos entrar en una guerra de destrucción, pues no habrá para ellos muchos días.

10 Ninguna petición en su favor será concedida, pues esperan vivir una vida eterna o que cada uno viva quinientos años".

11 Y a Miguel le dijo el Señor: "ve y anuncia a Shemihaza y a todos sus cómplices que se unieron con mujeres y se contaminaron con ellas en su impureza,

---

[38] En 2 R 2:21 Eliseo *sana* una tierra inerte echando sal en un manantial de agua mala. En Mt 5:13 Jesús dice a sus discípulos que son la sal de la tierra. Quizá, cabe la posibilidad, que el versículo de Mt, en alusión al episodio de Eliseo, haga referencia a cómo los discípulos tienen que ser como esa sal que reverdeció la naturaleza en un lugar estéril. Cf. Jl 2:22. En Ap 21:1-22:5 vemos una tierra renovada, la fusión del nuevo mundo de Dios fusionado con la realidad conocida. La sanidad de la tierra es una esperanza escatológica. Hay esperanza para la Creación (Rm 8:21; Col 1:20). La tierra será redimida junto con sus criaturas. Cf. N. T. Wright, *Sorprendidos por la Esperanza. Repensando el cielo, la resurrección y la vida eterna* (Miami: Convivium Press, 2011), p. 50. Dios no reniega de su creación. En no pocos salmos, creación, reconciliación y redención forman una trilogía indisoluble. Véase mi comentario al v. 5 del Sal 104 en: R. Bernal, *El Salmo 104: su relación con el himno de Akhenatón y otros mitos creacionales*, en: *RYPC* (2016). En línea: http://www.revista-rypc.org/2016/01/el-salmo-104-su-relacion-con-el-himno.html (consultado 9/08/2017). Cf. CMI, *Confesar la fe común. Una explicación ecuménica de la fe apostólica según es confesada en el Credo Niceno-Constantinopolitano* (Salamanca: Centro de Estudios Orientales y Ecuménicos, 1984), p. 53 cf.56-57 Cf. J. L. Ruiz de la Peña, *La pascua de la creación. Escatología* (Madrid: Biblioteca de Autores Cristianos, 1996) pp.5-6. p.55; p.30. Cf. P. Tillich, *Teología Sistemática III. La vida y el Espíritu en la Historia y el Reino de Dios* (Salamanca: Sígueme, 1984), p. 336. C. Blanco, C. *El pensamiento de la Apocalíptica judía* (Madrid: Trotta, 2013), p. 111.

¹² ¡que sus hijos perecerán y ellos verán la destrucción de sus queridos! Encadénalos[39] durante setenta generaciones en los valles de la tierra hasta el gran día de su juicio.

¹³ En esos días se les llevará al abismo de fuego,[40] a los tormentos y al encierro en la prisión eterna.[41]

¹⁴ Todo el que sea condenado, estará perdido de ahí en adelante y será encadenado con ellos hasta la destrucción de su generación. Y en la época del juicio que yo juzgaré,[42] perecerán por todas las generaciones.

¹⁵ Destruye todos los espíritus de los bastardos y de los hijos de los Vigilantes porque han hecho obrar mal a los humanos.[43]

¹⁶ Destruye la opresión de la faz de la tierra, haz perecer toda obra de impiedad y haz que aparezca la planta de justicia; ella será una bendición y las obras de los justos serán plantadas en alegría para siempre.

¹⁷ En ese tiempo todos los justos escaparán y vivirán hasta que engendren millares. Todos los días de vuestra juventud y vuestra vejez se completarán en paz.

¹⁸ Entonces toda la tierra será cultivada en justicia y toda ella será plantada de árboles y llena de bendición.[44]

¹⁹ Todos los árboles de la tierra que deseen serán plantados en ella y sembrarán allí viñas y, cada una de ellas, producirá mil jarras

---

[39] Cf. Nota a 1 Hen 18:16 (allí se compara con citas del Nuevo Testamento). Cf. 1 P 3:19-20.

[40] Cf. Nota a 1 Hen 10:6.

[41] Cf. Nota a 1 Hen 18:16.

[42] Por su parte, el evangelio de Juan presenta una idea interesante, Jesús por el contrario expresa: "Al que oye mis palabras, y no las guarda, yo no le juzgo; porque no he venido a juzgar al mundo, sino a salvar al mundo" (Jn 12:47).

[43] De este modo, para el autor apocalíptico, el ser humano es libre de la culpa primigenia, pues la culpa original se proyecta en las criaturas angélicas.

[44] Sal 37:11; Mt 5:5.

de vino[45] y, cada semilla, producirá mil medidas por una, y una medida de aceitunas producirá diez lagares de aceite.

20 Y limpia tú la tierra de toda opresión, de toda violencia, de todo pecado, de toda impiedad y de toda maldad que ocurre en ella y hazles desaparecer de la tierra.

21 Y todos los hijos de los hombres llegarán a ser justos y todas las naciones me adorarán, se dirigirán en oración a mí y me alabarán.

22 Y la tierra estará limpia de toda corrupción, de todo pecado, de todo castigo y de todo dolor y yo no enviaré más plagas[46] sobre la tierra, hasta las generaciones de las generaciones ni por toda la eternidad.

Capítulo 11

1 Y en esos días abriré los tesoros de bendición que están en el cielo, para hacerlos descender sobre la tierra, sobre las obras y el trabajo de los hijos de los hombres.

2 Y la paz y la verdad estarán unidas todos los días del mundo por todas las generaciones".

Capítulo 12

1 Ante esos sucesos, Henoc había sido ocultado, y no había ningún humano que supiera dónde fue escondido ni dónde está o qué le sucedió.[47]

---

45 De telón de fondo el racimo de uvas gigante cf. Nm 13:23 pero ahora en perspectiva escatológica.

46 La alusión a las plagas (como las que aparecen en Ap 8:7ss.) son símbolos escatológicos que no deben interpretarse como catástrofes de nuestro tiempo. Cf. R. E. Brown, *Introducción al Nuevo Testamento II. Cartas y otros escritos*. Trad. A. Piñero (Madrid: Trotta, 2002), p. 1013. Cf. 1012. El cuanto al lenguaje sobre cataclismos ocurre ciertamente lo mismo.

47 Gn 5:24 es clave. Como allí Henoc no murió, sino que fue llevado con Dios, en el pensamiento de los apocalípticos su figura, digna de credibilidad, sirvió para ser uno

2 Él hacía todas sus acciones con los Vigilantes y pasaba sus días con los santos.

3 Así, yo Henoc, estaba comenzando a bendecir al Señor de majestad, al Rey de los tiempos, y he aquí que el Vigilante del gran Santo me llamó a mí, Henoc el escribiente[48] y me dijo:

4 "Henoc, escriba de justicia, ve a los Vigilantes del cielo que han abandonado las alturas del cielo, el eterno lugar santo y que se han contaminado con las mujeres haciendo como hacen los hijos de los hombres, y han tomado mujeres y han forjado una gran obra de corrupción sobre la tierra, y hazles saber

5 que no habrá para ellos paz ni redención de su pecado.[49]

6 "Al igual que gozaron a causa de sus hijos, ellos verán la muerte de sus bienamados, y llorarán por la pérdida de sus hijos y suplicarán eternamente, pero no habrá para ellos misericordia ni paz".[50]

Capítulo 13

1 Luego, Henoc se fue y le dijo a 'Asa'el: "No habrá paz para ti, contra ti ha sido pronunciado un gran juicio para encadenarte.

2 No habrá para ti ni tregua ni intercesión, porque has enseñado la injusticia y a causa de todas las obras de impiedad, violencia y pecado que has enseñado a los humanos".

---

de los prestigiosos protagonistas de nuevas revelaciones. Él podría conocer las cosas que están ocultas en los cielos (Hb 11:5; Eclo 44:16; Sab 4:10-11). Cf. C. Blanco, *El pensamiento de la apocalíptica judía* (Madrid: Trotta, 2013), p. 58. Sin embargo, existe una duda respecto al v. 24 de Gn 5. No se sabe si ese versículo formaba parte del capítulo o si lo agregaron posteriormente cuando ya circulaba 1 Hen. Cf. G. Aranda, *Apócrifos del Antiguo Testamento*, en: G. Aranda Pérez- F. García Martínez- M. Pérez Fernández, *Literatura judía intertestamentaria* (Estella: Verbo Divino, 1996), p. 273.

48 Henoc el escribiente, cf. Nota a 1 Hen 81:6 y 81:1.

49 Cf. nota a 1 Hen 16:4.

50 Cf. nota a 1 Hen 16:4.

³ Y avanzando, les hablé a todos ellos, y todos temieron, se espantaron y el temblor se apoderó de ellos.

⁴ Me suplicaron que elevara una petición por ellos[51] para que pudieran encontrar perdón por sus pecados y que la leyera en presencia del Señor del cielo.

⁵ Porque desde entonces ellos no pueden hablar a Dios ni levantar sus ojos al cielo, debido a la vergüenza[52] por los crímenes por los cuales fueron condenados.

⁶ Entonces escribí su oración con todas sus peticiones por sus almas y por cada una de sus obras y por lo que suplicaban todos, que hubiera para ellos perdón y larga vida.

⁷ Fui y me senté junto a las aguas de Dan, en la tierra de Dan, al sur del Hermonín, a su lado occidental y estuve leyendo el libro donde anoté[53] sus peticiones, hasta que me dormí.

⁸ He aquí que me vinieron sueños, y cayeron sobre mí visiones, hasta que levanté mis párpados a las puertas del palacio del cielo, y vi una visión del rigor del castigo. Y vino una voz y me dijo: "Habla a los hijos del cielo para reprenderles".

⁹ Cuando desperté fui a ellos. Todos estaban reunidos juntos y sentados llorando, en la Fuente del Llanto que está entre el Líbano y Senir, con los rostros cubiertos.

¹⁰ Conté delante de ellos todas las visiones que había visto en sueños y me puse a hablar con palabras de justicia y visión, y a reprender a los Vigilantes celestiales.

---

[51] Mientras que en numerosos pasajes apocalípticos son los ángeles quienes interceden por los humanos (o presentan a Dios las oraciones de los fieles), en este caso es Henoc, el santo, quien intercede por los ángeles caídos.

[52] Han caído del honor y ahora se encuentran en un estado de vergüenza. Sobre el paradigma honor-vergüenza que indirectamente se manifiesta aquí, cf. B. J. Malina, *El mundo del Nuevo Testamento. Perspectivas desde la antropología cultural.* 2ª ed. (Estella: Verbo Divino, 2016), pp. 45-81. Cf. E. Miquel, *Qué se sabe de… El Nuevo Testamento desde las ciencias sociales* (Estella: Verbo Divino, 2011), p. 106.

[53] Cf. Nota 1 Hen 81:6.

Capítulo 14

¹ Este es el libro de las palabras de la verdad y de la reprensión de los Vigilantes que existen desde siempre, según lo ordenó el Gran Santo en el sueño que tuve.[54]

² En esta visión, vi en mi sueño, lo que ahora digo con la lengua de carne y con el aliento de mi boca, que el Grande ha dado a los humanos para que hablen con ella y para que comprendan en el corazón. Así como Dios ha creado y destinado a los hijos de los hombres para que entiendan las palabras de conocimiento, así me ha creado, hecho y destinado a mí para que reprenda a los Vigilantes, a los hijos del cielo.

³ Vigilantes: yo escribí vuestra petición y en una visión se me reveló que no será concedida nunca y que habrá juicio por decisión y decreto contra vosotros,

⁴ que a partir de ahora no volveréis al cielo y por todas las épocas no subiréis,

⁵ porque ha sido decretada la sentencia para encadenaros en las prisiones de la tierra por toda la eternidad.[55]

⁶ Pero antes veréis que todos vuestros seres queridos irán a la destrucción con todos sus hijos, y las riquezas de tus seres queridos y de sus hijos no las disfrutaréis, pues ellos caerán en vuestra presencia por la espada de destrucción.

⁷ Pues ni vuestra petición por ellos ni la petición por vosotros serán concedidas. Continuaréis pidiendo y suplicando, y mientras lloráis, no podréis pronunciar ninguna palabra del texto que he escrito.

⁸ Esto me fue revelado en la visión: He aquí que las nubes me llamaban, la neblina me gritaba y los relámpagos y truenos me

---

[54] Las visiones recibidas en sueños son un elemento clásico de la apocalíptica, aunque hunde sus raíces en Gn 37:4-11; Gn 40:8-19 y Gn 41...

[55] Castigo angelical, cf. Nota a 1 Hen 18:16.

apremiaban[56] y me despedían; y en la visión los vientos me hacían volar, me levantaban en lo alto, me llevaban velozmente y me adentraban hasta los cielos.

9 Entré en ellos hasta que llegué al muro de un edificio construido con piedras de granizo, rodeado y cercado completamente con lenguas de fuego[57] que comenzaron a asustarme.[58]

10 Entré por esas lenguas de fuego hasta que llegué a una casa grande construida con piedras de granizo, cuyos muros eran como planchas de piedra; todas ellas eran de nieve y su suelo estaba hecho de nieve.

11 Su techo era como relámpagos y trueno y entre ellos querubines de fuego y su cielo era de agua.

12 Un fuego ardiente rodeaba todos sus muros cercándolos por completo, y las puertas eran de fuego ardiente.[59]

13 Entré en esta casa que era caliente como fuego y fría como nieve. No había en ella ninguno de los placeres de la vida. Me consumió el miedo y el temblor se apoderó de mí.[60]

14 Tiritando y temblando caí sobre mi rostro[61] y se me reveló una visión:

---

56 Los relámpagos, que también están en la visión de Ezequiel (Ez 1:14) aluden al mundo trascendente, el mundo de lo divino, donde las leyes de nuestro mundo no tienen vigencia. Las nubes suelen ser un símbolo, que, a modo de velo, separan el mundo terrestre del celeste. Los relámpagos son signos de algo que nos sobrepasa. Cf. P. Sacchi, *Historia del judaísmo en la época del Segundo Templo* (Madrid: Trotta, 2004), p. 93. Sobre las nubes puede consultarse cualquier diccionario bíblico.

57 Aquí tenemos una expresión, lenguas de fuego, que luego encontraremos en Hch 2:3. Asimismo volvemos a encontrarlas en 1 Hen 71:5.

58 Otra propuesta de traducción, la del volumen IV de los Apócrifos de Díez Macho, dan a entender que los muros rodean la lengua de fuego.

59 Además de la Zarza Ardiente (Éx 3), imágenes como la del fuego y o el viento (u otras similares) se encuentran en otras teofanías como Is 66:15 o 4 Esd 13:1-10. Por otra parte, el paradero de los impíos está relacionado con un destino en el fuego.

60 Encontramos expresión parecida en las palabras de Pablo en Flp 2:12 (*temor* y *temblor* en relación a la salvación).

61 El acto de caer ante una teofanía también puede verse en pasajes como Hch 9:4.

[15] He aquí que vi una puerta que se abría delante de mí y otra casa que era más grande que la anterior, construida toda con lenguas de fuego.

[16] Toda ella era superior a la otra en esplendor, gloria y majestad, tanto que no puedo describiros su esplendor y majestad.

[17] Su piso era de fuego y su parte superior de truenos y relámpagos y su techo de fuego ardiente.[62]

[18] Me fue revelada y vi en ella un trono elevado cuyo aspecto era el del cristal,[63] y cuyo contorno era como el sol brillante y tuve visión de querubín.[64]

[19] Por encima del trono salían ríos de fuego ardiente y yo no resistía mirar hacia allá.[65]

[20] La Gran Gloria tenía sede en el trono y su vestido lucía más brillante que el sol y más blanco que cualquier nieve;[66]

---

[62] Estas imágenes de donde habita la presencia de Dios, tan tenebrosas por el fuego, son bastante equiparables al paradero de los inicuos en el fuego. Algunas teologías contemporáneas plantean que cuando la humanidad esté en la presencia de Dios, para los creyentes esa presencia será un gozo, una fiesta; por el contrario, para los condenados, esa misma presencia les resultará como un fuego eterno que les atormentará hasta que, ese mismo fuego de su presencia, les purifique uniéndose al mismo gozo de los santos. Es una conceptualización que, aunque parecida, no consiste en el clásico purgatorio.

[63] *Cristal,* cf. Ap 4:6.

[64] El trono de Dios. En Ap 4:11 también vemos ángeles alrededor del trono, esta idea, además de proceder de Is 6:1-3, tienen su antecedente literario aquí en 1 Hen 14:15-25 y, más concretamente, en 1 Hen 71:5-11. Léase la nota a 1 Hen 71:7.

[65] En Ap 4:5 del trono salen relámpagos, truenos, voces, y ante él arden siete lámparas.

[66] Conecta con la apariencia del Anciano de Días de Dn 7:9 cuya vestidura es blanca como la nieve. Esta descripción de las vestiduras blancas aparecerá repetidamente en Apocalipsis. La idea de una transformación que hace resplandecer a los justos se encuentra en Dn 12:3 donde se dice que los "entendidos" y los que enseñan justicia a la multitud, resplandecerán como *estrellas* a perpetua eternidad. Aquí, en la tradición henóquica, como en el *Libro de las parábolas* y la *Epístola de Henoc,* aparece la idea de que los justos brillarán con *vestiduras de gloria* en un universo transformado, tales como *luminarias* en el cielo mientras que los pecadores perecen en la llama del fuego eterno (1 Hen 91:16 y 45:4-5; 104:2). En Mt 13:43 en palabras de Jesús encontramos un eco a Dn 12:3 "los justos resplandecerán como el sol" (la mención

[21] ningún ángel podía entrar y verle la cara, debido a la magnífica Gloria, y ningún ser de carne podía mirarlo.[67]

[22] Un fuego ardiente le rodeaba y un gran fuego se levantaba ante Él. Ninguno de los que le rodeaba podía acercársele y multitudes y multitudes estaban de pie ante Él y Él no necesitaba consejeros.

[23] Y las santidades de los santos que estaban cerca de Él no se alejaban durante la noche ni se separaban de Él.

[24] Yo hasta este momento estaba postrado sobre mi rostro, temblando, y el Señor por su propia boca me llamó y me dijo: "Ven aquí Henoc y escucha mi Palabra".

[25] Y vino a mí uno de los santos, me despertó, me hizo levantar y acercarme a la puerta e incliné hacia abajo mi cabeza.

Capítulo 15

[1] Y él me correspondió y me habló y yo oí su voz: "No temas Henoc, hombre y escriba de justicia; acércate y escucha mi voz.

[2] Ve y dile a los Vigilantes del cielo que te han enviado a suplicar por ellos: 'A vosotros os corresponde interceder por los humanos y no a los humanos por vosotros.[68]

[3] ¿Por qué habéis abandonando el cielo alto, santo y eterno, os habéis acostado con mujeres y os habéis profanado a vosotros mismos con las hijas de los hombres, tomando esposas como los hijos de la tierra y engendrando hijos gigantes?

---

solar aparece en este mismo versículo de 1 Hen). Las vestiduras resplandecientes aparecen también en los relatos de la transfiguración de Jesús (cf. Lc 9:28-36 y par.). Cf. E. Puech, *Apocalíptica esenia: la vida futura*, en: J. Vázquez Allegue (Coord.) *Para comprender los manuscritos del Mar Muerto* (Estella: Verbo Divino, 2012), p. 89. N. T. Wright, *Sorprendidos por la esperanza. Repensando el cielo, la resurrección y la vida eterna* (Miami: Convivium Press, 2011), p. 79.

[67] Sobre una descripción similar sobre los ángeles que rodean el trono, cf. 1 Hen 71:7-10 (o Ap 5:11).

[68] Sobre las intercesiones que realizan los ángeles cf. nota a 1 Hen 40:9.

⁴ Vosotros, que fuisteis santos espirituales viviendo una vida eterna, os habéis manchado con la sangre de las mujeres, y habéis engendrado con la sangre de la carne, y como los hijos del hombre, habéis deseado después carne y sangre como aquellos que mueren y perecen.

⁵ Por eso yo les he dado a ellos mujeres, para que las fecunden y engendren hijos de ellas, y para que así no falten ellos sobre la tierra.

⁶ En cuanto a vosotros, fuisteis primero espirituales, viviendo una vida eterna, inmortal por todas las generaciones del mundo;[69]

⁷ por ello no se os han atribuido mujeres,[70] pues la morada de los espíritus del cielo es el cielo.

⁸ Y ahora, los gigantes que han nacido de los espíritus y de la carne, serán llamados en la tierra espíritus malignos[71] y sobre la tierra estará su morada.

⁹ Los espíritus malos proceden de sus cuerpos, porque han nacido de humanos y de los santos Vigilantes es su comienzo y origen primordial. Estarán los espíritus malos sobre la tierra y serán llamados espíritus malos.

¹⁰ Los espíritus del cielo tienen su casa en el cielo y los espíritus de la tierra, que fueron engendrados sobre la tierra, tienen su casa en la tierra.[72]

---

[69] Quiere hacer notar que en la esfera celestial los ángeles-estrellas eran espirituales e inmortales. Se corrompen en la *katábasis* tomando cuerpo físico y allegándose a las mujeres humanas.

[70] Cf. Mc 12:25.

[71] Aquí hay una cuestión difícil de explicar propia del judaísmo. En el pensamiento hebreo es muy importante el orden, mientras que ciertos elementos se advierten como el "caos". Por ejemplo, los animales que presentan una presencia extraña se les considera impuros. El murciélago es un mamífero, sin embargo es volador como las aves, por tanto es un engendro impuro. El abismo, el mar, es considerado un lugar de caos, por cuando no hay dominio sobre lo que acontece en el (temporales, leviatán…). Como en el ejemplo del murciélago, los gigantes son vistos como un engendro del caos. Están fuera del orden.

[72] Véase la nota a 1 Hen 15:8. Aquí encontramos el problema del caos, del orden, cada cosa debe estar en su lugar.

[11] Y los espíritus de los gigantes, de los Nefilim, que afligen, oprimen, invaden, combaten y destruyen sobre la tierra y causan penalidades, aunque no comen tienen hambre y sed y causan daños.

[12] Estos espíritus se levantarán contra los hijos de los hombres y contra las mujeres porque de ellos proceden".

Capítulo 16

[1] "Desde los días del asesinato, destrucción y muerte de los gigantes, dondequiera que hayan salido los espíritus de su cuerpo, perezca su carne sin juicio: así perezca hasta que se cumpla el día de la gran consumación del gran juicio, con el cual el universo todo se consumará junto con (?) los vigilantes e impíos.[73]

[2] Y ahora, a los Vigilantes, que te han enviado a suplicar por ellos, que en otra época habitaban en el cielo, diles:

[3] 'Vosotros estabais en el cielo pero todos los misterios no se os habían revelado. No habéis conocido sino un misterio indigno y en el endurecimiento de vuestro corazón lo habéis comunicado a las mujeres y por ese misterio ellas y los hombres han multiplicado el mal sobre la tierra'.[74]

[4] "Diles pues: 'No tendréis paz'".[75]

Capítulo 17

[1] Después me llevaron a un sitio cuyos habitantes son como el fuego ardiente, pero cuando desean, aparecen como humanos.

---

[73] Aquí tomamos la traducción de los Apócrifos de Díez Macho.
[74] En 1 P 1:12 "cosas que anhelan mirar los ángeles" que aquí sin embargo le son dadas al vidente.
[75] Is 48:22. Esta alusión al texto de Isaías es recurrente, constante y continua a lo largo de todo el Ciclo henóquico.

2   Me llevaron a la casa de la tempestad sobre una montaña cuya cima tocaba el cielo,

3   y vi las mansiones de las luminarias y los tesoros de las estrellas y del trueno, en los extremos del abismo donde están el arco de fuego, sus flechas y carcaj, la espada de fuego y todos los relámpagos.

4   Luego me llevaron hasta las aguas de vida y hasta el fuego del occidente, el que recogió todas las puestas de sol.

5   Llegué hasta un río de fuego[76] cuyas llamas corren como agua y desemboca en el gran mar que está al lado del poniente;

6   vi grandes ríos y llegué a una gran oscuridad hasta donde ningún ser carnal camina;

7   vi las montañas de las tinieblas de invierno y el sitio hacia donde fluyen todas las aguas del abismo;

8   y vi la desembocadura de todos los ríos de la tierra y la desembocadura del abismo.

Capítulo 18

1   Vi los tesoros de los vientos y vi que con ellos Él ha adornado toda la creación y los cimientos de la tierra;

2   y vi también la piedra angular de la tierra y los cuatro vientos que sostienen la tierra y el firmamento;[77]

3   vi como los vientos extienden el velo del cielo en lo alto y cómo tienen su puesto entre el cielo y la tierra: son las columnas del cielo;

---

[76] Cf. Dn 7:10.

[77] Este tipo de referencias solo son comprensibles desde las antiguas cosmogonías donde se pensaba que la tierra era una circunferencia (no una esfera), cf. Is 40:22, sobre ella estaba el cielo por el que vuelan los pájaros, sobre este cielo hay otro cielo donde

⁴ vi los vientos que hacen girar y que conducen por las órbitas del sol y de los astros en sus estancias;

⁵ vi los vientos que sostienen las nubes sobre la tierra; vi los caminos de los ángeles; vi en los confines de la tierra el firmamento en lo alto.

⁶ Después fui al sur y vi un sitio que ardía día y noche, en donde se encontraban siete montañas⁷⁸ de piedras preciosas, tres del lado oriental y tres del lado del mediodía.

⁷ Así, entre las que estaban en el oriente, una era de piedra multicolor, una de perlas, y la otra de piedras medicinales; y las que estaban en el sur eran de piedra roja.

⁸ La del medio se elevaba hasta el cielo como el trono del Señor y la parte alta del trono era de zafiro.

⁹ Yo vi un fuego ardiente, y más allá de esas montañas

¹⁰ está una región donde termina la gran tierra, y ahí culminan los cielos.

¹¹ Luego me fue mostrado un profundo abismo entre columnas de fuego celeste, y vi en él columnas de fuego que descendían al fondo y cuya altura y profundidad eran inconmensurables;

¹² y más allá de este abismo vi un sitio sobre el cual no se extendía el firmamento, bajo el cual no había tampoco cimientos de la tierra;

---

están las compuertas donde están las agujas de arriba Gn 1:6. Más allá de este cielo se encuentra el cielo de Dios.

⁷⁸ Ap 17:9. El libro judío *Los capítulos* de Rabbí Eliezer (Pirke De-Rabbi Eliezer) hace mención a Jerusalén como "la ciudad de las siete colinas": Acra, Bezetah, Gareb, Goath, Moria, Ophel y Sion. Otra interpretación arraigada sobre las siete montañas de Ap 17:9, considera que habla de Roma, conocida como la ciudad de las siete colinas. Ahora bien, teniendo en cuanta que esta alusión está en el cap. 18 del *Libro de los vigilantes* (1 Hen 1-36) y que el libro es anterior a que Roma supusiese una amenaza, no creo que la alusión a las siete montañas de 1 Hen 17:6 sea una referencia a Roma. El vidente está viendo la morada de Dios, la Jerusalén celestial.

sobre el que no había ni agua ni pájaros, sino que era un lugar desierto y terrible.

[13] Allí vi siete estrellas[79] parecidas a grandes montañas, que ardían, y cuando pregunté sobre esto,

[14] El ángel me dijo: "Este sitio es el final del cielo y de la tierra; ha llegado a ser la prisión de las estrellas y de los poderes del cielo.

[15] "Las estrellas que ruedan sobre el fuego son las que han transgredido[80] el mandamiento del Señor, desde el comienzo de su ascenso, porque no han llegado a su debido tiempo;

[16] y Él se irritó contra ellas y las ha encadenado hasta el tiempo de la consumación de su culpa para siempre, en el año del misterio".[81]

Capítulo 19

[1] Después Sariel me dijo: "Aquí estarán los Vigilantes que se han conectado por su propia cuenta con mujeres. Sus espíritus, asumiendo muy diversas apariencias, se han corrompido y han

---

[79] Ap 1:16 y 20.

[80] El telón de fondo que inspira estos pasajes es Is 24:18-22 donde se habla de la rebelión del ejército de los cielos y la *katábasis* estelar-angelical. Cf. J. J. Collins, *Apocalíptica y escatología del Antiguo Testamento*, en: R. E. Brown- J. A. Fitzmyer- R. E. Murphy (Eds.), *Nuevo Comentario Bíblico San Jerónimo. Antiguo Testamento* (Estella: Verbo Divino, 2005), p. 462. Respecto a una postura conservadora sobre la *katábasis* en Ap 12:7-12; Ef 6:12 y Lc 10:18 cf. J. Grau, *Estudios sobre el Apocalipsis* (Moral de Calatrava: Peregrino, 2009), pp. 169-170.

[81] Aquí encontramos el *castigo angelical o de estrellas*. Ángeles y estrellas se mencionan en la literatura apocalíptica como sinónimos. En 1 Hen 21:66 volvemos a encontrar la trasgresión de las estrellas y su consecuente castigo: encadenadas hasta que pasen diez mil años (el impuesto por sus pecados). En Ap 20:2-3 vemos el castigo de Satanás, arrojado a un abismo hasta que cumpla mil años. En Ap 9:1 sale a relucir el abismo y la mención de un ángel y una estrella caída del cielo (*katábasis*). Ap 6:12-13 menciona las estrellas caídas. En 1 P 3:19 se menciona a los espíritus encarcelados y en 2 P 2:4 arrojados al infierno. Por su parte, Jud 6 menciona las prisiones eternas para los ángeles trasgresores. En Ap 12:9 Satanás es arrojado. Aquí, en 1 Hen 18:16, también las estrellas-ángeles son encadenadas al igual que en 1 Hen 21:6.

descarriado a los humanos para que sacrifiquen a demonios y dioses, hasta el día del gran juicio, en que serán juzgados y encontrarán su final.

2   En cuanto a sus mujeres, las que fueron seducidas por los Vigilantes, se volverán sosegadas".

3   Yo Henoc, solo, he visto la visión, el final de todas las cosas y ningún humano ha visto lo que yo he visto.

Capítulo 20

1   He aquí los nombres de los santos ángeles que vigilan:

2   Uriel, uno de los santos ángeles, llamado el del trueno y el temblor;

3   Rafael, otro de los santos ángeles, el de los espíritus de los humanos;

4   Ra'u'el, otro de los santos ángeles, que se venga del mundo de las luminarias;

5   Miguel, otro de los santos ángeles, encargados de la mejor parte de la humanidad y del pueblo;[82]

6   Sariel, otro de los santos ángeles, encargado de los espíritus de los hijos de los hombres que pecan en espíritu;

7   Gabriel; otro de los santos ángeles, encargado del paraíso, las serpientes y los querubines;[83]

8   Remeiel, otros de los santos ángeles, al que Dios ha encargado de los resucitados.[84]

---

[82] Encontramos a Miguel canónicamente en Dn 10:13, 21; 12:1; Jd 9; Ap 12:7. En Dn 12:1 es donde se expresa que Miguel está de parte del pueblo.

[83] Dn 8:16; 9:21; Lc 1:19, 26. Indirectamente, cf. Gn 3:24; Éx 25:18-22; Ez 10:4-5.

[84] Que la aparición angelical de Mt 28:2-7; Mc 16:5-7; Lc 24:4-7 y Jn 20:12-13, guarde relación con la creencia de unos ángeles encargados de la resurrección es una

Capítulo 21

1   Después volví hasta donde todo era caótico;[85]

2   y allá vi algo horrible: no vi ni cielo en lo alto ni tierra firme fundamentada, sino un sitio informe y terrible.

3   Vi allí cuatro estrellas del cielo encadenadas que parecían grandes montañas ardiendo como fuego.

4   Entonces pregunté: "¿Por qué pecado están encadenadas y por qué motivo han sido arrojadas acá?".

5   Uriel el Vigilante y el Santo que estaba conmigo y me guiaba, me dijo: "Henoc, ¿por qué preguntas y te inquietas por la verdad?

6   Esta cantidad de estrellas de los cielos son las que han transgredido el mandamiento del Señor y han sido encadenadas aquí hasta que pasen diez mil años,[86] el tiempo impuesto según sus pecados.[87]

7   Desde allí pasé a otro lugar más terrible que el anterior y vi algo horrible: había allá un gran fuego ardiendo y flameando y el lugar tenía grietas hasta el abismo, llenas de columnas descendentes de fuego, pero no pude ver ni sus dimensiones ni su magnitud, ni haría conjeturas.[88]

8   Entonces dije: "¡Qué espantoso y terrible es mirar este lugar!".

9   Contestándome, Uriel el Vigilante y el Santo, que estaba conmigo me dijo: "Henoc, ¿por qué estás tan atemorizado y espantado?".

---

cuestión pendiente de determinar.

[85]   Sobre la cuestión del caos, cf. 1 Hen 15:8.

[86]   El castigo milenial guarda similitud con movimientos religiosos de matriz griega que postulaban mil años de arrepentimiento. Parecen confluir ciertas temáticas del más allá tanto iranias como órficas griegas. Cf. C. Blanco, *El pensamiento de la apocalíptica judía* (Madrid: Trotta, 2013), p. 92.

[87]   Cf. nota a 1 Hen 18:16.

[88]   Como vemos en los vv. 9-10, este es el lugar del encierro y castigo angelical Cf. Ap 20:1-3.

Le respondí: "Es por este lugar terrible y por el espectáculo del sufrimiento".

[10] Y él me dijo: "Este sitio es la prisión de los ángeles y aquí estarán prisioneros por siempre".

Capítulo 22

[1] Desde allí fui a otra parte, a una montaña de roca dura;

[2] había ahí cuatro profundos pozos, anchos y muy lisos. Y dije: "¡Qué lisos son estos huecos y qué profundos y oscuros se ven!".

[3] En ese momento, Rafael el Vigilante y el Santo, que estaba conmigo, me respondió[89] diciendo: "Estas cavidades han sido creadas con el siguiente propósito; que los espíritus de las almas de los muertos puedan reunirse y que todas las almas de los hijos de los hombres se reúnan ahí.[90] Así pues, esos son los pozos que les servirán de cárcel;[91]

---

[89] Seguimos viendo la repetida función aclaratoria (auditiva) de los ángeles respecto a lo que ve el vidente (que en el caso de estos libros es Henoc).

[90] También en el Nuevo Testamento los *nephesh* (sombra o alma) de los difuntos estarán allí hasta el día del juicio. Cf. Ef 4:6; Hch 2:31; Rm 10:6-7; Ap 1:18 y 1 P 3:19-20.

[91] Aparentemente es ese estado intermedio antes de la resurrección corporal. Si bien, en algunos casos, muchos textos apocalípticos no mencionan nada de una resurrección corporal quedándose solo en la idea helénica de una inmortalidad del alma. Jesús retoma esta idea en su parábola del rico y Lázaro (Lc 16:19-31). Ahora bien, la primera vez que aparece en el judaísmo esta representación del lugar de las "almas" tras la muerte es en *El Libro de los vigilantes* (cf. 1 Hen 22 y 1 Hen 9:3-10). Cf. G. Aranda, Apócrifos del Antiguo Testamento, en: G. Aranda Pérez – F. García Martínez – M. Pérez Fernández, Literatura judía intertestamentaria (Estella: Verbo Divino, 1996), p. 277. Asimismo, la comprensión del lugar de recompensa y castigo del texto lucano (Lc 16:19-31) tiene eco en *Las Exhortaciones de Henoc* (1 Hen 103:5.7-8), ibíd. p. 290. Como indica Köster, estas concepciones de infierno y castigo se toman del pensamiento griego del período helenista y son extrañas a la antigua tradición de Israel. Cf. H. Köster, *Introducción al Nuevo Testamento* (Salamanca: Sígueme, 1988), p. 294. Un comentario sobre la parábola del rico y Lázaro: R. Bernal, *«El rico y Lázaro» Una parábola revisitada*; en: Lupa Protestante, diciembre 2019.

⁴ Están hechos para este fin, hasta el día en que sean juzgados, hasta el momento del gran juicio que se les hará el último día".

⁵ Vi allí al espíritu de un hombre muerto acusando, y su lamento subía hasta el cielo, gritando y acusando.[92]

⁶ Entonces pregunté a Rafael el Vigilante y el Santo, que estaba conmigo: "¿De quién es, este espíritu que está acusando, que se queja de tal modo que sube hasta el cielo gritando y acusando?".

⁷ Me respondió diciendo: "Este es el espíritu que salió de Abel, a quien su hermano Caín asesinó;[93] él lo acusa hasta que su semilla sea eliminada de la faz de la tierra y su semilla desaparezca del linaje de los hombres".

⁸ Entonces pregunté observando todos los pozos: "¿Por qué están separados unos de otros?"[94]

⁹ Me respondió diciendo: "Esos tres han sido hechos para que los espíritus de los muertos puedan estar separados. Así una división ha sido hecha para los espíritus de los justos, en la cual brota una fuente de agua viva.[95]

¹⁰ Y así ha sido hecha esta para los pecadores cuando mueren, y son sepultados, y no se ha ejecutado juicio contra ellos en vida.[96]

¹¹ Aquí sus espíritus serán colocados aparte para esta gran pena, hasta el día del gran juicio, (para) castigo y tormento para siempre, para quienes merecen tal retribución por sus espíritus.

---

[92] Al igual que en 1 Hen 9:10, aquí tenemos, aunque de forma individual, el denominado *clamor de los difuntos* que también es recogido en Ap 6:10.

[93] Se usa una retórica parecida a la de Gn 4:10 cuando clama la sangre de Abel tras ser asesinado, cf. Hb 12:24.

[94] Esta porción de compartimentos separados para buenos y justos 1 Hen 22:8-14 es la que se refleja en Lc 16:26.

[95] Agua viva. En otros lugares aparece como "fuente luminosa", lo que recuerda al "rocío luminoso" de Is 26:19. La metáfora del agua viva también se utiliza en el evangelio de Jn 4:14.

[96] Es decir, es una alusión al lugar o estado intermedio de los difuntos previo al juicio y la resurrección.

[12] Esta división ha sido separada para quienes presentan su queja y denuncian su destrucción cuando fueron asesinados en los días de los pecadores.

[13] También esta ha sido hecha para los espíritus de los hombres que no fueron justos sino pecadores, para todos los transgresores y los cómplices de la trasgresión; que en el día del juicio serán afligidos fuera de allí, pero no serán resucitados desde allí".[97]

[14] Entonces bendije al Señor de Majestad y dije: "Bendito sea el juicio de justicia y bendito sea el Señor de Majestad y Justicia que es el Señor del mundo".

Capítulo 23

[1] Desde allí fui transportado[98] a otro lugar al occidente, en las extremidades de la tierra;

[2] me fue mostrado un fuego que corría sin descanso y sin interrumpir su carrera ni de día ni de noche, permaneciendo constante, mientras tanto.

[3] Yo pregunté diciendo: "¿Qué es esto que no tiene reposo alguno?".

---

[97] En algunos textos apocalípticos los impíos serán aniquilados, dejarán de existir. De un modo parecido, en la reflexión escatológica cristiana, también hay una corriente aniquilacionista (un abanderado de ella fue el famoso teólogo anglicano conservador John W. Stott).

[98] Este tipo de lenguaje, quizá con un tanto más metafórico, es empleado en algunos textos del Nuevo Testamento. Por ejemplo, cuando después de bautizar al eunuco etíope, Felipe es arrebatado por el Espíritu (Hch 8:39). Quizá solo da a entender que Felipe simplemente se marchó a otro lugar impulsado por su sensibilidad al Espíritu Santo, sin embargo, la terminología empleada parece mezclar tanto el lenguaje de los arrebatamientos particulares (Hb 11:5) como el de las "transportaciones". Una sensación parecida tenemos en el relato de las tentaciones, en un primer lugar el Espíritu lleva a Jesús al desierto (Mt 4:1, el lenguaje parece presuponer una *transportación*, aunque solo sea una forma retórica de expresar que Jesús marchó al desierto estimulado por el Espíritu Santo). En segundo lugar, encontramos que desde allí, el Diablo, lleva a Jesús al Pináculo del Templo, presuponiéndose de nuevo una transportación (Mt 4:5).

[4] Me respondió Ra'u'el: "La función de este fuego que corre hacia el occidente es guiar a todas las luminarias del cielo".

Capítulo 24

[1] Y me mostró las montañas: el suelo entre ellas era de fuego ardiente y llameaba por las noches.

[2] Fui hacia allá y vi siete montañas magníficas,[99] diferentes entre sí y de piedras preciosas[100] y hermosas, y todas eran espléndidas, de apariencia gloriosa y bello aspecto: tres por el oriente, apoyadas una contra la otra; y tres por el sur, una bajo la otra; y vi cañadas profundas y sinuosas, ninguna de las cuales se unía a las demás.

[3] La séptima montaña estaba en medio de todas, superándolas en altura a la manera de un trono,[101] rodeada por árboles aromáticos,

[4] entre los cuales había un árbol cuyo perfume yo no había olido nunca y no había perfume similar entre estos ni entre los demás árboles: exhala una fragancia superior a cualquiera y sus hojas, flores y madera no se secan nunca, su fruto es hermoso y se parece a los dátiles de las palmas.

[5] Entonces dije: "¡Qué árbol tan hermoso! Es bello a la vista, su follaje gracioso y su fruto tiene un aspecto muy agradable".

[6] Entonces, Miguel el Vigilante y santo, que estaba conmigo y que estaba encargado de esos árboles, me contestó.[102]

---

[99] Sobre las siete montañas véase la nota a 1 Hen 18:6.

[100] Cf. Ap 21:19; Ez 28:13 (probablemente este texto de Ezequiel sea la inspiración para este recurso).

[101] Alusión al monte Sión, en este caso al *Sion celestial* donde se aposenta la Nueva Jerusalén donde reside la presencia de Dios. El silogismo era, si en el Templo de Jerusalén (así como anteriormente en el tabernáculo), estaba la *shekinah* (presencia) de Dios de un modo inmanente, en el cielo está la presencia de Dios de un modo trascendente. Véase a continuación 1 Hen 25:3 donde explica que efectivamente el monte es el trono de la presencia divina.

[102] Nuevamente, el elemento visual que percibe el vidente, es explicado auditivamente por la mediación de un ángel.

Capítulo 25

1 Y él me dijo: "Henoc, ¿para qué me preguntas por el perfume de ese árbol y para qué quieres saber la verdad?".

2 Entonces, yo, Henoc, le respondí así: "Deseo aprender de todo, pero especialmente acerca de este árbol".

3 Y él me contestó diciendo: "Esta montaña alta que has visto y cuya cima es como el trono de Dios, es su trono, donde se sentará el Gran Santo, el Señor de Gloria, el Rey Eterno, cuando descienda a visitar la tierra con bondad.

4 No se permite que ningún ser de carne toque este árbol aromático hasta el gran juicio, cuando Él se vengará de todo y llevará todas las cosas a su consumación para siempre, pero entonces será dado a los justos y a los humildes.

5 Su fruto servirá como alimento a los elegidos y será trasplantado al lugar santo, al templo del Señor, el Rey Eterno.

6 Entonces ellos se regocijarán y estarán alegres; entrarán en el lugar santo y la fragancia penetrará en sus huesos; y ellos vivirán una larga vida, tal y como la que sus antepasados vivieron. En sus días no los tocará ningún sufrimiento ni plaga[103] ni tormento ni calamidad."

7 Entonces bendije al Dios de la Gloria, al Rey Eterno, porque había preparado tales cosas para los humanos, para los justos. Estas cosas Él las ha creado y ha prometido dárselas.

Capítulo 26

1 Fui trasladado[104] desde allí hasta el centro de la tierra,[105] y vi un lugar bendito en el cual había árboles cuyas ramas brotaban permanentemente.

---

[103] Cf. Nota a 1 Hen 10:22.
[104] Cf. Nota a 1 Hen 23:1.
[105] No se refiere al Centro de la Tierra como en la novela de Julio Verne, sino que se está refiriendo a la ciudad de Jerusalén. Jerusalén era el centro del mundo porque el

2 Allí me fue mostrada una montaña santa y salía agua de debajo de la montaña, desde el oriente y descendiendo hacia el sur.

3 Y vi, al oriente, otra montaña más alta que la otra, y entre ellas un cañón profundo y angosto por el que corría el agua que salía de la montaña.

4 Y al occidente otra montaña más baja que la anterior, poco elevada, y por debajo, entre las dos, una hondonada profunda y seca, y otra hondonada entre las tres montañas.

5 Todas eran barrancos profundos de roca dura y no había árboles plantados en ellos.

6 Yo me maravillaba de las montañas y me asombraba de los barrancos, me asombraba demasiado.

Capítulo 27

1 Entonces dije: "¿Por qué esta tierra está bendita y llena de árboles y en medio están estos barrancos malditos?"

2 Entonces, Sariel el Vigilante y el santo, que estaba conmigo, me respondió y dijo: "Este barranco maldito es para aquellos que están malditos para siempre; ahí serán reunidos todos los malditos que con su boca pronuncian palabras indecorosas contra el Señor y ofenden su Gloria, ahí serán reunidos y ahí estará el lugar de su juicio.[106]

3 En los últimos tiempos se ejecutará sobre ellos en justicia el espectáculo del juicio, en presencia de los justos para siempre; ahí se manifestará la misericordia y la bendición del Señor de Gloria y el Rey Eterno.

Templo estaba en ella, y el Templo era el lugar donde el cielo y la tierra se tocaban. Era el lugar más santo del mundo, donde reposaba la *Shekiná* de Dios. Cf. N. T. Wright, *Sencillamente Jesús. Una nueva visión de quien era, qué hizo y por qué es importante*, 2ª ed. (Madrid: PPC, 2018), pp. 161-162.

[106] 1 Hen 1:9.

⁴ El día del juicio sobre los anteriores, ellos le bendecirán por la misericordia que les ha reservado.

⁵ Entonces yo bendije al Señor de Gloria, promulgué su Gloria y alabé su grandeza.

Capítulo 28

¹ Fui desde allí hacia el oriente, en medio de la cordillera del desierto y vi el desierto: estaba solitario y lleno de árboles y plantas;

² brotaba agua desde arriba,

³ acometiendo como un río caudaloso que fluía hacia el noroeste llevando el agua y el rocío por todos lados.

Capítulo 29

¹ Desde allí fui a otro lugar en el desierto y me alejé mucho, hacia el oriente de este sitio.

² Allí vi árboles silvestres que exudaban perfumes de incienso y mirra, y sus frutos son parecidos a las nueces.

Capítulo 30

¹ Y más allá de ellos, me alejé muy al oriente y vi otro gran lugar, con valles de muchas aguas,

² en el que había cañas dulces aromáticas semejantes al lentisco;

³ y en las orillas de estos valles vi el fragante cinamomo.[107] Y más allá de estos valles me alejé hacia el oriente.

---

[107] El cinamomo es un árbol frondoso de aromática floración, en botánica también se le conoce como el árbol del paraíso. Aguanta los climas secos pero su procedencia original se halla al pie del Himalaya. Quizá los judíos deportados lo conociesen en los jardines colgantes de Babilonia.

Capítulo 31

1 Me fueron mostradas otras montañas y también en ellas vi árboles de los cuales salía la resina llamada tsaru y gálbano.[108]

2 Más allá, todos los árboles, estaban llenos de resina que era semejante a la corteza del almendro.

3 Cuando se casca en estos árboles, sale de ellos un olor perfumado, y cuando se muelen las cortezas, son superiores a cualquier perfume.

Capítulo 32

1 Más allá de tales montañas, hacia el noreste de ellas, me fueron mostradas otras montañas, llenas de nardo escogido, lentisco, cardamomo y pimienta.

2 desde allí continué hacia el oriente de todas estas montañas, lejos de ellas, al oriente de la tierra, fui llevado por encima del mar Rojo y me alejé mucho de él, pasé por encima de la oscuridad, lejos de ella;

3 y fui llevado[109] al lado del Paraíso de Justicia, y me fueron mostrados desde lejos árboles en él, árboles numerosos en exceso y grandes, diferentes unos de otros. Vi allí un árbol que era distinto de todos los demás, muy grande, bello y magnífico, el árbol de la sabiduría, los que comen de su fruto aprenden gran sabiduría.

4 El árbol es tan alto como un abeto, sus hojas se parecen a las del algarrobo y su fruto es como un racimo de uvas, muy bonito; y la fragancia de ese árbol penetra hasta muy lejos.

5 Y yo dije: "¡Qué hermoso es este árbol y cómo atrae mirarlo!".

---

108 El gálbano es una resina gomosa que crece en regiones de Arabia, Siria e India.
109 Cf. Nota a 1 Hen 23:1.

⁶ Remeiel el Vigilante y el santo, que estaba conmigo, me contestó[110] y dijo: "Es el árbol de la sabiduría, del cual comieron tu primer padre y tu primera madre y aprendieron la sabiduría y sus ojos se abrieron y comprendieron que estaban desnudos y fueron expulsados del jardín del Edén".[111]

Capítulo 33

¹ Desde allí fui hasta los confines de la tierra y vi allí grandes bestias, diferentes unas de otras, y también pájaros que diferían en sus aspectos, hermosura y trinos.

² Al oriente de esas bestias[112] vi el final de la tierra, donde el cielo descansa,[113] y donde se abren los portales del cielo.[114]

³ Vi como nacen las estrellas del cielo y los portales de los que proceden[115] y anoté las salidas de cada una de las estrellas, según su número, nombre, curso y posición y según su tiempo y meses, según me las mostraba Uriel, uno de los Vigilantes.

⁴ Y me mostró y escribió para mí todo, incluso escribió para mí sus nombres de acuerdo con sus tiempos.

---

[110] De nuevo el ángel como mediador que explica al vidente (Henoc) lo que está viendo.

[111] Cf. Gn 3.

[112] Estas bestias del oriente pueden ser diversos reinos humanos. Israel sufrió varias invasiones, como las partas, desde Oriente. En el lenguaje apocalíptico las bestias simbolizan los imperios. Sin embargo, esta alusión no parece ser negativa, sino que, relacionada a los pájaros (v. 1), nos presenta una imagen exótica de esos reinos que están en los confines de la Tierra.

[113] Según la cosmogonía antigua, el firmamento anterior al cielo de Dios era algo similar a una cúpula.

[114] En la cosmogonía hebrea, las aguas de encima del cielo (Gn 1:6-7) caían en forma de lluvia al abrirse estas compuertas (cf. 1 Hen 34:2). Es difícil identificar hasta qué punto esta forma de hablar es meramente metafórica o si realmente formaba parte de la manera de entender el firmamento. Véase la nota siguiente.

[115] En este caso, no son los portales de las aguas superiores que producen la lluvia, sino de donde nacen las estrellas/ángeles.

Capítulo 34

1 Desde allí fui transportado a la extremidad norte de la tierra y me fueron mostradas grandes obras:

2 Vi tres puertas del cielo abiertas; a través de cada una de ellas vienen los vientos del norte y cuando soplan hay frío, granizo, escarcha, nieve, rocío y lluvia.[116]

3 Si salen por una sola de las puertas, soplan para bien; pero cuando soplan a través de las otras dos es con violencia y calamidad sobre la tierra pues soplan con fuerza.

Capítulo 35

1 Y desde allí fui hasta la extremidad occidental de la tierra y vi tres puertas del cielo abiertas, el mismo número de puertas y salidas que había visto en el oriente.

Capítulo 36

1 Desde allí fui transportado[117] a la extremidad sur de la tierra y allí me fueron mostradas sus tres puertas abiertas del viento sur: para el rocío, la lluvia y el viento.[118]

2 Y desde allí fui transportado al límite oriental del cielo y vi las tres puertas orientales abiertas las tres puertas orientales del cielo y encima de ellas unas puertas pequeñas.

3 Por cada una de estas puertas pequeñas pasan las estrellas del cielo y corren por el curso trazado para ellas hacia el occidente.

---

[116] Cf. La tercera nota a 1 Hen 33:2.
[117] Cf. Nota a 1 Hen 23:1.
[118] Igual que en 1 Hen 34:2, cf. nota a 1 Hen 33:2.

⁴ Al ver esto bendije todo el tiempo al Señor de Gloria, y continuaré bendiciendo al Señor de Gloria, quien ha realizado grandes y magníficos prodigios para mostrar la grandeza de su obra a los ángeles, a los espíritus y a los humanos, para que ellos puedan alabar esa obra, toda su creación, para que puedan ver la manifestación de su poder y alaben la grandiosa obra de sus manos y le bendigan por siempre.

El Libro de las parábolas, (también llamado Libro de las similitudes)[119]

Capítulo 37

¹ La segunda visión que él vio -visión de sabiduría- que vio Henoc, hijo de Jared, hijo de Mahalalel, hijo de Kainan, hijo de Enos, hijo de Set, hijo de Adán.

² Este es el comienzo de las palabras sabias que hice salir con mi voz, para hablarle y decirle a los habitantes de la tierra: "Escuchad hombres de épocas pasadas y del porvenir, las palabras del santo que habla en presencia del Señor de los espíritus.

³ Fue excelente declararlas a los hombres de antaño pero igualmente a los del porvenir, no vamos a negarles el principio de sabiduría.

⁴ Hasta ahora tal sabiduría no ha sido dada por el señor de los espíritus, pero yo la he recibido de acuerdo con mi discernimiento y con el buen parecer del Señor de los espíritus, gracias a quien me ha sido dada mi parte en la vida eterna.

⁵ Tres parábolas me fueron comunicadas ya y yo he elevado mi voz para relatarlas a quienes habitan sobre la tierra.

---

[119] Los capítulos 37-71 forman la sección más tardía de 1 Hen, la elaboración final posiblemente sea del siglo I de nuestra era.

Capítulo 38

[1] Primera Parábola. Cuando aparezca la asamblea de los justos y los pecadores sean juzgados por sus pecados y expulsados de la superficie de la tierra:

[2] Cuando el Justo[120] se manifieste a los ojos de los justos, de los elegidos cuyas obras dependen del señor de los espíritus; cuando la luz brille para los justos y para los elegidos que habitan sobre la tierra: ¿Dónde estará entonces la morada de los pecadores? ¿Dónde estará el lugar de descanso de quienes han renegado del Señor de los espíritus? Habría sido mejor para ellos no haber nacido.[121]

[3] Cuando los misterios de los justos sean manifiestos y los pecadores juzgados y expulsados de la presencia de los justos y los elegidos,

[4] desde ese momento los que dominan la tierra no serán poderosos ni elegidos por más tiempo, ni podrán ellos mirar a la cara de los santos, porque será la luz del Señor de los espíritus la que brillará sobre la cara de los santos,[122] de los justos, de los elegidos.

[5] Entonces, los reyes y los poderosos perecerán y serán entregados a las manos de los justos y de los santos.

[6] Y de ahí en adelante nadie buscará para ellos la misericordia del Señor de los espíritus porque su vida encontró su final.

---

[120] El término "justo" era un epíteto honorífico en el uso religioso de la época. Además, aquí y en 1 Hen 53:6, se manifiesta que también se empleaba como título de una figura mesiánica. Cf. L. W. Hurtado, *Señor Jesucristo. La devoción a Jesús en el cristianismo primitivo* (Salamanca: Sígueme, 2008), pp. 225-226. En Sab 2:12-18 "el justo" también es llamado "hijo del Señor" e "hijo de Dios". Probablemente tenga su raíz en Is 53:11 y Hab 2:4. El NT asigna ese título a Jesús, cf. 1 P 3:18 o 1 Jn 2:1 entre otros.

[121] "Habría sido mejor para ellos no haber nacido", expresión parecida a la que se encuentra en Mc 14:21, cf. Mt 26:24.

[122] Es una idea tomada originalmente de Éx 34:29 (la cara de Moisés brilla), que es desarrollada en Dn 12:3.

Capítulo 39

[1] Y ocurrirá en esos días que los hijos de los elegidos y santos descenderán de lo alto[123] del cielo y su linaje llegará a ser uno con el de los hijos de los hombres.[124]

[2] Henoc recibió los libros[125] del celo y la ira y los libros de la angustia y el destierro: "Nunca más obtendrán misericordia", dijo el Señor de los espíritus.

[3] Y las nubes me cubrieron,[126] y el viento me levantó de la superficie de la tierra y me dejó en el límite de los cielos.[127]

[4] Allí tuve otra visión: vi el lugar donde habitan los santos y el lugar de descanso de los justos.[128]

---

[123] Los elegidos y los santos descienden del cielo. En Mt 25:31 el Hijo del hombre viene acompañado de sus ángeles. En Za 14:5 hay una mención a la venida de YHVH con sus santos, la cual es reflejada por Pablo en 1 Ts 3:13.

[124] El hijo de los hombres es un título tomado del lenguaje de Dn 7. Aquí en 1 Hen 37-71 (también aparece en 4 Esd), es usado para aludir a una figura salvadora sobrenatural (en otros textos como 1QM 17:7 aguardan a un liberador angélico). La designación "hijo del hombre" no fue originalmente un título establecido en el judaísmo. Cf. J. J. Collins, *Apocalíptica y escatología del Antiguo Testamento*, en: R. E. Brown- J. A. Fitzmyer- R. E. Murphy (Eds.), *Nuevo Comentario Bíblico San Jerónimo. Antiguo Testamento* (Estella: Verbo Divino, 2005), p. 464. Cuando Daniel usa esa expresión lo hace para mencionar a alguien de apariencia humana. En un principio, en Dn 7:13 se representa al Israel de la resurrección, es decir, al Israel perseguido y oprimido por su fe bajo las "bestias" (imperios) antes de ser glorificado (en Dn 7:13 el Hijo del hombre no *desciende* desde las nubes (a diferencia de lo prometido en Hch 1:11 o lo expresado en Ap 1:7), sino que asciende a la glorificación. El cristianismo comprende a Jesús como el verdadero Israel (de hecho, la teología del evangelio de Mt hace especial hincapié en ello). Jesús, como representación del Israel fiel, padece esa persecución y humillación y Dios, finalmente le reivindica y le da la gloria que compartirá con sus seguidores (Mt 19:28s., Lc 22:29s.). Los relatos de ascensión en Lc y Hch donde Jesús es elevado al cielo, guarda semejanza con Dn 7:13. Abténgase el lector de hacer una asociación arbitraria con la doctrina *adopcionista* posterior.

[125] Los libros, rollos o tablillas son un elemento característico de la apocalíptica que encontramos en Ap 5:1ss.

[126] Las tradiciones bíblicas de la nube sirven como metáfora que nubla o vela la trascendencia de Dios. Al igual que Henoc, Jesús en Hch 1:9 es ascendido en una nube hasta los cielos.

[127] Está describiendo el arrebato de Henoc narrado en Gn 5:24, cf. Hb 11:5.

[128] Aquí, que es un texto mucho más tardío, vemos que ya hay una evolución en cuanto a las concepciones más antiguas del *Sheol* y el Seno de Abraham. Estas moradas

⁵ Ahí contemplé con mis ojos las moradas en medio de los ángeles de justicia y sus lugares de descanso entre los santos. Mientras suplican y oran por los hijos de los hombres,[129] la justicia brota entre ellos como el agua y la misericordia se esparce sobre ellos como el sobre el rocío sobre la tierra, por los siglos de los siglos.

⁶ En ese lugar con mis ojos vi al Elegido de Justicia[130] y de Fe; la justicia prevalecerá en sus días y los justos y los elegidos serán innumerables ante él por los siglos de los siglos.

⁷ Vi su morada bajo las alas del Señor de los espíritus; todos los justos y los elegidos brillarán[131] frente a él como el resplandor del fuego; su boca estará llena de bendición; sus labios glorificarán el nombre del Señor de los espíritus; y la justicia y la verdad no fallarán ante él.

⁸ Yo deseaba vivir allí y mi espíritu anhelaba esa morada:[132] esa era desde antes mi herencia, tal y como había sido establecida para mí ante el Señor de los espíritus.

⁹ En esos días alabé y ensalcé el nombre del Señor de los espíritus con bendiciones y alabanzas porque Él me ha destinado para la bendición y la gloria de acuerdo con el buen parecer del Señor de los espíritus.

¹⁰ Por mucho tiempo mis ojos observaron ese lugar y lo bendije a Él y lo alabé diciendo: "Bendito es Él y bendito sea desde el principio y para siempre".

---

recuerdan al texto de Jn 14:2. Las moradas eternas son mencionadas en Lc 16:9 (versículo semejante a 1 Hen 63:10).

[129] Lo habitual es que sean los ángeles quienes interceden por los hombres, pero en este texto confuso también pueden ser los propios santos intercediendo, como se verá en la nota a 1 Hen 40:9, es característico de los ángeles hacer intercesiones o, por el contrario, trasmitir a Dios las oraciones de los fieles.

[130] Este léxico recuerda, aunque de manera casual, a la figura del *Maestro de Justicia* de Qumrán.

[131] Cf. Dn 12:3.

[132] Es un deseo parecido al de Pedro en el monte de la transfiguración (Mt 17:4; Mc 9:5; Lc 9:33).

¹¹ Ante Él no hay renuncia; Él sabe desde antes de que el mundo fuera creado qué es para siempre y qué será de generación en generación.

¹² Aquellos que no duermen te bendicen; ellos están ante tu Gloria y bendicen, alaban y ensalzan diciendo: "Santo, Santo, Santo es el Señor de los espíritus, Él llena la tierra con espíritus".¹³³

¹³ Mis ojos vieron allá a todos aquellos que no duermen, bendiciendo y diciendo: "Bendito seas tú y bendito sea el nombre del Señor de los espíritus por los siglos de los siglos".

¹⁴ Mi rostro fue cambiado y no podía sostener la mirada.

Capítulo 40

¹ Después de eso vi miles de miles y miríadas, vi una multitud innumerable e incalculable, que se sostiene ante el Señor de los espíritus.¹³⁴

² Y sobre los cuatro costados del Señor de los espíritus vi cuatro presencias¹³⁵ diferentes de aquellos que no duermen y aprendí sus nombres porque el ángel que va conmigo me los dio a conocer y me mostró todas las cosas ocultas.

³ Y escuché las voces de esas cuatro presencias y cómo ellas pronuncian alabanzas ante el Señor de la Gloria.

⁴ La primera voz bendice al Señor de los espíritus por los siglos de los siglos.

---

¹³³ Este *trisagio* (también conocido en occidente como *sanctus*) se inspira en el de Is 6:3. Respecto a su uso en la literatura pseudoepígrafa y apócrifa cf. J. Maier, *Entre los dos testamentos. Historia y religión en la época del Segundo Templo* (Salamanca: Sígueme, 1996), p. 118-120.
¹³⁴ Cf. Nota a 1 Hen 71:8.
¹³⁵ Compárese con los cuatro seres vivientes que aparecen junto al trono en Ap 4:6. Cf. nota a 1 Hen 71:17.

[5] A la segunda voz la escuché bendiciendo Elegido y a los elegidos que dependen del Señor de los espíritus.

[6] A la tercera voz la oí orar e interceder por los que viven sobre la tierra y suplicar en nombre del Señor de los espíritus.[136]

[7] Y escuché[137] la cuarta voz expulsando a los satanes[138] e impidiendo que lleguen hasta el Señor de los espíritus a acusar a quienes viven en la tierra Él (sic.).

[8] Después de eso, pregunté al ángel de paz que iba conmigo y me mostraba todas las cosas que están ocultas: "¿Quiénes son esas cuatro presencias que he visto y cuyas palabras he oído y escrito abajo?".

[9] Me dijo: "El primero, el misericordioso y muy paciente, es Miguel;[139] el segundo, que está encargado de las enfermedades

---

[136] Primera voz, segunda voz y tercera voz. En la antigüedad, las enumeraciones de tres en tres son muy frecuentes porque son fáciles de memorizar, también Jesús presenta algunas parábolas divididas en tres escenas, tres personajes, etc.

[137] Lo visual y lo auditivo (que suele explicar a lo visual) son característicos del estilo apocalíptico. Por su puesto es una elaboración intelectual, una forma de presentarlo en forma de visiones y audiciones, aunque en realidad se trata de una elaboración bien pensada y crítica del autor.

[138] En hebreo, *satán* significa adversario. En Nm 22:22 el propio Ángel del Señor actuó como *adversario*. En 1 S 29:4 David era temido por los filisteos como posible *satán* (adversario). Los reyes Hadad y Rezón fueron para Salomón sus adversarios (satanes) según 1 R 11:14 y 23. Por otra parte, en el AT, Satán era el ángel acusador, el adversario (cf. Job 1:11s, Job 2:1-6 o Za 3:1s). Satán era entendido como una especie de fiscal, quien, en un juico ante Dios, acusaba a cada persona. Por el contrario, la figura de Miguel era la de defensor. Aquí en 1 Hen 40:7 la cuarta voz despeja a aquellos *satanes* que han venido a presentar ante Dios las acusaciones contra los que viven en la tierra. Cf. W. Barclay, *Apocalipsis II. Comentario al Nuevo Testamento.* Vol.17 (Terrassa: CLIE, 1999), p. 95.

[139] Este Miguel (que según Dn 12:1 está de parte del pueblo de Dios), como también algunos ángeles, desempeña una función que solo se conoce en la literatura peritestamentaria, la de presentar ante Dios las oraciones de los fieles. Cumple una especie de rol de intermediario. En el *Testamento de Dan* 6:2 reluce la idea del ángel mediador entre Dios y los hombres, quien intercede. En 3 Baruc 11 es Miguel quien desciende todos los días al quinto cielo para recibir las oraciones de los fieles y presentarlas luego a Dios. Sin embargo, en Tobías es el arcángel Rafael quien tiene esta función (Tob 12:15). En Ap 5:8 los ancianos tienen las copas de incienso (las

y de todas las heridas de los hijos de los hombres, es Rafael; el tercero, que está encargado de todos los poderes, es Gabriel; el cuarto, que está encargado de la esperanza de quienes heredarán la vida eterna, es llamado Sariel".

10 Estos son los cuatro ángeles del Señor de los espíritus y las cuatro voces que he escuchado esos días.

Capítulo 41

1 Después vi todos los misterios de los cielos y cómo el reino está dividido y cómo las acciones de los humanos son pesadas en la balanza.[140]

2 Allí vi la habitación de los elegidos y la morada de los santos,[141] y mis ojos vieron a los pecadores cuando eran expulsados de allí porque rechazaron el nombre del Señor de los espíritus y no podían quedarse a causa del castigo que procede del Señor de los espíritus.

3 Allí mis ojos vieron los misterios del relámpago y del trueno; y los secretos de los vientos y cómo se distribuyen para soplar sobre la tierra; y los secretos de las nubes y el rocío, de dónde proceden en ese lugar y desde dónde saturan el polvo de la tierra.

4 Allí vi las cámaras cerradas desde donde son distribuidos los vientos, el depósito del granizo y del viento, el depósito de la neblina y las nubes que revolotean sobre la tierra desde el comienzo del mundo.[142]

---

oraciones, cf. Sal 141:2). Cf. 1 Hen 104:1, 1 Hen 9:3; 1 Hen 15:2; 1 Hen 39:6. Cf. W. Barclay, *Apocalipsis I. Comentario al Nuevo Testamento*. Vol.16 (Terrassa: CLIE, 1999), pp. 199-200.

[140] Una idea tomada de Dn 5:27.
[141] Cf. Nota a 1 Hen 39:4.
[142] Estos símbolos presuponen la clásica cosmogonía hebrea (puede verse cualquier gráfico en internet).

⁵ Y vi las cámaras del sol y de la luna, de dónde proceden y hacia dónde regresan, y su maravilloso retorno; cómo el uno es superior a la otra; su magnífica órbita y cómo no se alejan de ella y mantienen fielmente el juramento que han hecho uno a otro.

⁶ El sol sale primero y sigue su ruta según el mandamiento del Señor de los espíritus, cuyo nombre es poderoso por los siglos de los siglos.

⁷ Y después de eso vi el camino oculto de la luna y el visible y ella cumple el recorrido de su camino en ese lugar de día y de noche; y uno mantiene una posición opuesta al otro, ante el Señor de los espíritus. ellos dan gracias y alaban sin descanso, porque para ellos dar gracias es descansar.

⁸ El sol gira frecuentemente para bendecir, o para maldecir[143] y el recorrido de la ruta de la luna es bendición para los justos y tinieblas para los pecadores, en el nombre del Señor, que ha separado la luz de las tinieblas,[144] ha repartido los espíritus de los humanos y ha fortalecido los espíritus de los justos en nombre de su justicia.

⁹ Porque ningún ángel lo impide y ningún poder es capaz de impedirlo, porque Él cita un juicio para todos ellos y los juzga a todos ante Él.

Capítulo 42

¹ La Sabiduría no encuentra un lugar donde pueda habitar, entonces su casa[145] está en los cielos.

---

[143] Cf. Mt 5:45.
[144] Cf. Gn 1:4.
[145] La casa de la sabiduría aparece mencionada en Prov 9:1.

² La Sabiduría fue a habitar entre los hijos de los hombres y no encontró sitio.[146] Entonces la Sabiduría ha regresado a su hogar y ha tomado su silla[147] entre los ángeles.

³ Y la injusticia ha salido de sus cuevas, ha encontrado a los que no buscaban y ha habitado entre ellos, como la lluvia en el desierto y como el rocío sobre la tierra sedienta.

Capítulo 43

¹ Después vi otros relámpagos y estrellas del cielo y vi cómo Él las llamaba por sus nombres y ellas le ponían atención.

² Y vi cómo ellas eran pesadas en balanzas justas, de acuerdo con su luminosidad, sus dimensiones y el día de su aparición y cómo su movimiento genera relámpagos; y vi su curso de acuerdo con el número de los ángeles y cómo se guardan fidelidad entre ellas.

³ Le pregunté al ángel que iba conmigo y me mostró los que estaba oculto: "¿Qué es eso?".

---

[146] El prólogo del evangelio de Juan (1:1-18), considerado por consenso un himno que en un primer lugar comprendía los versículos 1; 3-5; 10-12; 14 y 16, conecta con la literatura sapiencial judía. El evangelista toma un himno a la Sabiduría personificada (la *Sofía* o *Hokmah*) de la Sirácida y transfiere sus títulos a Jesús. Cf. H. Kessler, *Manual de Cristología* (Barcelona: Herder, 2003), p. 110. Cf. K. J. Torjesen, *Cuando las mujeres eran sacerdotes* (Córdoba: El Almendro, 1996), p. 242-243. Cf. Sab 7:24ss. Eclo 24:3. Véase la semejanza de esta cita de 1 Hen 42:2 con Jn 1:9-11: "Aquella luz verdadera, que alumbra a todo hombre, venía a este mundo. En el mundo estaba, y el mundo por él fue hecho; pero el mundo no le conoció. A lo suyo vino, y los suyos no le recibieron". Cf. G. Aranda, *Apócrifos del Antiguo Testamento*, en G. Aranda Pérez – F. García Martínez – M. Pérez Fernández, *Literatura judía intertestamentaria* (Estella: Verbo Divino, 1996), p. 280. También Jn 1:14 menciona que el Logos vino, a pesar del rechazo, a tabernaculizar entre nosotros.

[147] La sabiduría, aunque aparece personificada como divina, no merece un trono como Dios, su lugar es una silla entre los ángeles.

⁴ Me dijo:[148] "El Señor de los espíritus te ha mostrado su parábola; estos son los nombres de los santos que viven sobre la tierra y creen en el Señor de los espíritus por los siglos de los siglos.

Capítulo 44

¹ Vi también otros fenómenos relativos a los relámpagos: cómo algunas estrellas surgen, llegan a ser relámpagos y no pueden abandonar su nueva forma.

Capítulo 45

¹ "Esta es la segunda parábola, acerca de quienes rechazan la comunidad de los santos y al Señor de los espíritus.

² "Ellos no subirán al interior del cielo, ni volverán a la tierra, tal será la suerte los pecadores que han renegado del nombre del Señor de los espíritus, a quienes tú has reservado para el día del sufrimiento y la tribulación.

³ "En este día, mi Elegido se sentará sobre el trono de gloria y juzgará sus obras; sus sitios de descanso serán innumerables y, dentro de ellos, sus espíritus se fortalecerán cuando vean a mi Elegido y a aquellos que han apelado a mi nombre glorioso.

⁴ "Entonces, haré que mi Elegido habite entre ellos; transformaré el cielo y lo convertiré en bendición y luz eternas;

⁵ transformaré la tierra y haré que mis elegidos la habiten, pero los pecadores y los malvados no pondrán los pies allí.

⁶ "Porque he abastecido y satisfecho con paz a mis justos y los he hecho vivir ante mí; pero el juicio de los pecadores es inminente, de manera que los destruiré en la faz de la tierra".

---

[148] Nuevamente el ángel clarifica auditivamente la escena visual.

Capítulo 46

1 Allí vi a alguien que tenía una Cabeza de los Días[149] y su cabeza era blanca como lana; con Él había otro, cuya figura tenía la apariencia de un hombre y su cara era llena de gracia como la de los santos ángeles.

2 Le pregunté al ángel que iba conmigo y que me mostraba todas las cosas secretas con respecto a este Hijo del Hombre[150]: "¿Quién es este, de dónde viene y por qué va con la Cabeza de los Días?".

3 Me respondió y me dijo: "Este es el Hijo del Hombre,[151] que posee la justicia y con quien vive la justicia y que revelará todos los tesoros ocultos,[152] porque el Señor de los espíritus lo ha escogido

---

[149] Cf. Nota a 1 Hen 14:20.

[150] Cf. Nota a 1 Hen 48:3. Esta es la primera vez que encontramos aquí la expresión "hijo del hombre", sin embargo, en realidad no constituye ningún epíteto. Para nosotros se convierte en un epíteto simplemente porque nuestra traducción lo formula con la primera letra en mayúscula. Implícitamente es una alusión a Dn 7:13 (que los especialistas consideran una alusión a la comunidad). Posteriormente, todas las alusiones y empleos posteriores al Hijo del hombre remiten a este texto de 1 Hen 46:1-4. Asimismo puede aparecer acompañado por otros títulos como *Elegido* o *Justo* y puede incluso que se le identifique con el propio Henoc que está en los cielos. Cf. J. D. Crossan, *El Jesús de la Historia. Vida de un campesino judío*, 2º ed. (Barcelona: Crítica, 2007), p. 287.

[151] Cf, Nota a 1 Hen 48:3. Cuando Jesús se identifica con el "Hijo del hombre" (por ejemplo en Mc 14:62) esta alusión no es una blasfemia en sí misma. El problema en el pasaje de Marcos es que Jesús integra en su declaración la afirmación del Salmo 110:1 de que está sentado a la diestra de Dios, lo que implica que está a su lado antes de venir en las nubes. Cf. M. Quesnel, *El Reino de Dios en Marcos*, en: *Evangelio y Reino de Dios*. Cuadernos Bíblicos 84 (Estella: Verbo Divino, 1995), p. 31. Antonio Piñero señala que la fórmula "hijo del hombre" no era corriente como título mesiánico en el judaísmo popular del tiempo de Jesús. Es decir, cuando la gente oía esta expresión no pensaban directamente en el Mesías. Cf. A. Piñero, E. Gómez Segura (Eds.), *La verdadera historia de la Pasión. Según la investigación y el estudio histórico* (Madrid: EDAF, 2008), p. 203. En Daniel, el Hijo del hombre no es un rey individual sino símbolo de una comunidad, es una manera de superar el esquema davídico cf. L. Málek, C. Zesati, C. Junco, R. Duarte, *El mundo del Antiguo Testamento* (Estella: Verbo Divino, 2012), p. 230.

[152] Cf. Col 2:2-3. La expresión puede recordar a Is 45:3 y Mt 13:44; sin embargo, en realidad está hablando del acto típico de la apocalíptica de dar a conocer (revelar) lo

y tiene como destino la mayor dignidad ante el Señor de los espíritus, justamente y por siempre.[153]

4 "El Hijo del Hombre que has visto, levantará a los reyes y a los poderosos de sus lechos y a los fuertes de sus tronos;[154] desatará los frenos de los fuertes y les partirá los dientes a los pecadores;

5 derrocará a los reyes de sus tronos y reinos, porque ellos no le han ensalzado y alabado ni reconocieron humildemente de dónde les fue otorgada la realeza.[155]

6 "Le cambiará la cara a los fuertes llenándolos de temor; las tinieblas serán su morada y los gusanos su cama, y no tendrán esperanza de levantarse de esa cama, porque no exaltaron el nombre del Señor de los espíritus.

7 "Estos que juzgan a las estrellas del cielo, que levantan sus manos contra el más Alto, que oprimen la tierra y habitan sobre ella, cuyas acciones expresan todas injusticia, cuyo poder reside en su riqueza,[156] cuya confianza está puesta en los dioses que ellos han hecho con sus manos: ellos niegan el nombre del Señor de los espíritus;

8 ellos persiguen sus congregaciones y a los fieles, a quienes condenan en nombre del Señor de los espíritus.

---

que está oculto en Dios (cf. Dn 2:22). Aunque Col 1:16 habla de las cosas creadas que son invisibles (incluyendo las que hay en los cielos), no parece guardar relación con ello, sino con los tesoros de sabiduría y conocimiento que se mencionan en el capítulo siguiente (cf. Col 2:2-3).

[153] Dn 7:14; Mt 24:30; 26:64; Mc 13:26, 14:52; Lc 21:27; 22:69.
[154] Según el Salmo 110:5, el Señor quebrantará a los reyes en el día de su ira.
[155] Véase la nota anterior y *el Magníficat* (Lc 1:52). Cf. G. Aranda, *Apócrifos del Antiguo Testamento*, en: G. Aranda Pérez- F. García Martínez- M. Pérez Fernández; *Literatura judía intertestamentaria* (Estella: Verbo Divino, 1996), p. 282.
[156] Probablemente el fondo de estas declaraciones se encuentre en los oráculos de Amós contra la injusticia social. Cf. Am 2:6-8, Am 5:11-12 y Am 5:21-24.

Capítulo 47

1   En esos días la oración de los justos y la sangre de los justos habrán subido desde la tierra,[157] hasta el Señor de los espíritus.

2   En tales días, los santos que habitan en lo alto de los cielos se unirán en una sola voz: suplicarán, orarán, alabarán, darán gracias y bendecirán el nombre del Señor de los espíritus, en nombre de la sangre de los justos que ha sido derramada y para que la oración de los justos no sea en vano ante el Señor de los espíritus, se haga justicia y su paciencia no sea eterna.[158]

3   En esos tiempos vi la Cabeza de los Días cuando se sentó en el trono de su gloria y los libros de los vivos fueron abiertos ante Él.[159] Todas sus huestes que habitan en lo alto del cielo y su corte estaban ante Él.

4   Y el corazón de los santos se llenó de alegría, porque el número de los justos ha sido establecido, la oración de los justos ha sido escuchada y la sangre de los justos ha sido denunciada ante el Señor de los espíritus.[160]

Capítulo 48

1   En ese lugar vi la fuente de la justicia, la cual era inagotable, y a su alrededor había muchas fuentes de sabiduría, todos los sedientos bebían de ellas y se llenaban de sabiduría y habitaban con los santos, los justos y los elegidos.[161]

---

[157] Se usa una retórica parecida a la de Gn 4:10 cuando clama la sangre de Abel tras ser asesinado, cf. Hb 12:24.

[158] Vuelve a aparecer el denominado *clamor de los difuntos*. Cf. Ap 6:10; 4 Es 4:35-37. En cuanto a Apocalipsis, Brown se preguntaba si ese clamor provenía de los mártires asesinados en la persecución neroniana de los 60. R. E. Brown, *Introducción al Nuevo Testamento II. Cartas y otros escritos* (Madrid: Trotta, 2002), p. 1011.

[159] Cf. Ap 20:12.

[160] Cf. Nota a 1 Hen 47:2.

[161] El beber de la fuente de la sabiduría para llenarse de ella, es un lenguaje metafórico muy similar al de Jn 4:10-14, con un posible eco en Ap 21:6. Quizá la raíz de este lenguaje nazca de Is 55:1.

[2] En ese momento ese Hijo del Hombre fue nombrado en presencia del Señor de los espíritus y su nombre ante la Cabeza de los Días.

[3] Ya antes de que el sol y los signos fueran creados, antes de que las estrellas del cielo fueran hechas, su nombre fue pronunciado ante el Señor de los espíritus.[162]

[4] Él será para los justos un bastón en el que puedan apoyarse y no caer; será luz para las naciones y esperanza para los que sufren.

[5] Todos los que habitan sobre la tierra se prosternarán y lo adorarán; alabarán, bendecirán y celebrarán con canciones al Señor de los espíritus.[163]

---

[162] Parece, según Larry Hurtado, que los primeros cristianos trascendieron las nociones de figuras escatológicas como las que aparece en textos apocalípticos como este. Los cristianos, fueron más allá de entender que el *Elegido/Hijo del hombre* había sido nombrado, elegido y escondido ante Dios antes de la creación del mundo y para siempre. Por ejemplo, lo que expresa Pablo en 1 Cor 8:6 indica que, además de la preexistencia, Cristo juega un papel activo como agente en la creación. En tal caso, como también apunta Hurtado, los exégetas ven en ello la asimilación de las tradiciones bíblicas y judías sobre la Sabiduría de Dios (*hokmah*) representada como la compañera de Dios en la creación (Prov 8:22-31; Eclo 24:9; Sab 7:22; 8:4 y 9:9). Cf. L.W. Hurtado, *Señor Jesucristo. La devoción a Jesús en el cristianismo primitivo* (Salamanca: Sígueme, 2008), p. 155. Los exégetas también han advertido, por el modelo binario (o binitario) de 1 Cor 8:6, que el versículo es una adaptación interpretativa de la formulación del *Shema'* (Dt 6:4) incluyendo a Cristo en la divinidad. Cf. L. W. Hurtado, ¿Cómo llegó Jesús a ser Dios? Cuestiones históricas sobre la primitiva devoción a Jesús (Salamanca: Sígueme, 2013), p. 88, p. 143. Lo interesante, es que Pablo, estaba dando por sentada una idea de la preexistencia de Cristo y su rol en la creación conocida de antemano entre sus conversos. Esto nos lleva a considerar que fue una creencia bastante temprana en el cristianismo primitivo. Además, esta no nace por influjo helenista, sino que, siendo anterior, ha de remontarse a los grupos judeocristianos primigenios que tomaron en consideración las tradiciones de la Sabiduría personificada y las escatologías judías. Cf. L.W. Hurtado, *Señor Jesucristo*. Pp. 155-156.

[163] C. H. Fletcher-Louis en su obra *The Worship of Divine Humanity as God's Image and the Worship of Jesus*, considera que esta es una prueba de que la tradición judía permitía la idea, aun dentro del monoteísmo, de que una figura humana justa podía alcanzar la divinidad o una forma angelical. Sin embargo, Hurtado se opone a este razonamiento indicando que la postración que tenemos aquí es una inclinación o reverencia común en aquel contexto, similar a la de los gobernantes, padres o altos

6 Por tal razón ha sido el Elegido y reservado ante Él, desde antes de la creación del mundo y para siempre.[164]

7 La sabiduría del Señor de los espíritus lo ha revelado a los santos y a los justos, porque Él ha preservado el destino de los justos, porque ellos han odiado y despreciado a este mundo de injusticia y han odiado todas sus obras y caminos, en el nombre del Señor de los espíritus, porque por su nombre serán salvados ellos y Él vengará sus vidas.

8 En estos días los reyes de la tierra y los poderosos que dominan la tierra tendrán el rostro abatido a causa de la obra de sus manos, porque del día de su angustia y aflicción no se salvarán.

9 Los entregaré en las manos de mis elegidos, como la paja en el fuego arderán frente la cara de los santos y como el plomo en el agua serán sumergidos frente a la cara de los justos, así serán sumergidos frente a la cara de los justos y no se encontrará más rastro de ellos.[165]

10 En el día de su aflicción habrá descanso en la tierra, ante ellos caerán y no se levantarán jamás y nadie estará para levantarlos, porque han renegado del Señor de los espíritus y su Ungido.[166] ¡Qué sea bendito el nombre del Señor de los espíritus!

---

cargos, que no conlleva la idea de dar culto a esta figura. L.W. Hurtado, *Señor Jesucristo*. Pp. 58-59. Aquí solo aparece el reconocimiento escatológico a esta figura que Dios ha designado para congregar a los elegidos y someter a las naciones orgullosas y sus monarcas que, oprimiendo además a los judíos, no aceptaron al verdadero Dios. Cf. *Op cit.* p. 60.

[164] Cf. Jn 1:3 y Prov 8:23-30. Cf. Nota a 1 Hen 42:2.

[165] La impresión de Barclay era la de que, en las figuras mesiánicas de los libros apocalípticos no residía nada humano ni benigno, sino que en ellos se encontraban únicamente rasgos vengativos y terroríficos. Cf. W. Barclay, *Apocalipsis I. Comentario al Nuevo Testamento*. Volumen 17 (Terrassa: CLIE, 1999), p. 17.

[166] Vemos la asociación del Hijo del Hombre con el Ungido, esto significa que la función de este Hijo del Hombre fue interpretada mesiánicamente. Cf. J. Bright, *La Historia de Israel*. 8ª ed. Edición corregida y aumentada (Bilbao: Desclée de Brouwer, 1970), p. 545. En el Salmo 2:2 vemos a los reyes de la tierra no solo renegando de YHVH y su ungido sino levantándose en contra.

Capítulo 49

1 Porque ante Él, la Sabiduría está brotando como agua y la Gloria no decae por los siglos de los siglos.

2 Como tiene poder sobre todos los secretos de justicia, la injusticia desaparecerá como la sombra y no tendrá refugio, porque el Elegido está de pie ante el Señor de los espíritus y su gloria permanece por los siglos de los siglos y su poder por todas las generaciones.

3 En él habita el espíritu de la sabiduría,[167] el espíritu que ilumina y da discernimiento, el espíritu de entendimiento y de poder, el espíritu de quienes han dormido en justicia.

4 Él es quien juzga las cosas secretas y nadie puede pronunciar palabras vanas frente a él, porque es el Elegido ante el Señor de los espíritus, según su voluntad.

Capítulo 50

1 En esos días tendrá lugar un cambio para los santos y elegidos: la Luz de los Días residirá sobre ellos y la gloria y el honor virarán hacia los santos.

2 En el día de la aflicción, cuando la desgracia se acumule sobre los pecadores,[168] los justos triunfarán por el nombre del Señor de los espíritus y hará que otros testifiquen que pueden arrepentirse[169] y renunciar a la obra de sus manos.

3 Ellos no tendrán ningún mérito en nombre del Señor de los espíritus, sin embargo serán salvados por su nombre[170] y el Señor

---

[167] Volvemos a encontrar la asociación con la habitación de la *Hokmah* en él. Cf. Nota 1 Hen 42:2.

[168] Podrían verse similitudes con el cuadro planteado en Rm 2:2-11; Rm 1:18-32.

[169] Cf. Sb 11:23.

[170] Ser salvados sin ningún mérito propio, una alusión que a algunos recuerda a Ef 2:8-9 o Rm 3:24. No obstante estas comparativas deben ser tomadas con extrema cautela.

de los espíritus tendrá compasión de ellos porque su misericordia es grande.

4 Además Él es justo en su juicio y en presencia de su Gloria, la injusticia no podrá mantenerse; en su juicio el que no se arrepienta perecerá ante Él.

5 "Y desde ese momento no tendré más misericordia con ellos", dijo el Señor de los espíritus.

Capítulo 51

1 En esos días la tierra devolverá lo que ha sido depositado en ella; el seol también devolverá lo que ha recibido[171] y los infiernos devolverán lo que deben.[172]

5b Por los mismos días el Elegido se levantará

---

[171] Esta es la idea escatológica que vemos reflejada en Mt 27:52-53. Para Ratzinger, el pasaje de Mateo es una teologización de lo que significa y produce la muerte de Cristo. Con esa expresión que no es historiográfica, se expresa que las puertas de la muerte están abiertas desde que ya "en la muerte" mora la vida, el amor... J. Ratzinger, *Introducción al cristianismo* (Barcelona: Planeta, 1995), p. 263. Por su parte, Mike Licona, teólogo evangélico conservador, considera el texto de Mateo como una referencia poética o legendaria, cf. M. R. Licona, *La Resurrección de Jesús. Un nuevo acercamiento historiográfico* (Salem: Kerigma, 2019), p. 142.

[172] Dn 12:2 y Ap 20:13. En Is 26:19 habla metafóricamente de levantamiento de los cadáveres, pero se refiere a una resurrección nacional como en la visión de Ezequiel del valle de los huesos secos. Es una metáfora de la restauración y renacimiento del pueblo judío. No obstante, este planteamiento, sirvió más tarde de apoyo para una defensa de la resurrección. Cf. D. S. Russell; *El período intertestamentario* (El Paso: Casa Bautista de Publicaciones). Cf. J. J. Collins, *Apocalíptica y escatología del Antiguo Testamento*, en: R. E. Brown- J. A. Fitzmyer- R. E. Murphy (Eds.), *Nuevo Comentario Bíblico San Jerónimo. Antiguo Testamento* (Estella: Verbo Divino, 2005), p. 463. Sobre el valle de los huesos secos de Ezequiel, cf. E. Puech, *Apocalíptica Esenia: la vida futura*, en: J. Vázquez Allegue (Coord.), *Para comprender los manuscritos del Mar Muerto* (Estella: Verbo Divino, 2012), p. 86. Cf. Y. M-J. Congar, *El Espíritu Santo* (Barcelona: Herder, 1991) p. 36. Cf. J. Alonso López, *La Resurrección. De hombre a Dios* (Madrid: Arzalia, 2017), p. 40. Es en Dn 12:2 donde puede hablarse claramente de una resurrección.

[2] y de entre ellos seleccionará a los justos y a los santos, porque se acerca el día en que serán salvados.[173]

[3] El Elegido se sentará en mi trono[174] en esos días y de su boca fluirán todos los misterios de la sabiduría y consejo, porque el Señor de los espíritus se lo ha concedido y lo ha glorificado.

[4] En esos días las montañas se moverán[175] como arietes y las colinas saltarán como corderos que han tomado leche hasta quedar satisfechos; los rostros de los ángeles del cielo brillarán[176] alegremente;

[5] la tierra se regocijará, los justos la habitarán y los elegidos se pasearán por ella.

Capítulo 52

[1] Después de esos días, en el sitio donde había visto todas las visiones de lo que está oculto, porque había sido arrastrado por un ciclón y conducido hacia el occidente,

[2] allí mis ojos vieron los todos secretos del cielo que llegará: una montaña de cobre, otra de plata, otra de oro, otra de estaño y otra de plata.

[3] Pregunté al ángel que iba conmigo, diciendo: "¿Qué cosas son estas que he visto en secreto?".

[4] Me dijo:[177] "Todo lo que has visto servirá para el gobierno de su Ungido, para que pueda ser fuerte y poderoso sobre la tierra".[178]

---

[173] Cf. Lc 21:28.
[174] Cf. Ap 4:9-10 y Ap 20:11-12.
[175] Una expresión similar a la de Mt 17:20.
[176] Recordemos que las estrellas son entendidas como ángeles. Sobre el brillo de sus caras cf. Dn 12:3. Los justos resplandecerán como el sol, cf. Mt 13:43.
[177] De nuevo el elemento auditivo del ángel que explica lo visual.
[178] Aquí encontramos la clásica esperanza mesiánica, un mesías regio, político y militar gobernaría la tierra con rectitud. Aunque los evangelios presentan a Jesús como hijo de David, su línea y su mesiazgo "real" será de otro tipo.

⁵ Y luego este ángel de paz dijo: "Espera un poco y te serán revelados todos los misterios que rodean al Señor de los espíritus:

⁶ "Esas montañas que tus ojos han visto, de hierro, cobre, plata, oro, estaño y plomo, en presencia del Elegido serán como la cera frente al fuego y como el agua derramada y se derretirán a sus pies.[179]

⁷ "Sucederá en esos días que nadie será salvado ni por el oro ni por la plata y nadie podrá escapar;[180]

⁸ no habrá hierro para la guerra, ni revestimiento para corazas; el bronce será inútil, el estaño no será estimado y el plomo será indeseable.

⁹ "Todas estas cosas serán eliminadas de la superficie de la tierra cuando aparezca el Elegido ante el rostro del Señor de los espíritus".

Capítulo 53

¹ Mis ojos vieron allí un profundo valle con amplias entradas y todos los que viven en los continentes, el mar y las islas le llevan regalos, presentes y símbolos de honor, sin que ese profundo valle llegara a llenarse.

² Sus manos perpetraron crímenes y los pecadores devoran todo lo que producen con fatiga aquellos a quienes criminalmente oprimen;[181] así los pecadores serán destruidos ante el rostro del Señor de los espíritus, serán desterrados de la faz de la tierra y perecerán para siempre.

³ Porque vi a todos los ángeles del castigo establecerse allí y preparar todos los instrumentos de Satanás.

---

[179] Compárese con el lenguaje de Dn 2:34-45.
[180] Lc 12:20; Mt 6:19-20.
[181] Mi 3:2-3.

⁴ Y le pregunté al ángel de paz que iba conmigo: "¿Para qué preparan esos instrumentos?".

⁵ Me dijo: "Preparan eso para que los reyes y los poderosos de la tierra puedan ser destruidos.

⁶ "Después de esto el Justo,[182] el Elegido, hará aparecer la casa de su congregación y desde entonces, ellos no serán estorbados más en nombre del Señor de los espíritus.

⁷ "En presencia de su justicia, estas montañas no estarán más en la tierra, las colinas se convertirán en fuentes de agua y los justos descansarán de la opresión de los pecadores.

Capítulo 54

¹ Volví la mirada hacia otra parte de la tierra y vi allí un valle profundo con fuego ardiente,[183]

² y llevaron a los reyes y a los poderosos y comenzaron a arrojarlos en este valle profundo.[184]

³ Allí mis ojos vieron cómo fabricaban sus instrumentos: cadenas de un peso inconmensurable.

⁴ Le pregunté al ángel de paz que iba conmigo, diciendo: "¿Para qué están siendo preparadas esas cadenas?".

⁵ Y me dijo: "Esas están siendo preparadas para las tropas de 'Asael, para que puedan agarrarlos y lanzarlos al abismo de total

---

[182] Cf. Nota a 1 Hen 38:2.
[183] Probablemente el valle de Hinón (Gai Ben Hinnom, llamado en griego Gehenna). Era un valle real a las afueras de la muralla sur de Jerusalén, este fue asociándose en el judaísmo con una especie de lugar de purificación para los impíos, un valle de fuego. Allí el mal será destruido. Mt 20:28 (cf. Mc 9:43), Mt 23:33. Según 2 R 23:10 y Jr 7:31 allí hubo un tofet para el sacrificio de niños al dios Molock (véase también 1 R 11:7; 2 R 21:6; Dt 18:9-10).
[184] 1 Hen 53:5; 1 Hen 38:5; cf. Nota a 1 Hen 46:4.

condenación[185] y cubrir sus quijadas con piedras ásperas tal como mandó el Señor de los espíritus.

6 Miguel, Gabriel, Rafael y Sariel en ese gran día los agarrarán y los arrojarán en el horno ardiente, para que el Señor de los espíritus pueda vengarse de ellos por convertirse en súbditos de Satanás y descarriar a aquellos que habitan sobre la tierra.[186]

7 Como en los tiempos en que vino el castigo del Señor de los espíritus y Él abrió los depósitos de agua que están sobre los cielos y las fuentes subterráneas.[187]

8 Y todas esas aguas se juntaron, aguas con aguas: las que están sobre los cielos son masculinas y las que están bajo la tierra son femeninas.

9 Y fueron exterminados los que habitaban sobre la tierra y bajo los límites del cielo,

10 para que reconocieran la injusticia que perpetraron sobre la tierra y por ella perecieron.

Capítulo 55

1 Tras ello la cabeza de los Días[188] se arrepintió y dijo: "En vano he destruido a todos los que habitan sobre la tierra".[189]

---

[185] Este abismo de condenación para Satanás y sus ángeles, descrito en el v. 1 como un valle de fuego ardiente, es la idea que por ejemplo reluce en Mt 25:41. Cf. G. Aranda, *Apócrifos del Antiguo Testamento*, en Aranda Pérez, G. - García Martínez, F. - Pérez Fernández, M. *Literatura judía intertestamentaria* (Estella: Verbo Divino, 1996), p. 281. véase Ap 20:1-3.

[186] Castigo angelical. En 1 P 3:19 se menciona a los espíritus encarcelados y 2 P 2:4 comenta que los ángeles fueron arrojados al infierno. Jd 6 habla de las prisiones eternas de los ángeles. En Ap 12:9 Satanás es arrojado. Cf. 1 Hen 18:16: allí las estrellas-ángeles son encadenadas al igual que en 1 Hen 21:6

[187] Se ilustra muy bien el pensamiento cosmogónico hebreo, el mismo que aparece en Gn 1:6-7 y plantea que están las aguas superiores tras la cúpula del cielo (desde donde llueve) y las agujas que hay bajo la tierra, más allá de seol y más allá de la fundación de la tierra: el abismo.

[188] Cf. Nota 1 Hen 71:10.

[189] Curiosamente en la literatura apocalíptica Dios lo tiene todo predeterminado, no se arrepiente ni cambia de parecer. Aquí sin embargo encontramos esa contradicción en el Cabeza de Días que plantea el arrepentimiento opuesto al de Gn 6:6.

2 Y juró por su gran nombre: "De ahora en adelante no actuaré más así con los que habitantes de la tierra; colocaré un símbolo en los cielos como prenda de la fidelidad mía para con ellos por el tiempo que los cielos estén sobre la tierra.[190]

3 "Esta es lo que está de acuerdo con mi decisión: Cuando desee atraparlos por manos de los ángeles en el día de la tribulación y el sufrimiento a causa de esto, desataré mi castigo y mi ira sobre ellos", dijo el Señor de los espíritus;

4 "reyes y poderosos que habitáis sobre la tierra, veréis a mi Elegido sentarse sobre el trono de gloria y juzgar a 'Asa'el, sus cómplices y sus tropas, en el nombre del Señor de los espíritus".

Capítulo 56

1 Vi las huestes de los ángeles de castigo que iban sosteniendo látigos y cadenas de hierro y bronce.

2 Pregunté al ángel de paz que iba conmigo, diciendo: "¿A dónde van aquellos que llevan látigos?".

3 Me dijo:[191] "hacia sus queridos elegidos, para que sean arrojados a lo profundo del abismo del valle;[192]

4 entonces este valle será llenado con sus elegidos queridos, los días de su vida llegarán a su fin y a partir de ahí, el tiempo de su ruina será inagotable.

5 "En esos días los ángeles regresarán y se lanzarán hacia el oriente, donde los partos y medos, y sacudirán a los reyes, tanto que un espíritu de desasosiego los invadirá, y los derrocarán de sus tronos, de manera que huirán como leones de sus guaridas y como lobos hambrientos entre su manada.

---

[190] Gn 9:8-17.
[191] Seguimos viendo la función explicativa (auditiva) a lo que ve el vidente.
[192] Cf. Nota 1 Hen 54:1.

6 "Ellos irán y pisarán la tierra de sus elegidos y la tierra de sus elegidos será ante ellos un camino trillado.

7 "Pero la ciudad de mis justos será un obstáculo para sus caballos: comenzarán a combatir contra ellos y su mano derecha desplegará su fuerza contra ellos. Un hombre no conocerá a su hermano ni un hijo a su padre ni a su madre, hasta que el número de cadáveres complete su matanza y su castigo no será en vano.

8 En ese tiempo el seol abrirá sus mandíbulas, serán engullidos por él y su destrucción culminará: la muerte devorará a los pecadores en presencia de los elegidos.

Capítulo 57

1 Sucedió después de eso que vi un ejército de carros conducidos por hombre y que iban sobre los vientos desde el oriente y desde el occidente hacia el sur.

2 Se escuchaba el ruido de los carros y cuando ocurrió tal alboroto los santos notaron que las columnas de la tierra se movieron de su sitio[193] y el sonido que se produjo se oyó de un extremo al otro del cielo durante un día.

3 Y ellos se prosternaron y adoraron al Señor de los espíritus. Este es el fin de la segunda parábola.

Capítulo 58

1 Comencé a recitar la tercera parábola acerca de los justos y de los elegidos.

2 ¡Felices vosotros justos y elegidos pues vuestra suerte será gloriosa![194]

---

[193] Una forma de hablar según la cosmogonía hebrea (los pilares que sostienen la tierra).
[194] Esta fórmula se asemeja a las bienaventuranzas de Jesús (Mt 5:1-10; Lc 6:20-23).

3 Los justos estarán a la luz del sol y los elegidos en la luz de la vida eterna;[195] los días de su vida no tendrán fin y los días de los santos serán innumerables.

4 Buscarán la luz y encontrarán justicia con el Señor de los espíritus: habrá paz para los justos en nombre del Señor eterno.[196]

5 Después de esto serán enviados los santos del cielo a buscar los misterios de la justicia, patrimonio de la fe, pues brilla como el sol sobre la tierra y las tinieblas están desapareciendo.

6 Habrá una luz infinita aunque por determinados días ellos no vendrán, porque antes habrán sido destruidas las tinieblas, la luz habrá sido afirmada ante el Señor de los espíritus y la luz de la verdad habrá sido establecida para siempre ante el Señor de los espíritus.

Capítulo 59

1 En esos días mis ojos vieron los misterios de los relámpagos, de las luces y de su juicio: ellos resplandecen para una bendición o para una maldición según la voluntad del Señor de los espíritus.

2 Allí vi los misterios del trueno y cómo cuando resuena en arriba en el cielo,[197] su voz es escuchada y me hace ver el juicio ejecutado sobre la tierra, ya sea que sea para bienestar y bendición, o para maldición, según la voluntad del Señor de los espíritus.

3 [Y después de esto todos los misterios de las luces y de los relámpagos me fueron mostrados: ellos brillan para bendecir y satisfacer].

Capítulo 60

1 [En el decimocuarto día, del séptimo mes, del año quinientos de la vida de Noé] En aquella parábola vi que un poderoso temblor

---

195 Dn 12:3. Posible idea en Ap 21:23-24. Cf. 4 Esd 2:35.
196 Al contrario que el destino de los malvados en 1 Hen 16:4.
197 Los relámpagos o truenos recuerdan la descripción de Éx 19:16-20.

sacudió lo más alto de los cielos[198] y las huestes del Altísimo, multitudes de ángeles, miles y miles se veían angustiados por una gran agitación.

2 La Cabeza de los Días estaba sentado sobre el trono[199] de su gloria y los ángeles y los justos permanecían a su alrededor.

3 Se apoderó de mí un gran temblor y me sobrecogió el temor: mis entrañas se abrieron, mis riñones se derritieron y caí sobre mi rostro.[200]

4 Entonces Miguel otro de los ángeles santos, fue enviado para levantarme. Cuando me levantó, mi espíritu retornó, pero yo no era capaz de soportar la visión de estas huestes, de su agitación y de las sacudidas del cielo.

5 Y Miguel me dijo: "¿Por qué te asusta la visión de estas cosas? Hasta ahora ha sido el tiempo de su misericordia y Él ha sido misericordioso y lento para la ira[201] para aquellos que viven sobre la tierra.

6 "Pero cuando venga el día, del poder, del castigo, del juicio que el Señor de los espíritus ha preparado para aquellos que no se inclinan ante la ley de la justicia, para aquellos que rechazan el juicio de la justicia y para aquellos que toman su nombre en vano,[202] ese día está preparado para los elegidos un pacto, pero para los pecadores castigo.

7 [Ese día se harán salir separados dos monstruos, uno femenino y otro masculino. El monstruo femenino se llama Leviatán y habita en el fondo del mar sobre la fuente de las aguas.

---

[198] No hablamos del cielo que se puede ver con los ojos, ni el cielo que hay más allá de él donde están las aguas de arriba (según la antigua cosmogonía hebrea), sino del lugar donde habitan los ángeles.

[199] El trono de Dios. En Ap 4:11 también vemos ángeles alrededor del trono, esta idea, además de proceder de Is 6:1-3, tienen su antecedente literario aquí en 1 Hen 14:15-25 y, más concretamente, en 1 Hen 71:5-11. Léase la nota a 1 Hen 71:7.

[200] Cf. Nota a 1 Hen 14:14.

[201] Referencia a Éx 24:6; Neh 9:17; Sal 86:15; Sal 145:8.

[202] Éx 20:7.

8 El monstruo masculino se llama Behemoth, se posa sobre su pecho en un desierto inmenso llamado Duindaín, al oriente del jardín que habitan los elegidos y los justos, donde mi abuelo fue tomado, el séptimo desde Adán el primer hombre a quien el Señor de los espíritus creó.

9 Le supliqué a otro ángel que me revelara el poder de esos monstruos, cómo fueron separados en un solo día y arrojados el uno al fondo del mar y el otro al suelo seco del desierto.

10 Me dijo: "Hijo de hombre, aquí vas a conocer los que es un misterio".

11 Me habló otro ángel que iba conmigo, que me revelaba lo que estaba oculto, el principio y el fin, en lo alto del cielo y bajo la tierra en lo profundo, en las extremidades del cielo y en sus cimientos;

12 y en los depósitos de los vientos, cómo los vientos son divididos, cómo son pesados y cómo en sus puertas los vientos son registrados de acuerdo con su fuerza; y el poder de la luz de la luna cómo es el poder que le corresponde; y la diferenciación entre las estrellas de acuerdo con sus nombres y cómo están subdivididas y clasificadas;

13 y el trueno en los lugares donde retumba y toda la distinción que es hecha entre los relámpagos para que ellos brillen y entre sus huestes para que ellas obedezcan rápidamente.

14 El trueno hace pausas mientras espera su eco. Trueno y relámpago son inseparables, son unidos por medio del espíritu y no están separados,

15 pues cuando el relámpago resplandece, el trueno hace oír su voz y el espíritu lo aplaca mientras repica, y distribuye por igual entre ambos, pues el depósito de sus ecos es como arena y cada uno de ellos como sus ecos son retenidos con un freno y devueltos por el poder del espíritu, son impulsados hacia muchas regiones de la tierra.

16 El espíritu del mar es masculino y vigoroso y según su fuerza lo devuelve con un freno y así es alejado y dispersado entre todas las montañas de la tierra.

17 El espíritu de la helada es su propio ángel y el espíritu del granizo es un buen ángel.

18 El espíritu de la nieve la deja caer de sus depósitos[203] por su propia fuerza; ella tiene un espíritu especial que sube de ella como humo y se llama escarcha.

19 El espíritu de la neblina no está unido con ellos en su depósito, sino que tiene un depósito propio, ya que su ruta es maravillosa, tanto en la luz como en la oscuridad, en invierno como en verano y su mismo depósito es un ángel.

20 El espíritu del rocío habita en los límites del cielo y está conectado con los depósitos de la lluvia; viaja en invierno o en verano y su nube y la nube de la neblina están relacionadas y la una da a la otra.

21 Cuando el espíritu de la lluvia sale del depósito,[204] los ángeles van, abren el depósito y la dejan salir y cuando ella se derrama sobre toda la tierra, se une al agua que está sobre la tierra.

22 Porque las aguas son para los que viven sobre la tierra y son un alimento para la tierra seca, que viene desde el Altísimo que está en el cielo, por eso hay una medida para la lluvia y los ángeles se encargan de ella.

23 Estas cosas vi en los alrededores del jardín de los justos]

---

[203] En la traducción de Díez Macho, no es el espíritu de la nieve quien la deja caer de su depósito, sino que es él mismo quien sale: "El espíritu de la nieve ha escapado (de su cámara/depósito) a causa de su fuerza, y en él hay un espíritu especial, y lo que de él se eleva es como humo, y se llama hielo".

[204] Las aguas de arriba, cf. Gn 1:6-8.

[24] [y el ángel de paz que estaba conmigo me dijo: "Esos dos monstruos han sido preparados para el gran día de Dios y son alimentados a fin de que

[25] el castigo del Señor de los espíritus no caiga en vano sobre ellos, harán morir los niños con sus madres[205] y los hijos con sus padres y luego tendrá lugar el juicio acorde con su misericordia y su paciencia.]

Capítulo 61

[1] He aquí que en esos días vi como unas cuerdas largas fueron dadas a esos ángeles y ellos se colocaron alas y volaron hacia el norte.

[2] Le pregunté al ángel diciéndole: "¿Por qué han tomado esas cuerdas y se han ido?". El me dijo "Se han ido a medir".

[3] El ángel que iba conmigo me dijo: "Ellos llevan a los justos las medidas de los justos y las cuerdas de los justos para que se apoyen en el nombre del Señor de los espíritus por los siglos de los siglos.

[4] "Los elegidos comenzaron a residir con el Elegido y esas son las medidas que serán dadas para fe y que fortalecerán la justicia.

[5] "Estas medidas revelarán todos los misterios de las profundidades de la tierra y los que han sido destruidos por el desierto o tragados por las fieras o por los peces del mar, esos podrán regresar sostenidos por el día del Elegido, porque ninguno será destruido ante el señor de los espíritus, ninguno podrá ser destruido.

[6] "Todos los que habitan en lo alto del cielo han recibido un mandamiento, un poder, una sola voz y una luz como fuego.

[7] "A él con sus primeras palabras lo bendijeron, ensalzaron y alabaron con sabiduría y han sido sabios en la palabra y el espíritu de vida.

---

[205] Cf. Mt 24:19; Lc 21:23.

8 "El Señor de los Espíritus colocó al Elegido sobre el trono de gloria y el juzgará[206] todas las obras de los santos y sus acciones serán pesadas en la balanza.[207]

9 "Cuando alce la cara para juzgar sus vidas secretas[208] según la palabra del nombre del Señor de los espíritus, su sendero por la vía del juicio justo del Señor de los espíritus, entonces a una sola voz hablarán, bendecirán, glorificarán, exaltarán y proclamarán santo el nombre del Señor de los espíritus.

10 "Él convocará a todas las huestes de los cielos, a todos los santos, a las huestes de Dios, a los Querubines, a los Serafines, a los Ofanines, a todos los ángeles de poder, a todos los ángeles de los principados y al Elegido y a los demás poderes sobre la tierra y sobre el agua.[209]

11 Ese día ellos elevarán una sola voz, bendecirán, alabarán y exaltarán en espíritu de fidelidad, en espíritu de sabiduría,[210] en espíritu de paciencia, en espíritu de misericordia, en espíritu de justicia, en espíritu de paz y en espíritu de verdad y dirán a una sola voz: "Bendito es Él y bendito sea el nombre del Señor de los espíritus para siempre y por toda la eternidad.

12 "Todos los que no duermen en el cielo alto le bendecirán; todos los santos que están en el cielo te bendecirán; todos los elegidos que habitan en el jardín de la vida y todo espíritu de luz que sea capaz de bendecir, alabar, ensalzar y proclamar santo tu nombre y toda carne glorificará y bendecirá tu nombre más allá de toda medida por los siglos de los siglos.[211]

---

[206] Mt 25:31-32.
[207] Pesadas en balanza. Una expresión tomada de Dn 5:27.
[208] Cf. Mc 4:22; Mt 10:26; Lc 8:17; 12:2.
[209] Idea similar vemos en 1 P 3:22. Un versículo muy cercano al 19 donde hay una referencia indirecta a 1 Hen.
[210] Todo lo mencionado aquí son atributos personificados de la divinidad. Sobre la sabiduría cf. Nota 1 Hen 42:2.
[211] Cf. Rm 14:11; Flp 2:10-11.

[13] "Porque grande es la misericordia del Señor de los espíritus, Él es paciente y todas sus obras y toda su creación las ha revelado a los justos y a los elegidos, en nombre del Señor de los espíritus.

Capítulo 62

[1] Así ordenó el Señor a los reyes, a los poderosos, a los dignatarios y a todos los que viven sobre la tierra, diciendo: "Abrid los ojos y levantad vuestras frentes por si sois capaces de reconocer al Elegido".

[2] El Señor de los espíritus se sentó en su trono de gloria, el espíritu de justicia se esparció sobre Él y la palabra de su boca[212] exterminó a todos los pecadores e injustos y ninguno de ellos subsistirá frente a Él.[213]

[3] Ese día, todos los reyes y los poderosos y los que dominan la tierra se levantarán, le verán y le reconocerán cuando se siente sobre el trono de su gloria; la justicia será juzgada ante Él y no se pronunciará palabra vana frente a Él.

[4] El dolor vendrá sobre ellos como a una mujer en un parto difícil,[214] cuando su hijo viene por la abertura de la pelvis y sufre para dar a luz.

---

[212] En Ap 19:15 hay una imagen parecida, de la boca sale una espada para herir a las naciones.

[213] Cf. Mt 25:31-33ss.

[214] La idea apocalíptica de los dolores de parto la tenemos en Mc 13:8 cuando se describen los hechos de la destrucción de Jerusalén y del Templo en el año 70 d. C. Cf. R. Aguirre Montasterio, *La segunda generación y la conservación de la memoria de Jesús: el surgimiento de los evangelios*, en: R. Aguirre (ed.), *Así empezó el cristianismo*, 2ª ed. (Estella: Verbo Divino, 2015), p. 217. La mujer de Ap 12 que aparece vestida de sol con la luna bajo sus pies (que representa al pueblo de Dios) aparece estando en cinta, con dolores de parto en la angustia de su alumbramiento (cf. Ap 12:2). Cf. R. Foulkes, *El Apocalipsis de San Juan. Una lectura desde América Latina* (Buenos Aires/ Grand Rapids: Nueva Creación/ Williams B. Eerdmans, 1989), pp. 129-131. Véase también 1 Ts 5:3.

⁵ Se mirarán los unos a los otros aterrorizados, bajarán la mirada y la pena se apoderará de ellos cuando vean a este Hijo de Mujer sentarse sobre el trono de su gloria.²¹⁵

⁶ Y los reyes, los poderosos y todos los que dominan la tierra alabarán, bendecirán y ensalzarán a quien reina sobre todo lo que es secreto.

⁷ Porque desde el principio el Hijo del Hombre²¹⁶ fue ocultado y el Altísimo lo preservó en medio de su poder y lo reveló a los elegidos.

⁸ La asamblea de los elegidos y los santos será sembrada y todos los elegidos se sostendrán en pie en ese día;

⁹ pero los reyes, los poderosos, los dignatarios y los que dominan la tierra caerán ante Él sobre sus rostros, adorarán y pondrán su esperanza en este Hijo del Hombre, le suplicarán y le pedirán misericordia.

¹⁰ Sin embargo, el Señor de los espíritus los apremiará para que se apresuren a salir de su presencia, avergonzará sus caras y las tinieblas se acumularán sobre sus rostros;

¹¹ Él los entregará a los de castigo para ejecutar la venganza porque han oprimido a sus hijos, a sus elegidos.²¹⁷

---

²¹⁵ Cf. 1 Hen 1:9 el hijo del hombre viene (cf. Dn 7:13; Mt 25:31; Mc 14:62). Sobre el hijo del hombre que viene véase concretamente la nota a 1 Hen 46:3. En cuanto a la alusión que encontramos en Mc 14:62, Wright aclara que allí la alusión del hijo del hombre que viene en las nubes (cf. Mc 13:26) no se refiere a la segunda venida, sino que muy a tono con Dn 7 (que Jesús está citando), de lo que se trata es de su reivindicación después de haber sufrido. La "venida" es un movimiento ascendente y no descendente. Quiere decir que Jesús se está dirigiendo a su muerte y allí será reivindicado por los acontecimientos, que irán sucediendo más adelante (glorificación). Cf. N. T. Wright, *Sorprendidos por la Esperanza. Repensando el cielo, la resurrección y la vida eterna* (Miami: Convivium Press, 2011), p. 182. Ahora bien, en el libro de Daniel, el Hijo del Hombre se dirige al trono celestial, y en las repeticiones de los textos del judaísmo tardío también. Respecto a la cuestión del "trono" cf. Ap 4:10-11; Is 6:1-3, 1 Hen 14:15-25; 1 Hen 71:5-11. Léase la nota a 1 Hen 71:7.

²¹⁶ Cf. Nota 1 Hen 1:9.

²¹⁷ Este versículo y el anterior pintan una escena relativamente parecida a Mt 25:41 y 45-46.

[12] Serán un espectáculo para los justos y los elegidos, quienes se alegrarán a costa de ellos, porque la ira del Señor de los espíritus cayó sobre ellos y su espada se emborrachó con su sangre.

[13] En cambio los justos y los elegidos serán salvados ese día y nunca más le verán la cara a los pecadores ni a los injustos.[218]

[14] El Señor de los espíritus residirá sobre ellos y con este Hijo del Hombre comerán,[219] descansarán[220] y se levantarán por los siglos de los siglos.

[15] Los justos y los elegidos se habrán levantado de la tierra, dejarán de estar cabizbajos y se vestirán con prendas de gloria.[221]

[16] Tales serán las prendas de vida del Señor de los espíritus: vuestra ropa no envejecerá[222] y vuestra gloria no terminará ante el Señor de los espíritus.

Capítulo 63

[1] En esos días los reyes, los poderosos y los que dominan la tierra suplicarán a los ángeles del castigo, a quienes habrán sido

---

[218] La idea entre una separación abismal, entre el seno de Abraham y el lugar de los injustos está reflejado en la parábola del rico y Lázaro (Lc 16:22-31).

[219] Banquete celestial. Una idea recurrente también en el NT. Mt 22:2ss. (el reinado de Dios se asemeja a un banquete, cf. Lc 14:16-20). Muchos vendrán del oriente y del occidente y se sentarán con Abraham, Isaac y Jacob (Mt 8:11-12). Ap 3:20 presenta la idea de que Jesús viene a cenar con quien le de acceso. Las bodas del cordero ya insinúan la idea del banquete (Ap 19:7-9).

[220] Entrar en su reposo (cf. Hb 4:1, 5-11). Jesús se presenta como descanso Mt 11:28. El futuro escatológico de Dios será descanso (sin muerte, llanto, clamor o dolor), cf. Ap 21:4.

[221] La idea de 1 Cor 15:53 es la de vestirse de incorrupción e inmortalidad. Luego, dentro del mismo esquema escatológico, tenemos la repetida idea de las prendas blancas y resplandecientes como la transfiguración muestra por adelantado, cf. Lc 9:29, especialmente Mc 9:3.

[222] En el relato de la Transfiguración (cf. Mc 9:3), las ropas cambiadas en blanco señalan una nueva realidad que nos supera, un estado glorificado de las cosas. Aquí el vestido no ha de verse como algo meramente externo o extraño a la naturaleza del que lo lleva, sino que expresan su realidad esencial y fundamental. Cf. J. Chevalier (dir), art: "Vestido" en: Diccionario de los símbolos, 2ª ed. (Barcelona: Herder, 2015). En este texto la idea de que la ropa no envejecerá remite precisamente a que la persona tampoco lo hará.

entregados, para que les den un poco de descanso, y puedan postrarse ante el Señor de los espíritus, adorarlo y reconocer sus pecados ante Él.

2 Bendecirán y alabarán al Señor de los espíritus y dirán: "Bendito es el Señor de los espíritus, Señor de reyes, Señor de los poderosos, Señor de los ricos, Señor de gloria, Señor de sabiduría;

3 "Sobre todas las cosas secretas es esplendoroso tu poder de generación en generación, y tu gloria, por los siglos de los siglos; profundos e innumerables son tus misterios e inconmensurable es tu justicia.

4 "Ahora hemos aprendido que debemos alabar y bendecir al Señor de los reyes pues reina sobre todos los reyes".

5 Y ellos dirán: "Ojalá hubiera descanso para glorificar y dar gracias y confesar nuestra fe ante su gloria.

6 "Ahora suspiramos por un pequeño descanso, pero no lo encontramos, insistimos pero no lo obtenemos; la luz se desvanece ante nosotros y las tinieblas son nuestra morada por los siglos de los siglos.

7 "Porque ante Él no hemos creído ni hemos alabado el nombre del Señor de los espíritus y en cambio, nuestras esperanzas, estuvieron en el cetro de nuestro reinado y en nuestra gloria.

8 "Así, el día de nuestro sufrimiento y tribulación, Él no nos ha salvado y no encontramos tregua para confesar que nuestro Señor es veraz en todas sus obras y su justicia y que en su juicio no hace acepción de personas.[223]

9 "Desaparecemos de su presencia a causa de nuestras obras y todos nuestros pecados han sido contabilizados justamente".

---

[223] Dios no hace acepción de personas, una idea bíblica expresada en muchos lugares, especialmente en el NT (por ejemplo, St 2:9; Hch 10:34; Rm 2:11; Gá 2:6; Ef 6:9).

¹⁰ Después, ellos se dirán: "Nuestras almas están llenas de riquezas injustas pero ellas no nos preservan de descender en medio del peso de la muerte".[224]

¹¹ Luego, sus rostros estarán llenos de oscuridad y de vergüenza ante el Hijo del Hombre, serán expulsados de su presencia y la espada permanecerá frente a sus caras.

¹² Entonces dijo el Señor de los espíritus: "Tal es la sentencia y el juicio con respecto a los poderosos, los reyes, los dignatarios y aquellos que dominaron la tierra frente al Señor de los espíritus".

Capítulo 64

¹ Después, vi otras figuras ocultas en ese lugar.

² Escuché la voz de un ángel diciendo: "Estos son los Vigilantes que descendieron sobre la tierra y le revelaron a los humanos lo que era secreto y los indujeron a pecar".[225]

Capítulo 65

¹ [En esos días Noé vio que la tierra estaba amenazada de ruina y que su destrucción era inminente;

² y partió de allí y fue hasta los extremos de la tierra; le gritó fuerte a su abuelo Henoc y le dijo tres veces con voz amargada: "¡Escúchame, escúchame, escúchame!".

³ Yo le dije: "Dime, ¿qué es lo que está pasando sobre la tierra para que sufra tan grave apuro y tiemble? Quizá yo pereceré con ella".

⁴ Tras esto hubo una gran sacudida sobre la tierra y luego una voz se hizo oír desde el cielo y yo caí sobre mi rostro".[226]

---

[224] Lc 12:20-21.
[225] 1 Hen 6ss.
[226] Cf. 1 Hen 14:14. Caer ante una teofanía (cf. Hch 9:4).

5 Y Henoc, mi abuelo, vino, se mantuvo cerca de mí y me dijo: "¿Por qué me has gritado con amargura y llanto?".

6 Después fue expedida un orden desde la presencia del Señor de los espíritus sobre los que viven en la tierra, para que se cumpliera su ruina, porque todos han conocido los misterios de los Vigilantes,[227] toda la violencia de los satanes,[228] todos sus poderes secretos, el poder de los maleficios, el poder de los hechiceros y el poder de quienes funden artículos de metal para toda la tierra:

7 cómo la plata se produce del polvo de la tierra, cómo el estaño se origina en la tierra,

8 pero el plomo y el bronce no son producidos por la tierra como la primera, sino que una fuente los produce y hay un ángel prominente que permanece allí.

9 Luego, mi abuelo Henoc me tomó por la mano, me levantó y me dijo: "Vete, porque le he preguntado al Señor de los espíritus sobre esta sacudida de la tierra;

10 Él me ha dicho: "Por causa de su injusticia se ha determinado[229] su juicio y no será detenido por mí nunca porque las brujerías que ellos han buscado y aprendido, la tierra y los que habitan en ella, serán destruidos".

11 En cuanto a esos ángeles, no habrá lugar para su arrepentimiento, porque han revelado lo que era secreto y están malditos, pero en cuanto a ti, hijo mío, el Señor de los espíritus sabe que eres puro, y sin culpa ni reproche al respecto de los secretos.

12 "Él ha destinado tu nombre entre los santos y te preservará entre los que viven sobre la tierra. Él ha destinado tu linaje para la

---

[227] Cf. Gn 6:1-5. El conocer los secretos, misterios y conocer la técnica forma parte de la trasgresión angelical (cf. Nota a 1 Hen 9:6).
[228] Satanes, cf. Nota 1 Hen 40:7.
[229] Lo normal en la apocalíptica es que cuando se anuncia algo determinado, eso ya no puede cambiarse. Dios no cambia de opinión.

realeza y para grandes honores y de tu semilla brotará una fuente de justos y de santos innumerables, por siempre.

Capítulo 66

1 Después me mostró los ángeles de castigo que estaban listos para venir y desatar la fuerza de las aguas que están debajo de la tierra.]

2 [y el Señor de los espíritus le mandó a los ángeles que iban saliendo que no levantaran las aguas sino que las represarán, ya que estos ángeles estaban encargados de la potencia de las aguas.]

3 [Y yo me retiré de la presencia de Henoc.]

Capítulo 67

1 [En esos días la palabra del Señor del universo vino a mí y Él me dijo: "Noé, tu destino ha llegado hasta mí, un destino sin mancha, un destino de amor y rectitud.

2 "Ahora los ángeles están construyendo una casa de madera y cuando terminen su tarea, extenderé mi mano sobre ella y la preservaré y la semilla de vida germinará de ella y se producirá un cambio para que la tierra no quede desocupada.

3 "Yo consolidaré tu linaje ante mí para siempre, diseminaré a los que viven contigo y no será estéril, sino será bendecida y multiplicada sobre la superficie de la tierra en el nombre del Señor".

4 Él encarcelará a los Vigilantes que han demostrado injusticia, en este valle ardiente[230] que antes me había mostrado mi abuelo Henoc en el occidente, cerca de las montañas de oro, plata, hierro, estaño y plomo.

---

[230] Cf. Nota a 1 Hen 54:1.

⁵ Vi ese valle donde había gran perturbación y agitación de aguas.

⁶ Cuando todo esto ocurrió, de aquel ardiente metal fundido y desde la agitación, en ese lugar se produjo un olor a azufre[231] y se mezcló con las aguas y ese valle donde estaban los Vigilantes que habían seducido a la humanidad, arde bajo la tierra.

⁷ De sus valles salen ríos de fuego[232] donde son castigados esos Vigilantes que han seducido a quienes habitan sobre la tierra.

⁸ Esas aguas servirán en estos días a los reyes, a los poderosos y a los dignatarios y a aquellos que habitan sobre la tierra, para salud del cuerpo y para castigo del espíritu, pero su espíritu está lleno de codicia y su carne será castigada porque han rechazado al Señor de los espíritus. Serán castigados diariamente y aun así no creerán en el Señor de los espíritus.

⁹ Tanto como su cuerpo es quemado severamente, se produce un cambio en su espíritu por los siglos de los siglos, porque nadie profiere una palabra vana ante el Señor de los espíritus.

¹⁰ Porque el juicio vendrá sobre ellos a causa de que ellos creen en el deseo de su carne y rechazan al Espíritu del Señor.

¹¹ En esos días, hubo en aquellas aguas un cambio, pues cuando los Vigilantes son castigados en ellas, las fuentes de agua cambian de temperatura, y cuando los ángeles suben, las aguas se vuelven frías.]

¹² Oí a Miguel hablar y decir: "Este juicio, en el que los Vigilantes son sentenciados,[233] es un testimonio para los reyes y los poderosos que dominan la tierra;

¹³ porque estas aguas de castigo proporcionan salud a los cuerpos de los reyes y curan la concupiscencia de su carne, sin embargo,

---

[231] Lc 17:29.
[232] 1 Hen 14:19.
[233] El castigo angelical. Cf. Nota 1 Hen 18:16.

ellos no creen ni ven que esas aguas cambiarán y se convertirán en fuego que arderá para siempre".[234]

Capítulo 68

1 [Después de eso, mi abuelo Henoc me dio la explicación de todos los misterios en un libro y en las parábolas que le habían sido dadas y él las reunió para mí en las palabras del Libro de las parábolas.]

2 Ese día Miguel habló y le dijo a Rafael: "El poder del Espíritu me transporta y me hace estremecer a causa de la severidad del juicio por los secretos y del castigo de los ángeles. ¿Quién podrá soportar la rigurosa sentencia que ha sido ejecutada y frente la cual ellos se deshacen?".

3 Miguel habló de nuevo y le dijo a Rafael: "¿Existe alguien cuyo corazón no sea tocado por esto y cuyos riñones no se turben por esta sentencia proferida contra aquellos que han sido arrojados?".

4 Pero sucedió que cuando Miguel llegó ante el Señor de los espíritus, le dijo a Rafael: "No haré la defensa de ellos a los ojos del

---

[234] Fuego que arde para siempre, cf. Mt 3:12. Hay que señalar que el bautismo de fuego que aparece en Mt 3:11-12, se refería en realidad al juicio divino del que nadie puede escapar. Cf. H. Köster, *Introducción al Nuevo Testamento* (Salamanca: Sígueme, 1988), p. 576. Al igual que en Mt 3:11 que hace un contraste entre agua (del bautismo) y fuego (siguiente bautismo), este texto de Henoc presenta un cambio de agua a fuego. La oposición agua-fuego se basa en la cualidad del fuego que penetra en lo más íntimo; el agua lava solo por fuera mientras que el fuego purifica lo más íntimo de la persona, cf. H. Alves, *Símbolos en la Biblia* (Salamanca: Sígueme 2008), p. 196. Ahora bien, este es un fuego purificador que quema el mal que hay en el pueblo. Es un fuego santo pero que destruye. Hay que tener en cuenta que en el texto de Mt 3:11-12 el discurso pertenece a Juan el Bautista, pero que Jesús, en su predicación, dará un giro a este aspecto destructivo del mensaje. Cf. B. Pérez Andreo, *La Revolución de Jesús. El proyecto del Reino de Dios* (Madrid: PPC, 2018), p. 60. Por último señalar que en Mt 3:11 no emplea la referencia de espíritu y fuego como una renovación ética interior, sino que está hablando de una criba y un juicio apocalíptico de Israel. Cf. R. P. Menzies, *The Development of Early Christian Pneumatology with special reference to Luke-Acts* (Sheffield: Academic Press, 1991), pp. 135-145.

Señor, pues el Señor de los espíritus está furioso con ellos, porque se comportaron como si fueran el Señor.

5 "Por esto, todo lo que es secreto vendrá contra ellos por los siglos de los siglos; pues ni ángel ni humano recibirán su porción, pero ellos han recibido su sentencia por los siglos de los siglos".

Capítulo 69

1 Después de este juicio estarán llenos de estupor y los harán temblar porque ellos han revelado aquello a los humanos que habitan la tierra.

2 He aquí los nombres de estos Vigilantes: Shemihaza, quien era el principal y en orden con relación a él, Ar'taqof, Rama'el, Kokab'el, Ra'ma'el, Dani'el, Zeq'el, Baraq'el, 'Asa'el, Harmoni, Matra'el, 'Anan'el, Sato'el, Shamsi'el, Sahari'el, Tumi'el, Turi'el, Yomi'el, y Yehadi'el.[235]

3 Y los que siguen son los nombres de sus ángeles, de sus jefes de centenas y cincuentenas.

4 El primero es Yeqon, este indujo a todos los hijos del cielo y los hizo descender sobre la tierra y los sedujo con las hijas de los hombres.[236]

5 El nombre del segundo es Asbe'el, este dio un mal consejo a los hijos del cielo y los condujo a corromperse a sí mismos con las hijas de los hombres.

---

[235] Ofrecemos la siguiente traducción volumen IV de *Apócrifos del Antiguo Testamento*: "Estos son los nombres de aquellos ángeles: el primero de ellos, Semyaza; el segundo, Artaquifa; el tercero, Armen; el cuarto, Kokabie1; el quinto, Turiel; el sexto, Ramiel; el séptimo, Daniel; el octavo, Nuael; el noveno, Baraquel; el deminotercero, Basasaiel; el decimocuarto, Hananiel; el decimoquinto, Turiel; el decimosexto, Samsiel; el decimoséptimo, Satarel; el decimoctavo, Tumiel; el decimonoveno, Turiel; el vigésimo, Yomiel; el vigésimo primero, Azazel".

[236] Gn 6:1-4. Véase 1 Hen 6 y las respectivas notas al pie en el capítulo.

6 El nombre del tercero es G'adri'el, este mostró a las hijas de los hombres todas las formas de dar muerte, fue él quien sedujo a Eva y él es quien enseñó a los hijos de los hombres los escudos, las corazas, las espadas de combate y todas las armas de muerte;

7 desde su mano ellos han procedido en contra de quienes viven en la tierra desde ese día y por todas las generaciones.

8 El nombre del cuarto es Panamu'el, este mostró a los hijos de los hombres lo amargo y lo dulce[237] y les reveló todos los secretos de su sabiduría:

9 les enseñó a los humanos a escribir con tinta y papiros y son muchos los que se han descarriado a causa de ello, desde el comienzo hasta este día.

10 Porque los hombres no han sido traídos al mundo con el propósito de afianzar su creencia en la tinta y el papel,

11 sino que los humanos han sido creados con la intención de que vivieran puros y justos para que la muerte que todo lo destruye no pudiera alcanzarles. Pero por culpa de este conocimiento suyo, el poder de ella me devora.

12 El nombre del quinto es K'asdeya'el, este mostró a los hijos de los hombres todas las plagas de los espíritus y los demonios: la plaga de embrión en el vientre para que aborte, la mordedura de serpiente, la plaga que sobreviene con el calor de mediodía, el hijo de la serpiente[238] cuyo nombre es Taba'et.

13 Esta es la tarea de K'asbe'el, mostró a los santos el jefe del juramento, cuyo nombre es B'iq'a.

---

237 Dulce es también el libro que el ángel entrega a Juan en Ap 10:8-10, es una alusión positiva a su contenido. En este caso, se muestran dos contenidos revelados, uno dulce y uno amargo. Simbólicamente se expresa que la revelación de la sabiduría se digiere, se come. Este simbolismo procede de Jr 1:9 o 15:16 y Ez 2:8-9; 3. Comerse un libro vendría a significar acoger la revelación y asimilar el contenido. Cf. I. Rojas, *Qué se sabe de... los símbolos del Apocalipsis* (Estella: Verbo Divino, 2013), p. 109.

238 Se presenta la descendencia de la serpiente de Gn 3.

¹⁴ Este pidió a Miguel que le revelase el nombre secreto para que él lo mencionara en el juramento, porque aquellos que han revelado a los hijos de los hombres todo lo que es secreto, tiemblan ante este nombre.

¹⁵ He aquí que el poder de este juramento es fuerte y poderos y Él dispuso este juramento Aka'e, en la mano de Miguel.

¹⁶ Estos son los secretos de este juramento: ellos son fuertes en su juramento y el cielo fue suspendido antes de que el mundo fuera creado;

¹⁷ por ello la tierra ha sido cimentada sobre el agua y desde lo más recóndito de las montañas provienen aguas hermosas, desde la creación del mundo hasta la eternidad;

¹⁸ debido a este juramento el mar ha sido creado y para su cimiento en el tiempo de la cólera Él le ha dado arena y ella no se atreve a irse más allá desde la creación del mundo hasta la eternidad;

¹⁹ por este juramento las profundidades son firmes y estables y no se mueven de su sitio, desde la eternidad hasta la eternidad;

²⁰ por este juramento el sol y la luna cumplen su ruta sin desobedecer sus leyes, desde la eternidad hasta la eternidad;

²¹ por este juramente las estrellas[239] siguen su curso, Él las llama por su nombre y ellas le responden, desde la eternidad hasta la eternidad.

²² [De igual forma los espíritus del agua, de los vientos y de todas las brisas desde todas las regiones de la tierra.

²³ Allí son preservadas la voz del trueno y la luz del relámpago y allí son preservados los depósitos del granizo, la escarcha, la nieve la lluvia y el rocío.

²⁴ Todos estos son fieles y dan gracias ante el Señor de los espíritus y le alaban con todas sus fuerzas y su alimento está en toda

---

[239] Recordemos la equivalencia entre estrellas y ángeles.

acción de gracias y agradecen, alaban y ensalzan el nombre del Señor de los espíritus por los siglos de los siglos.]

[25] Este juramento es poderoso y a través de él, sus senderos son preservados y su curso no será destruido.

[26] Y hubo gran alegría entre ellos, bendijeron alabaron y ensalzaron al Señor, porque les ha sido revelado el nombre de este Hijo del Hombre.

[27] Él se sentó sobre el trono de su gloria y la suma del juicio le ha sido dada al Hijo del Hombre[240] y Él ha hecho que los pecadores sean expulsados y destruidos de la faz de la tierra;[241]

[28] y los que han descarriado al mundo serán atados con cadenas y en el lugar donde habían sido reunidos para la destrucción serán encarcelados[242] y todas sus obras desaparecerán de la faz de la tierra.

[29] A partir de entonces nada se corromperá, porque este Hijo del Hombre[243] ha aparecido y se ha sentado en el trono de su gloria,[244] toda maldad se alejará de su presencia y la palabra de este Hijo del Hombre saldrá y se fortalecerá ante el Señor de los espíritus. Esta es la tercera parábola de Henoc.

Capítulo 70

[1] Y sucedió después esto: que su nombre fue elevado en vida,[245] arriba hacia este Hijo del Hombre y hacia el Señor de los espíritus, lejos de los que viven en la tierra;

---

[240] Es el Hijo quien puede juzgar, cf. Jn 5:22.

[241] Lenguaje e idea similar a Mt 25:31-33. Cf. Mt 26:64.

[242] Cf. Ap 20:1-3 Cf. 1 Hen 21:6-10 (véase la nota al v. 6). Cf. nota a 1 Hen 54:5.

[243] Cf. Nota a 1 Hen 46:3 y nota a 1 Hen 48:3.

[244] El trono. Ap 20:11-12. En Ap 4:10-11 vemos ángeles alrededor del trono, esta idea, además de proceder de Is 6:1-3, tienen su antecedente literario aquí en 1 Hen 14:15-25 y, más concretamente, en 1 Hen 71:5-11. Léase la nota a 1 Hen 71:7.

[245] Flp 2:9. Según Hanegraaf, en Dn 7:13 el Hijo del hombre no desciende sino que asciende cf. H. Hanegraaf; *El código del Apocalipsis* (Nasville: Grupo Nelson, 2008),

2   y fue elevado sobre el carro del espíritu y el nombre desapareció de entre ellos.[246]

3   Desde ese día no fui contado más entre ellos y Él me hizo sentar entre dos regiones, entre el norte y el occidente, allí donde los ángeles habían tomado cuerdas para medir para mí el lugar para los elegidos y los justos.

4   Allí vi a los primeros padres y a los justos que desde el comienzo habitan en ese lugar.

Capítulo 71

1   Y ocurrió entonces que mi espíritu fue trasladado y ascendió a los cielos[247] y vi a los hijos de Dios. Ellos caminaban sobre llamas de fuego, sus ropas eran blancas y su cara resplandecía como el cristal.

2   Vi dos ríos de fuego, la luz de este fuego brillaba como el jacinto y caí sobre mi rostro ante el Señor de los espíritus.

3   El ángel Miguel me tomó de la mano derecha, me levantó y me condujo dentro de toso los misterios y me reveló los secretos de los justos;[248]

4   me reveló[249] los secretos de los límites del cielo y todos los depósitos de las estrellas, de las luminarias, por donde nacen en presencia de los santos.

---

pp. 81-82. En el Cristianismo Jesús es vindicado por Dios en la Resurrección, de modo que se legitima toda su predicación, signos y tarea mesiánica y salvífica. En cuanto a la *Ascensión*: Lc 24:50-53 y Hch 1:1-11. Véase también Hb 11:5; Eclo 44,16; Sb 4:10-11.

[246]   Gn 5:21-24. Enoc es elevado. La idea de la elevación en un carro se asemeja a la de Elías, cf. 2 R 2:11.

[247]   La clásica presentación de la literatura apocalíptica mediante la cual, el vidente, expresa haber sido arrebatado para conocer de primera mano las cosas que acontecen en el plano del cielo. Cf. 2 Cor 12:2.

[248]   Aquí Miguel es clásico el ángel mediador que conduce a la persona a las visiones y les ayuda en la interpretación.

[249]   Como es habitual en los textos apocalípticos, aquí es el ángel quien clarifica y

5   Él trasladó mi espíritu dentro del cielo de los cielos y vi que allí había una edificación de cristal y entre esos cristales,[250] lenguas de fuego vivo.[251]

6   Mi espíritu vio un círculo que rodeaba de fuego esta edificación y en sus cuatro esquinas había fuentes de fuego vivo.

7   Alrededor de ella había Serafines, Querubines y Ofanines, estos son los que no duermen y vigilan el trono de su gloria.[252]

8   Vi innumerables ángeles, miles y miles, miríadas y miríadas rodeando esa edificación[253]

9   y a Miguel, Rafael, Gabriel y Sariel y a una multitud de santos incontable.

10 Con ellos estaba la cabeza de los Días, su cabeza era blanca y pura como la lana y sus vestidos eran indescriptibles.[254]

---

explica lo que el vidente está viendo.

[250] Cristales, cf. Ap 4:6.

[251] Véase la nota a 1 Hen 14:9.

[252] Aquí tenemos a los querubines custodiando el trono de Dios (siendo el trono un concepto recurrente en la propia apocalíptica pero que se nutre de Is 6:1-3). La idea de los querubines como custodios aparece en Gn 3:24, donde aparecen guardando el huerto del Edén. Por otra parte, la arqueología del Próximo Oriente Antiguo ha localizado figuras de dioses sentados sobre tronos conformados por cuadrúpedos alados. Esta idea representativa caló profundamente en las culturas del Oriente Fértil. El Dios de Israel, YHVH también es mencionado sentado entre querubines, como en 2 R 19:15; Sal 80:1; 99:1 e Is 37:16. El arca del pacto estaba flanqueada por querubines (Éx 25:18-21. También el Sal 18:10 mencionan a Dios volando sobre querubines. El trono de Dios cuando es presentado en Ap 4:6b-8 está rodeado de seres vivientes (también Ap 5:11), con forma de animales y todos con seis alas, lo que recuerda las ideas de su propio elenco cultural. Cf. W. Barclay, *Apocalipsis I. Comentario al Nuevo Testamento*. Vol. 16 (Terrassa: CLIE, 1999), pp.181-182. Cf. Nota a Sal 80:1 en: J. H. Walton- V. H. Matthews- M. W. Chavalas, *Comentario del Contexto cultural de la Biblia. Antiguo Testamento* (El Paso: Mundo Hispano, 2006), p. 607. Véase 1 Hen 40:2.

[253] En Ap 5:11 es una multitud de ángeles la que rodea el trono, su número era de millones de millones (una expresión similar a la que encontramos aquí). En 1 Hen 14:21-24 se encuentra una referencia a esta multitud que rodea el trono. Cf. 1 Hen 40:1

[254] La famosa figura del anciano de Días de Dn 7:22.

11 Caí sobre mi rostro, todo mi cuerpo desmayó, mi espíritu fue trasfigurado, grité con voz fuerte, con espíritu de poder y bendije, alabé y exalté.

12 Estas bendiciones que salieron de mi boca fueron consideradas agradables ante esta Cabeza de los Días.

13 Y esta Cabeza de los Días[255] vino con Miguel, Gabriel, Rafael y Sariel y una multitud innumerable de ángeles.

14 Vino a mí, me saludó con su voz y me dijo: "Este es el Hijo del Hombre que ha sido engendrado por la justicia, la justicia reside sobre él y la Cabeza de los Días no le abandonará[256]".

15 Me dijo: "Él proclamará sobre ti la paz, en nombre del mundo por venir, porque desde allí ha provenido la paz desde la creación del mundo y así la paz estará sobre ti para siempre y por toda la eternidad.

16 Todo andará por su camino y mientras, la justicia no lo abandonará jamás, con Él vivirá, con Él su herencia y de Él no será separada nunca ni por toda la eternidad.[257]

17 Serán muchos días con este Retoño del Hombre y la paz y el camino correcto será para los justos en nombre del señor de los espíritus, eternamente.[258]

Libro del movimiento de las luminarias celestiales o Libro de astronomía[259]

Capítulo 72

1 El Libro del movimiento de las luminarias celestiales, las relaciones entre ellas, de acuerdo con su clase, su dominio y su estación,

---

[255] Cf. Dn 7:13.

[256] Cf. Dt 31:8; Sal 33:5; Sal 37:28.

[257] Sal 85:11-13.

[258] Is 11:1; 53:2; 60:21.

[259] Comprende los capítulos 72-82. Es anterior al 200 a. C. y algunos eruditos lo consideran la porción más antigua del Ciclo de Henoc, más que el Libro de los vigilantes.

cada una según su nombre y el sitio de su salida y según sus meses, las cuales Uriel, el santo ángel que estaba conmigo y que es su guía, me mostró y me reveló todas sus leyes exactamente como son y cómo se observan todos los años del mundo, hasta la eternidad, hasta que se complete la nueva creación que durará hasta la eternidad.

2 Esta es la primera ley de las luminarias, la luminaria del sol, que tiene su nacimiento en las puertas orientales del cielo y su puesta en las puertas occidentales del cielo.

3 Vi seis puertas donde el sol nace y seis puertas donde el sol se oculta, y la luna nace y se oculta por esas puertas, así como los líderes de las estrellas y quienes los guían a ellos. Son seis puertas al oriente y seis al occidente, una tras la otra en riguroso orden y además muchas ventanas a la derecha y a la izquierda de esas puertas.

4 Primero allí aparecía la gran luminaria cuyo nombre es el sol y cuya circunferencia es como la circunferencia del cielo y está totalmente lleno de un fuego que alumbra y abrasa.

5 El viento lleva el carro en el que él asciende y el sol se oculta y retorna a través del norte para regresar al oriente y es conducido para que entre por esa puerta y brille en la faz del cielo.

6 En esta forma nace en el primer mes por la gran puerta que es la cuarta.

7 En esta cuarta puerta por la cual el sol nace el primer mes hay doce ventanas abiertas de las cuales procede una llama cuando están abiertas en su estación.

8 Cuando el sol nace viene desde esa cuarta puerta por treinta mañanas seguidas y se pone exactamente por la cuarta puerta en el occidente del cielo.

9 Durante este período cada día llega a ser más largo que el anterior y cada noche llega a ser más corta que la anterior:

[10] En ese momento el día se ha alargado en una novena parte a costa de la noche: el día equivale a diez partes y la noche exactamente a ocho partes.

[11] El sol nace por esa cuarta puerta y se pone por la cuarta y vuelve a la quinta puerta oriental a las treinta mañanas y nace por la quinta puerta y se pone por la quinta puerta.

[12] Entonces el día se ha alargado en dos partes y es de once partes y la noche es más corta y es de siete partes.

[13] Y retorna al oriente y entra en la sexta puerta y nace; y se oculta por la sexta puerta durante treinta y una mañanas, por cuenta de su signo.

[14] En ese momento el día es más largo que la noche, el día llega a ser el doble de la noche y equivale a doce partes y la noche es acortada y equivale a seis partes.

[15] Entonces el sol se eleva para acortar el día y alargar la noche y el sol regresa al oriente para entrar por la sexta puerta y nace por ella, y se pone, durante treinta mañanas.

[16] Y cuando las treinta mañanas han pasado el sol ha disminuido en una parte exactamente y equivale a once partes y la noche a siete.

[17] El sol sale del occidente por esa sexta puerta y va al oriente y nace por la quinta puerta durante treinta mañanas y se pone en el occidente, de nuevo por la quinta puerta.

[18] En ese momento el día disminuye en otra parte y equivale a diez partes y la noche a ocho.

[19] El sol va desde esa quinta puerta y se oculta por la quinta puerta del occidente y nace por la cuarta puerta durante treinta y un mañanas a causa de su signo y se oculta por el occidente.

[20] En ese momento el día es igual a la noche, llegan a ser equivalentes: la noche tiene nueve partes y el día nueve partes.

21 El sol que nace por esa puerta y se oculta por el occidente, nace por la tercera puerta por treinta mañanas y se pone al occidente por la tercera puerta.

22 En ese momento la noche es más larga que el día y que las noches anteriores y cada día es más corto que el día anterior hasta la trigésima mañana; la noche equivale exactamente a diez partes y el día a ocho.

23 El sol que nace por aquella tercera puerta y se pone por la tercera puerta en el occidente, regresa para salir por el oriente y nace por la segunda puerta durante treinta mañanas y así mismo se pone por la segunda puerta al occidente del cielo.

24 En ese momento la noche equivale a once partes y el día a siete.

25 El sol que sale durante ese período por esa segunda puerta y se pone al occidente por la segunda puerta, vuelve al oriente por la primera puerta durante treinta y una mañanas y se oculta por la primera puerta al occidente del cielo.

26 En ese momento la noche se ha alargado hasta llegar a ser dos veces el día: la noche equivale exactamente a doce partes y el día a seis.

27 El sol que ha recorrido las secciones de sus órbitas, vuelve de nuevo sobre ellas y entra por cada una de sus puertas durante treinta mañanas y se pone al occidente por la opuesta.

28 Entonces la noche disminuye una parte su duración y la noche equivale a once partes y el día a siete.

29 El sol ha regresado y ha entrado por la segunda puerta del oriente y retorna por las secciones de su órbita durante treinta mañanas naciendo y ocultándose.

30 En ese momento la duración de la noche disminuye y equivale a diez partes y el día a ocho.

[31] Entonces el sol nace por la segunda puerta y se pone por el occidente y vuelve al oriente y nace por la tercera puerta durante treinta y una mañana y se pone al occidente del cielo.

[32] En ese momento la noche se ha acortado y equivale a nueve partes y el día equivale a nueve partes, la noche es igual al día y el año tiene exactamente trescientos sesenta y cuatro días.[260]

[33] La duración del día y de la noche y el acortamiento del día o de la noche, son señaladas por el recorrido del sol.

[34] Así en ese recorrido el día se alarga y la noche se acorta.

[35] Esta es la ley del recorrido del sol y su retorno, según la cual el vuelve y nace sesenta veces, así la gran luminaria que se llama sol, por los siglos de los siglos.

[36] La que se levanta es la gran luminaria, nombrada según su propia apariencia, como lo ha ordenado el Señor.

[37] Así como nace se oculta, sin decrecer ni descansar, sino recorriendo día y noche; y su luz brilla siete[261] veces más que la de la luna, aunque al observarlos a ambos tengan igual tamaño.

Capítulo 73

[1] Después de esta ley, vi otra ley, que trata sobre la pequeña luminaria, cuyo nombre es luna.

[2] Su círculo es como el círculo del cielo; el carro en que monta lo impulsa, soplando, el viento, y según una medida se le da luz.[262]

---

[260] Cf. Jub 6:32.

[261] Número relacionado con la plenitud, la abundancia, la suficiencia y la perfección.

[262] Este versículo se ha recompuesto de la versión de volumen IV de *Apócrifos del Antiguo Testamento*.

³ y cada mes, su nacimiento y su puesta se modifican; sus días son como los días del sol y cuando su luz es plena, es la séptima parte de la luz del sol.

⁴ Así sale su creciente por levante: sale la mañana trigésima y en ese día aparece y os sirve de principio de mes el día 30, junto con el sol en la puerta por la que este sale.²⁶³

⁵ Es visible en la mitad de la séptima parte; toda su circunferencia está vacía sin luz, con excepción de medio séptimo, la catorceava parte de su luz.

⁶ Y cuando recibe medio séptimo de su luz, su luz se incrementa la mitad de la séptima parte de ella.

⁷ Se pone con el sol, y cuando el sol nace, la luna nace con él y recibe la mitad de una séptima parte de luz en esa noche. En el comienzo de su mañana, la luna se oculta con el sol y es invisible esa noche en su catorceavo o en el medio séptimo.

⁸ Ella nace en ese momento exacto con una séptima parte y sale declinando hacia el nacimiento del sol, y en el resto de sus días, llega a brillar en las otras trece partes.

Capítulo 74

¹ He visto otra ruta, una ley para ella, y como por medio de esta ley se cumple el movimiento de sus meses.

² Todo esto me lo mostró Uriel, el ángel santo que es el líder de todos ellos, anoté su posición tal y como él me la ha revelado, anoté sus meses tal y como son y el aspecto de su luz hasta que se cumplan quince días.²⁶⁴

---

²⁶³ Este versículo se ha recompuesto de la versión de volumen IV de *Apócrifos del Antiguo Testamento*.

²⁶⁴ Quizá, aquí está presente de nuevo, no tanto el mandato de escribir característico de la apocalíptica, pero sí la necesidad de que el vidente registre por escrito la visión que tiene.

³ En cada séptima parte ella cumple su luz al oriente y en cada séptima parte ella cumple su oscuridad al occidente.

⁴ En ciertos meses ella altera sus puestas y en ciertos meses ella sigue su propio curso.

⁵ Son dos los meses en que la luna se oculta con el sol, por las dos puertas que está en la mitad, la tercera y la cuarta.

⁶ Ella sale por siete días, vira y retorna por la puerta por donde sale el sol.

⁷ Cuando el sol sale por la séptima puerta, ella sale por siete días, hasta que nace por la quinta y vira y regresa de nuevo durante siete días por la cuarta puerta, completa toda su luz, se aleja y entra por la primera puerta durante ocho días.

⁸ Ella retorna durante siete días por la cuarta puerta por la que sale el sol.

⁹ Así he visto su posición, cómo la luna sale y el sol se pone durante esos días.

¹⁰ Si añadimos cinco años, el sol tiene un excedente de treinta días, siendo así que todos los días que alcanza un año de aquellos cinco, al cumplirse, son trescientos sesenta y cuatro días.

¹¹ El excedente del sol y las estrellas resulta ser de seis días; en cinco años llega a treinta días, pues la luna lleva un retraso de treinta días con respecto al sol y las estrellas.

¹² El sol y las estrellas llevan años exactos, tanto que ellos no adelantan ni retroceden su posición ni un solo día por toda la eternidad y completan los años con perfecta justicia cada trescientos sesenta y cuatro días.

¹³ En tres años hay mil noventa y dos días, en cinco años, mil ochocientos veinte días y en ocho años dos mil novecientos doce días.

¹⁴ Pero para la luna, sus días en tres años llegan a mil sesenta y dos, a los cinco años le faltan cincuenta días.

¹⁵ Ella tiene en cinco años mil setecientos setenta días, y así hay para la luna durante ocho años, dos mil ochocientos treinta y dos días.

¹⁶ A los ocho años le faltan ochenta días.

¹⁷ El año se cumple regularmente según las estaciones del mundo y la posición del sol, que sale por las puertas por las cuales nace y se oculta durante treinta días.

Capítulo 75

¹ Los guías de las cabezas de mil,[265] que están encargados de toda la creación y de todas las estrellas, tienen qué hacer con esos cuatro días intercalados, siendo inseparables de su función de acuerdo con el cómputo del año, y estos tienen que prestar servicio durante cuatro días que no son contabilizados.[266]

² Por esta causa, los hombres se equivocan, pues estas luminarias prestan servicio exactamente a las estaciones del mundo, una por la primera puerta, otra por la tercera, otra por la cuarta y otra por la sexta puerta. La armonía del mundo se cumple en trescientos sesenta y cuatro estaciones.

³ Porque los signos, los tiempos, los años y los días me mostró Uriel, el Vigilante a quien el Señor de gloria ha puesto a cargo de todas las luminarias del cielo y en el mundo, para que reinen sobre la faz del cielo, sean vistas desde la tierra y sean las guías del día y de la noche, así el sol, la luna, las estrellas y todas las criaturas auxiliares que recorren sus órbitas en los carros del cielo.

⁴ De la misma forma, Uriel me mostró doce[267] puertas abiertas en el recorrido de los carros del sol en los cielos; por ellas salen los

---

[265] Es decir, quiliarcas que están al mando de mil.

[266] Cf. 1 Hen 82.

[267] En alusión al versículo anterior, el doce alude a los signos del zodíaco con los que se familiarizaron en el exilio babilónico. El doce en la numerología bíblica es relevante

rayos del sol y se expande el calor sobre la tierra cuando están abiertas en las estaciones que le son asignadas.

5 [Ellas sirven también para los vientos y el espíritu del rocío cuando están abiertas en los límites de los cielos.]

6 Son doce las puertas del cielo en los confines de la tierra, de las cuales salen el sol, la luna, las estrellas y toda creación en el cielo al oriente y al occidente;

7 y hay numerosas ventanas abiertas a su derecha y a su izquierda y cada ventana esparce calor en su estación; ellas corresponden a esas puertas por las que salen las estrellas y se ocultan de acuerdo a su número, según lo ha mandado Él.

8 He visto en los cielos carros que recorren el mundo por encima de esas puertas y en ellos ruedan las estrellas que no se ocultan.[268]

9 Hay uno más grande que todos, que le da la vuelta al mundo entero.

Capítulo 76

1 En los límites de la tierra he visto doce[269] puertas abiertas para todas las regiones; por ellas salen los vientos y desde ellas soplan sobre la tierra.

2 Tres de ellas están abiertas sobre la faz del cielo, tres al occidente, tres a la derecha del cielo y tres a la izquierda.

3 Las tres primeras son las que están al oriente, las tres siguientes al sur, las tres siguientes al norte y las tres siguientes al occidente.

(doce tribus, doce apóstoles, las doce piedras en el pectoral del sumo sacerdote, etc. Así hasta 187 veces. Algunos investigadores opinan que la raíz de la importancia del doce ya estaba condicionada por una redacción que tenía en cuenta esta importancia zodiacal (que debe ser entendida desde la comprensión de la época y no desde la astrología actual, aunque esta última presuntamente tenga en cuenta la de la antigüedad).

268 Recuerda la visión de Ezequiel, Ez 1.
269 Cf. Nota 1 Hen 75:4.

4   Por cuatro de ellas salen los vientos que son para la curación de la tierra y para su vivificación, y por ocho salen los vientos perjudiciales que cuando son enviados destruyen toda la tierra, las aguas y todo lo que hay en ellas, lo que crece, florece o repta, tanto en las aguas como en la tierra seca y todo lo que vive en ella.

5   Primero sale el viento del oriente por la primera puerta oriental y se inclina hacia el sur. Por allí sale la destrucción, la sequía, el calor y la desolación.

6   Por la segunda puerta, la del medio, sale templanza: la lluvia, los frutos, la reanimación y el rocío. Por la tercera puerta sale el viento del nororiente que está cerca del viento del norte: frío y sequía.

7   Detrás de ellos, por las tres puertas que están al sur de los cielos, sale en primer lugar por la primera puerta un viento del sur que está al sur y al oriente un viento de calor.

8   Por la segunda puerta sale un viento del sur al que llaman sur: rocío, lluvia, bienestar, reanimación.

9   Por la tercera puerta sale un viento del suroccidente: rocío, lluvia, langosta y destrucción.[270]

10 Tras este, sale un viento norte que viene de la séptima puerta, hacia el oriente, con rocío, lluvia, langostas y desolación.[271]

11 De la puerta del medio sale directamente un viento con salud, lluvia, rocío y prosperidad. Por la tercera puerta, la que se inclina al occidente, viene un viento con nubes, escarcha, nieve, lluvia, rocío y langostas.

12 Después de estos están los vientos del occidente. Por la primera puerta, que está inclinada hacia el norte, sale un viento con rocío, escarcha, frío, nieve y helada.

---

[270] Cf. Nota a 1 Hen 10:22.

[271] Plagas que vienen desde el norte pasando por el oriente, quizá sea difícil de determinar pero puede tener de fondo la historia de las invasiones de los pueblos que vinieron desde estas regiones.

13 Por la puerta de en medio sale un viento con rocío, lluvia, prosperidad y bendición. A través de la última puerta, la que se inclina al sur, sale un viento con carestía, ruina, quema y desolación.

14 Se acabaron las doce puertas de los cuatro puntos cardinales del cielo. Te he enseñado su explicación completa ¡Oh, hijo mío, Matusalén!

Capítulo 77

1 Llaman al primer punto cardinal oriental, pues es el primero; al sur lo llaman mediodía porque allí habita el Altísimo y en él reside el Bendito por siempre.

2 Al gran punto cardinal lo llaman poniente porque allí van las estrellas del cielo, por allí se ponen y por allí se ocultan.

3 Al norte lo llaman norte porque en él se esconden, se reúnen y se vuelven todos los astros del cielo y se dirigen hacia el oriente de los cielos. Al oriente lo llaman levante porque desde allí se alzan los cuerpos celestes y desde allí se levantan. Vi tres secciones de la tierra: una para que en ella habiten los hijos de los hombres, otra para todos los mares y los ríos y otra para Los Siete y para el Paraíso de Justicia.[272]

4 Vi siete montañas[273] más altas que todas las montañas que hay sobre la tierra, la nieve las cubre y de ellas vienen los días, las estaciones y los años.

5 Vi siete ríos sobre la tierra, más grandes que todos los ríos, uno de los cuales viene del occidente y sus aguas desembocan en el Gran Mar.

---

[272] En el volumen IV de *Apócrifos del Antiguo Testamento* (Ed. Cristiandad) aparece así: "El cuarto punto, llamado norte, se divide en tres partes, una de las cuales es morada de hombres, otra contiene mares, abismos, selvas, ríos, tiniebla y niebla, y en la tercera (está situado) el paraíso de justicia".

[273] Cf. Nota a 1 Hen 18:6.

⁶ Otros dos vienen desde el norte hacia el mar y sus aguas desembocan en el Mar de Eritrea.

⁷ Los otros cuatro salen del lado del norte cada uno hacia su respectivo mar: dos de ellos hacia el Mar de Eritrea y dos dentro del Gran Mar.

⁸ Vi siete grandes islas en el mar y el continente, dos hacia el continente y cinco en alta mar.

Capítulo 78

¹ [Los nombres del sol son los siguientes: el primero es Oranyes y el segundo Tomasés;

² y la luna tiene cuatro nombres: el primero es Asonya, el segundo Ebela, el tercero Benase y el cuarto Era'el.]

³ Estas son las dos grandes luminarias, su circunferencia es como la circunferencia del cielo y la talla de sus dos circunferencias es similar.

⁴ Dentro de la circunferencia del sol hay siete partes de luz que le son añadidas de más con respecto a la luna y con completa mesura le es transferida a ella hasta la séptima parte extraída al sol.

⁵ Ellas se ponen y entran por las puertas del occidente, hacen su viraje por el norte y vuelven por las puertas del oriente sobre la faz del cielo.

⁶ Cuando la luna se levanta, la mitad de un séptimo de su luz brilla en los cielos para aparecer sobre la tierra y se completa de día en día, hasta el día catorce cuando toda su luz está completa.

⁷ Su luz crece por quinceavos y se completa de día en día hasta el día quince, en el cual toda su luz está completa, según el signo de los años. La luna crece y realiza sus fases de a medios séptimos.

[8] En su fase menguante la luna disminuye su luz: el primer día un catorceavo; el segundo, un treceavo; el tercero, un doceavo; el cuarto, un onceavo; el quinto, un décimo; el sexto, un noveno; el séptimo, un octavo; el octavo, un sétimo; el noveno, un sexto; el décimo, un quinto; el undécimo, un cuarto; el duodécimo, un tercio; el treceavo, un medio; el catorceavo la mitad de un séptimo; hasta que el quinceavo desaparece todo remanente de luz.

[9] En ciertos meses tiene veintinueve días y otras veces veintiocho días.

[10] Y Uriel me enseñó otro cálculo, habiéndome mostrado cuando la luz es transferida a la luna y sobre cual lado se la transfiere el sol.

[11] Durante toda la fase creciente de la luna, se transfiere su luz frente al sol durante catorce días hasta que se ilumina toda y su luz es completa en el cielo.

[12] El primer día es llamada luna nueva, porque desde ese día su luz crece.

[13] Llega a ser luna llena exactamente en el momento en que el sol se oculta por el occidente y ella asciende desde el oriente por la noche y la luna brilla durante toda la noche, hasta que el sol nace frente a ella y la luna es observada frente al sol.

[14] Por el lado por el que la luz de la luna llega, por ahí decrece de nuevo, hasta que toda su luz desaparece, los días del mes se completan y su circunferencia está vacía, sin luz.

[15] Por tres meses ella sale de treinta días y en su tiempo ella sale por tres meses de veintinueve días cada uno, en los cuales ella cumple su menguante en el primer período de tiempo y en el primer portal, por ciento setenta y siete días.

[16] En el tiempo de su nacimiento ella aparece por tres meses de treinta días cada uno y por tres meses aparece veintinueve días cada uno.

¹⁷ En la noche ella aparece por veinte días cada mes.

Capítulo 79

¹ "Hijo mío: ya te he enseñado todo y la ley de todas las estrellas de los cielos ha concluido".

² Me ha enseñado todas sus leyes para todos los días, para todas las estaciones imperantes, para todos los años y su finalización, para el orden prescrito para todos los meses y todas las semanas, por veinte días cada mes;

³ y el menguante de la luna que comienza a través de la sexta puerta en la cual se completa su luz,

⁴ que ocurre en el primer portal en su tiempo y se completa a los ciento setenta y siete días o contado en semanas, veinticinco semanas y dos días.

⁵ Ella se atrasa exactamente cinco días en el curso de un período, con respecto del sol y del orden de las estrellas y, al ocurrir esto, es corregida. Parece como la imagen de una visión cuando su luz se atrasa.

⁶ Cuando ella se encuentra en su plenitud, en la noche, esta visión parece como un hombre, en la noche aparece como la imagen del sol en el cielo y no hay nada más en ella, salvo su luz. Tal es la visión y la imagen de todas las luminarias, que me mostró Uriel, el gran ángel.

Capítulo 80

¹ En esos días Uriel me dirigió la palabra y me dijo: "Mira que te he revelado todo, Henoc, te he enseñado todo para que pudieras ver este sol, esta luna, las guías de las estrellas de los cielos y todos aquellos que las hacen recorrer y sus tareas, tiempos y salidas.

2 En los días de los pecadores los años serán acortados[274] y su semilla llegará tarde a sus tierras y campos; todas las cosas sobre la tierra se alterarán y no saldrán a su debido tiempo; la lluvia será retenida y los cielos la retendrán.

3 En esa época los frutos de la tierra serán retenidos,[275] no crecerán a tiempo los frutos de los árboles, serán retardados;

4 la luna alterará su orden y no aparecerá a su debido tiempo

5 [En esos días el sol será visto [en el cielo ardiente extendiendo la esterilidad y] viajará por la noche sobre el límite del gran carro del occidente] y brillará más que lo que corresponde al orden de su luz.

6 Muchas guías de las estrellas trasgredirán el orden, alterarán sus órbitas y tareas y no aparecerán en el momento prescrito para ellas.

7 Todas las leyes de las estrellas serán ocultadas a los pecadores; los pensamientos de quienes viven sobre la tierra estarán errados al respecto y ellos equivocarán sus caminos y tendrán a las estrellas como dioses.[276]

8 El mal se multiplicará sobre ellos y el castigo contra ellos llegará para aniquilarlos a todos.

---

[274] Mt 24:22.

[275] Lc 13:6-9; Mt 21:18-19. La condenación profética de la higuera en el texto de Mateo es una representación de Israel (es un *mashal*), cf. P. Lockmann, *La crítica de Jesús*. RIBLA Nº 10 (San José, DEI). No obstante, otros comentaristas sostienen que en lugar de Israel, la higuera simboliza la esterilidad del Templo de Jerusalén, debido a que los versículos anteriores aluden a la purificación del Templo. De hecho, en el evangelio de Marcos aparece redactado según lo que en los estudios bíblicos se llama estilo *sándwich*, primero aparece la maldición de la higuera (Mc 11:12-14), luego la purificación del Templo (vv. 15-19) y por último vuelve a aparecer la higuera totalmente seca (vv. 20-21).

[276] Cf. Rm 1:25. Teniendo en cuenta que estrellas equivalen a ángeles, es interesante observar cómo en Ap 19:10 el ángel que se aparece a Juan no permite que este se arrodille ante él para adorarle.

Capítulo 81

1 Me dijo: "Mira, Henoc, estas tablillas celestiales, lee lo que está escrito allí y señala cada dato".[277]

2 Miré las tablillas celestiales y leí todo lo que estaba escrito y lo comprendí todo; leí el libro de todas las acciones de la humanidad y de todos los hijos de la carne que están sobre la tierra, hasta las generaciones remotas.

3 En seguida bendije al gran Señor, Rey de Gloria por la eternidad, porque ha hecho todas las criaturas del universo y alabé al Señor por su paciencia y le bendije por los hijos de Adán.

4 Entonces dije: Bienaventurado el hombre que muera en justicia[278] y bondad y contra el cual no se haya escrito un libro de injusticia ni se encuentre uno el día del juicio.[279]

5 Esos siete santos me llevaron y me colocaron sobre la tierra frente al portón de mi casa y me dijeron: "Da a conocer todo a Matusalén tu hijo; enseña a todos sus hijos que ningún ser de carne es justo ante el Señor,[280] porque Él es su Creador.

6 "Te dejaremos un año al lado de tu hijo hasta que des tus instrucciones, para que enseñes a tus hijos, escribas[281] para ellos lo que has visto y lo testifiques a todos tus hijos; luego, en el segundo año se te separará de ellos.

---

277 Aquí encontramos dos elementos muy comunes en la apocalíptica. El mandato de leer y el rollo, libro o tablilla que ha de ser leído. En otras ocasiones, el mandato es el de escribir (1 Hen 81:6 o Ap 1:11; Ap. 1:19 y Ap 21:5). En Ap 5:1 tenemos un rollo que ha de ser abierto. Cf. G. Aranda, *Apócrifos del Antiguo Testamento*, en: G. Aranda; F. García Martínez; M. Pérez Fernández, *Literatura judía intertestamentaria* (Estella: Verbo Divino, 1996), p. 284.

278 Mt 5:6.

279 La formulación de esta bienaventuranza tiene un eco en el Sal 1:1. Como en Dn 7:10 aquí se habla de la apertura de libros (en este caso uno) donde quedan registrados los actos de los hombres para el juicio de Dios.

280 Rm 3:23; Rm 3:10-11; Sal 14:1; Mc 10:18; Job 9:2.

281 Como expresábamos en 1 Hen 81:1, aquí tenemos la comisión de escribir que también aparece en Ap 1:11; 1:19 o 21:5.

7 "Que tu corazón sea fuerte porque los buenos anunciarán la justicia a los buenos, los justos con los justos se alegrarán y se felicitarán el uno al otro.

8 "En cambio el pecador morirá con el pecador y el apóstata se hundirá con el apóstata.

9 "Los que practican la justicia morirán por obra de los hombres y serán reunidos a causa de las acciones de los malvados".

10 En aquellos días terminaron de hablarme y yo regresé con mi gente, bendiciendo al Señor del universo.

Capítulo 82

1 Hijo mío, Matusalén, ahora te estoy contando y escribiendo todas estas cosas; te he manifestado todo y te he dado los libros concernientes a ellas; preserva hijo mío, Matusalén, el libro de la mano de tu padre y entrégalo a las generaciones del mundo.

2 Te he dado sabiduría a ti y a tus hijos para que ellos la entreguen a sus hijos por generaciones, sabiduría que está por encima de sus pensamientos.

3 Aquellos que la comprendan no dormirán, sino que prestarán oído para que puedan aprender esta sabiduría y a quienes la coman, ella le gustará más que un alimento exquisito.

4 Dichosos todos los justos; dichosos todos los que caminan por el camino de la justicia y que no pecan como los pecadores en el cálculo de los días: cuando el sol recorre los cielos, entra y sale por cada puerta durante treinta días, junto con los jefes de millar de la especie de las estrellas, añadiendo los cuatro días que son intercalados para separar las cuatro partes del año, las cuales los guían y entran con ellas cuatro días.

5 Debido a ello, los hombres se equivocan y no los cuentan dentro del cómputo completo del año, están en el error y no lo reconocen debidamente,

6 porque ellos están incluidos en el cómputo de los años y están verdaderamente asignados para siempre, uno a la primera puerta, otro a la tercera, otro a la cuarta y otro a la sexta y el año está completo en trescientos sesenta y cuatro días.

7 El cómputo de ellos es correcto y la cuenta registrada de ellos exacta, de las luminarias, meses, fiestas, años y días; me lo ha mostrado y revelado Uriel a quien es Señor de la creación del mundo ha subordinado las huestes de los cielos.

8 Él tiene poder sobre la noche y sobre el día, para hacer brillar la luz sobre los humanos: el sol, la luna, las estrellas y todas las potencias de los cielos que giran sobre sus órbitas.

9 Esta es la ley de las estrellas con relación a sus constelaciones, sus lunas nuevas y sus signos.

10 Estos son los nombres de quienes las guían, de quienes vigilan que entren en su tiempo, en orden en su estación, su mes, en su período, con su potencia y en su posición.

11 Sus cuatro guías, quienes dividen las cuatro partes del año, entran primero, enseguida los doce jefes de la clase que separan los meses y por los trescientos sesenta días están los jefes de millar, dividiendo los días, y por los cuatro que son intercalados, están quienes como guías dividen las cuatro partes del año.

12 Los jefes de millar están intercalados entre guía y guía, cada unto tras una estación, las que sus guías separan.

13 Estos son los nombres de los guías que separan las cuatro partes del año que han sido fijadas: Melki'el, Helimmel'ek, M'elay'el y Nar'el.

14 Y los nombres de quienes los conducen: Adn'ar'el, Idyasusa'el e 'Ilume'el; estos tres son los que siguen a los jefes de clases de las estrellas y hay otro que viene detrás de los tres jefes de clases que siguen a los guías de las estaciones que separan las cuatro estaciones del año.

¹⁵ Al principio del año se levanta primero Melki'el, quien es llamado Tamaini y "sol", y todos los días de su gobierno, sobre los cuales él domina, son noventa y un días.

¹⁶ he aquí los signos de los días que aparecen sobre la tierra durante el tiempo de su dominio: calor, sudor y calma; todos los árboles producen frutos y las hojas crecen sobre ellos; la mies del trigo; la rosa florece, pero los árboles de invierno llegan a secarse.

¹⁷ Estos son los nombres de los líderes que están sobre ellos: Berkai'el, Zalbesa'el y el otro que se añade, un jefe de millar llamado Hiluyasef, con el cual terminan los días de su dominio.

¹⁸ El siguiente guía es Helimmel'ek, llamado "sol brillante" y el total de días de su luz es de noventa y un días.

¹⁹ Estos son los signos de sus días, sobre la tierra: ardiente calor y sequedad; maduran los frutos de los árboles, que producen todos sus frutos maduros y a punto; las ovejas se aparean y conciben; se cosechan todos los frutos de la tierra, todo lo que hay en el campo y se prensa el vino; esto ocurre en los días de su dominio.

²⁰ Estos son los nombres de los jefes de millar: Gidaya'el, Ke'el, He'el y se les añade Asfa'el durante el cual su dominio termina.

El libro de los sueños[282]

Capítulo 83

¹ Ahora, Matusalén, hijo mío, te manifestaré todas las visiones que he tenido y las recapitularé ante ti.[283]

² Tuve dos visiones antes de casarme, la una bastante diferente de la otra: la primera cuando aprendía a escribir y la segunda antes

[282] Capítulos 83-89. Escrito tras la muerte de Antíoco IV (164 a. C.).
[283] Asimismo, tanto en Ap 1:1 como 1:11 los conocimientos que el vidente recibe tienen que ser, como aquí, expresados a otros.

de tomar a tu madre. Tuve una visión terrible y al observarla oré al Señor.

3   Yo estaba acostado en la casa de mi abuelo Mahalalel y vi en una visión cómo el cielo colapsaba, se soltaba y caía sobre la tierra.

4   Cuando cayó sobre la tierra, vi la tierra devorada por un gran abismo, montañas suspendidas sobre montañas, colinas abatidas sobre colinas y los grandes árboles separados de sus troncos, arrojados y hundidos en el abismo.

5   Por eso una cayó dentro de mi boca y alcé mi voz para gritar y dije: "¡La tierra está destruida"!

6   Entonces mi abuelo Mahalalel me despertó, pues yo estaba acostado cerca de él; me dijo: "¿Por qué gritas así, hijo mío, por qué profieres semejante lamento?".[284]

7   Le conté toda la visión que había tenido y me dijo: "Así como tú has visto una cosa terrible, hijo mío, ya que es terrible la visión de tu sueño sobre los misterios de todos los pecados de la tierra, así la tierra está a punto de ser devorada por el abismo y aniquilada por una gran destrucción.

8   "Ahora, hijo mío, levántate y ruega al Señor de gloria, ya que tú eres fiel, para que para que permanezca un resto sobre la tierra y que Él no aniquile completamente la tierra.[285]

9   "Hijo mío, desde el cielo vendrá todo eso sobre la tierra y sobre la tierra habrá una gran ruina".[286]

10   Después de que me levanté, oré, imploré y supliqué, y escribí mi oración para las generaciones del mundo; y te mostraré todas estas cosas a ti Matusalén, hijo mío.

11   Cuando bajé, miré al cielo, vi al sol salir por el oriente, a la luna ocultarse por el occidente y a algunas estrellas y a la totalidad de

---

[284]   Aparece cierta similitud o resonancia con el llamamiento del Señor a Samuel en 1 S 3.
[285]   Cf. La idea de que si hay alguien justo no se destruye la tierra: Gn 18:20-33.
[286]   Mc 13:1, 7-8, 19.

la tierra y todas las cosas que Él ha creado desde el principio; entonces, bendije al Señor del juicio y lo ensalcé, porque Él hace salir el sol por las ventanas del oriente, de manera que ascienda y brille en la faz del cielo, y vaya y se mantenga por el camino que Él le ha señalado.

Capítulo 84

1 Levanté mis manos en justicia y bendije al Santo y al grande, hablé con el aliento de mi boca y con la lengua de carne que Dios ha hecho para los seres carnales, el hombre, para que la utilicen al hablar; y les ha dado un aliento, una lengua y una boca para que hablen con ellas.

2 "Bendito seas, oh Señor, Rey grande y poderoso en tu grandeza, Rey de reyes, Señor de todo el universo. Tu poder, reinado y grandeza permanecen para siempre; tu dominio por todas las generaciones; los cielos son tu trono eterno y la tierra el escabel de tus pies por los siglos de los siglos.

3 "Porque eres tú quien ha creado y quien gobierna todas las cosas, no hay obra que sea difícil para ti; la sabiduría no se aleja de tu trono ni se va de tu presencia; Tú sabes, ves y oyes todas las cosas, nada está oculto para ti, porque todo lo ves.[287]

4 "Ahora los ángeles del cielo son reos de pecado[288] y sobre la carne del hombre recae tu cólera hasta el gran día del juicio.

5 "Ahora oh Dios, Señor y gran Rey, imploro y suplico que aceptes mi oración, que me dejes una descendencia sobre la tierra, que no aniquiles toda carne humana, que no vacíes la tierra y que la destrucción no sea eterna.

---

[287] Cf. Mc 4:22; Lc 8:17.

[288] Tema recurrente de la caída angelical y las prisiones a los ángeles trasgresores. Cf. 1 P 3:18-30. (Cf. notas a 1 Hen 18:16 y 1 Hen 10:4).

⁶ "Ahora pues, oh Señor, extermina de la tierra la carne que ha despertado tu cólera, pero la carne de justicia y rectitud, establécela como una planta de semilla eterna y no ocultes tu rostro de la oración de tu siervo, ¡Oh Señor!

Capítulo 85

¹ Después de eso vi otro sueño y todo ese sueño te lo voy a mostrar, hijo mío.

² Henoc levantó la voz y habló a su hijo Matusalén: "A ti quiero hablarte, hijo mío, escucha mis palabras y pon atención a la visión del sueño de tu padre.

³ Antes de tomar a tu madre Edna, vi una visión sobre mi cama y he ahí que un toro salía de la tierra y ese toro era blanco. Tras el toro salió una novilla y con ella dos terneros, uno de los cuales era negro y el otro rojo.

⁴ Entonces el ternero negro golpeó al rojo y le persiguió sobre la tierra y a partir de allí no pude ver ese ternero rojo.

⁵ Luego el ternero negro creció y esa novilla se fue con él y vi salir de él numerosos bueyes que se le semejaban y le seguían.

⁶ Y esa primera novilla se alejó del primer toro para buscar al ternero rojo, pero no lo encontró y profirió por él un gran lamento y lo buscó.

⁷ Vi que vino el primer toro y la hizo callar y no volvió a gritar.

⁸ Ella parió en seguida otro toro blanco y después de este, parió numerosos toros y vacas negros.

⁹ Vi en mi sueño crecer a este toro blanco hasta llegar a ser un gran toro blanco, del cual salieron numerosos toros blancos semejantes a él.

¹⁰ Y ellos comenzaron a engendrar numerosos toros blancos que se les parecían y se seguían el uno al otro.

Capítulo 86

1 De nuevo estuve fijando mis ojos en el sueño y vi el cielo por encima y he aquí que una estrella cayó del cielo en medio de los toros grandes y comió y pastoreó en medio de ellos.

2 Entonces vi estos toros grandes y negros, todos ellos intercambiaban sus pastos, establos y becerros y comenzaron a vivir unos con otros.

3 Observé de nuevo en mi sueño y miré hacia el cielo y he aquí que muchas estrellas descendían y caían del cielo en medio de la primera estrella y eran transformadas en toros en medio de aquellos becerros y pastaban con ellos y entre ellos.

4 Los miré y vi como todos sacaron su miembro sexual como caballos[289] y montaron las vacas de los toros y todas quedaron preñadas y parieron elefantes, camellos y asnos.

5 Todos los toros les tenían miedo, se aterrorizaron con ellos y comenzaron a morder con sus dientes a devorar y a cornear.

6 Y además comenzaron a devorar a esos toros y he aquí que todos los hijos de la tierra se empezaron a temblar y a espantarse ante ellos y a huir.

Capítulo 87

1 Nuevamente vi como comenzaban a golpearse el uno al otro y a devorarse el uno al otro y la tierra se puso a gritar.[290]

---

289 La comparativa de los genitales, en este caso de las estrellas/ángeles con los genitales equinos, podrían tener resonancia en Ez 23:20 que con un lenguaje ciertamente soez expresa "se había enamorado de sus rufianes, cuyos genitales eran como los de un asno y su semen como el de un caballo" (otras traducciones bíblicas recurren a algún eufemismo menos explícito). Cf. 1 Hen 88:3.

290 La tierra se puso a gritar. Como en Gn 4:10 la expresión común es que la sangre de un difunto asesinado sea la que clame desde la tierra.

2   Después elevé de nuevo mis ojos al cielo y tuve una visión; hela aquí: salieron del cielo seres parecidos a hombres blancos, salieron cuatro de ese lugar y tres con ellos.

3   Así, esos tres que salieron de últimos me tomaron de la mano y me llevaron por sobre la generación terrestre hasta un lugar elevado y me mostraron una torre alta construida sobre la tierra y todas las colinas eran más bajas.

4   Me dijeron: "Permanece aquí hasta que hayas visto todo lo que le sucederá a estos elefantes, camellos y asnos y a las estrellas, las vacas y a todos ellos".

Capítulo 88

1   Vi a uno de los cuatro que había salido primero, agarrar a la primera estrella que había caído del cielo, atarla de pies y manos y arrojarla en el abismo profundo, angosto, escarpado y oscuro.[291]

2   Después uno de ellos sacó la espada y se la dio a los elefantes, camellos y asnos y ellos comenzaron a herirse el uno al otro y toda la tierra tembló a causa de esto.

3   Seguía observando mi sueño, cuando he aquí que a uno de los cuatro que habían salido, le llegó una orden del cielo y él tomó a todas las numerosas estrellas cuyos miembros sexuales eran como los de los caballos[292] y él las ató a todas de pies y manos y las arrojó en un abismo de la tierra.

Capítulo 89

1   Uno de los cuatro fue hasta donde uno de los toros blancos, le enseñó y construyó para sí un barco y habitó en su interior. Los

---

291   Retomando la idea en la que ángeles y estrellas son sinónimos, véase la caída angelical en las notas a 1 Hen 10:4 y 1 Hen 18:16.

292   Cf. nota a 1 Hen 86:4

tres toros entraron con él en el barco que fue cubierto y techado por encima de ellos.

2 Yo estaba mirando y vi siete chorros echando mucha agua sobre la tierra.

3 He aquí que se abrieron los depósitos de agua del interior de la tierra y comenzaron a brotar y a subir las aguas sobre ella. Seguí mirando hasta que la tierra fue cubierta por las aguas,[293]

4 por la oscuridad y por la niebla que se cernía sobre ella.

5 Los toros fueron sumergidos, alejados y aniquilados en aquellas aguas.

6 El barco flotó sobre las aguas, pero todos los toros, asnos salvajes, camellos y elefantes se hundieron en las aguas.

7 De nuevo vi en mi sueño como los chorros de agua desaparecieron del alto techo, las grietas de la tierra fueron niveladas pero otros abismos se abrieron;

8 y el agua empezó a descender por ellos, hasta que la tierra quedó al descubierto, la barca reposó sobre la tierra, la oscuridad se retiró y apareció la luz.[294]

9 Entonces el toro blanco que se había convertido en hombre salió de esta barca y con él los tres toros, uno de los cuales era blanco y se parecía a ese toro, otro era rojo como sangre y el otro negro.

10 Empezaron a engendrar bestias salvajes y aves. Hubo una multitud de toda especie: leones, leopardos, perros, lobos, hienas, cerdos salvajes, zorros, ardillas, jabalís, halcones, buitres, gavilanes, águilas y cuervos. En medio de ellos nació otro toro blanco.

---

[293] Alusiones a Gn 7:11, se rompen las fuentes del grande abismo (las aguas que hay bajo la tierra).
[294] Gn 8:13.

11 Comenzaron a morderse unos a otros. El toro blanco que había nacido en medio de ellos, engendró un asno salvaje y también un becerro blanco. El asno salvaje se multiplicó.[295]

12 El becerro blanco, que había sido engendrado por el toro blanco, engendró un jabalí negro y un carnero blanco. El jabalí engendró muchos jabalís y el carnero engendró doce ovejas.[296]

13 Cuando estas doce ovejas hubieron crecido le dieron una oveja de entre ellas a los asnos salvajes, pero esos asnos a su vez entregaron esa oveja a lobos y la oveja creció entre los lobos.[297]

14 El carnero guio a todas las once ovejas a habitar y pacer con él entre los lobos y ellas se multiplicaron y se transformaron en un rebaño de numerosas ovejas.[298]

15 Los lobos empezaron a oprimir al rebaño hasta hacer perecer a sus pequeños y a arrojar a sus pequeños en una corriente de agua. Entonces las ovejas comenzaron a gritar por sus pequeños y a lamentarse ante su Señor.[299]

16 Una oveja que había escapado de los lobos huyó y fue hasta donde los asnos salvajes. Yo miré mientras el rebaño se quejaba y gritaba terriblemente hasta que descendió el Señor del rebaño a la voz de las ovejas, desde su alto santuario vino a su lado y las hizo pacer.[300]

17 Llamó a la oveja que había escapado de los lobos y le hablo sobre los lobos, para que los intimara a no tocar más a las ovejas.[301]

---

[295] Posible lenguaje simbólico referido a Gn 21:12-13.
[296] Posible lenguaje simbólico referido a Gn 25:25-26; Gn 35:22-26.
[297] Posible referencia a José vendido por sus hermanos a los ismaelitas, y estos seguidamente le venden a los egipcios, Gn 37:28.
[298] Cf. Gn 46:1-7.
[299] Cf. Gn 47:27 y Éx 1:7-22.
[300] Cf. Éx 2:15, 22-23.
[301] Cf. Éx 3.

¹⁸ Y esta oveja fue a donde los lobos por orden del Señor, y otra oveja se encontró con ella y fue con ella. Fueron y las dos entraron juntas en la asamblea de los lobos, por orden del Señor, les hablaron y les intimaron para que no tocaran más a las ovejas.[302]

¹⁹ Desde entonces observé que los lobos oprimieron con más dureza y con todas sus fuerzas a las ovejas y las ovejas gritaron fuerte.[303]

²⁰ Y su Señor fue al lado de las ovejas y se puso a golpear a esos lobos y los lobos comenzaron a lamentarse, en cambio las ovejas llegaron a tranquilizase y desde ahí cesaron de gritar.[304]

²¹ Vi las ovejas cuando partían de entre los lobos y los ojos de los lobos fueron oscurecidos, y esos lobos salieron persiguiendo a las ovejas con todas sus fuerzas.[305]

²² Pero el Señor de las ovejas fue con ellas conduciéndolas, todas sus ovejas le seguían y su rostro era resplandeciente, glorioso y terrible a la vista.[306]

²³ Los lobos comenzaron a perseguir a esas ovejas, hasta que se las alcanzaron cerca de un estanque de agua.[307]

²⁴ Pero este estanque de agua se dividió y el agua se levantó de un lado y del otro ante su cara y el Señor los condujo y se colocó Él mismo entre ellos y los lobos.[308]

²⁵ Como esos lobos no veían más a las ovejas, ellas anduvieron en medio de este estanque y los lobos persiguieron a las ovejas y corrieron tras ellas, esos lobos en este estanque de agua.[309]

---

[302] Cf. Éx 5:1-5.
[303] Cf. Éx 5:6-7.
[304] Cf. Éx 7-11, 12:29-31.
[305] Cf. Éx 12:37; 14:5-7.
[306] Cf. Éx 13:21-22.
[307] Cf. Éx 14:8-9.
[308] Cf. Éx 14:21-22.
[309] Cf. Éx 14:23.

[26] Y cuando ellos vieron al Señor de las ovejas se regresaron para huir de su presencia, pero este estanque de agua se cerró y volvió repentinamente a su posición natural y se llenó de agua.[310]

[27] Continué mirando hasta que todos los lobos que iban persiguiendo a este rebaño, perecieron sumergidos y ahogados y las aguas los cubrieron.[311]

[28] El rebaño se apartó de estas aguas y fueron a un lugar desolado en el que no hay agua ni hierba y sus ojos se abrieron y vieron. Miré hasta que el Señor del rebaño los apacentó, les dio agua y hierba y la oveja fue y los guio.[312]

[29] La oveja subió a la cima de una roca elevada y el Señor del rebaño la envió en medio del rebaño y todos ellas se mantenían a distancia.[313]

[30] Entonces miré y he aquí que el Señor del rebaño se alzó frente al rebaño y su apariencia era potente, grandiosa y terrible y todo el rebaño lo vio y tuvo miedo de Él.[314]

[31] Todas estaban asustadas y temblando ante Él y le gritaron al cordero que era su segundo y que estaba en medio de ellas: "Nosotras no podemos estar delante del Señor".

[32] Entonces se volvió el cordero que las guiaba y subió por segunda vez a la cima de aquella roca. Pero el rebaño comenzó a cegarse y a apartarse del camino que les había señalado, sin que el cordero supiera tales cosas.[315]

[33] El Señor del rebaño se enfureció mucho contra el rebaño, el cordero lo supo y descendió de la cima de aquella roca y vino al rebaño y encontró a la mayoría cegadas y extraviadas.[316]

---

[310] Cf. Éx 14:24-27.
[311] Cf. Éx 14:28.
[312] Cf. Éx 15:22-27; 17:6.
[313] Cf. Éx 19:3.
[314] Cf. Éx 19:16.
[315] Cf. Éx 32:1-6.
[316] Cf. Éx 32:7-10, 19.

[34] Cuando lo vieron comenzaron a atemorizarse delante de Él, queriendo volver a sus rediles.

[35] El cordero tomó con él a otras ovejas y vino al rebaño, degollaron a todas las extraviadas y comenzaron a temblar ante Él.[317] Entonces ese cordero hizo regresar a sus rediles a todo el rebaño extraviado.

[36] Continué viendo este sueño hasta que este cordero se transformó en hombre, construyó un campamento para el Señor del rebaño y llevó a todo el rebaño a este campamento.[318]

[37] Seguí mirando hasta que se durmió esa oveja que se había unido al cordero que dirigía a las ovejas. Observé hasta que todas las ovejas mayores hubieron perecido y se levantaron en su lugar unas menores y ellas entraron en un pastizal y se acercaron a un río.

[38] Después la oveja que los guiaba y que se había convertido en hombre, fue separada de ellas, se durmió y todas las ovejas la buscaron y lloraron por ella con grandes lamentos.[319]

[39] Vi hasta que terminaron de llorar por esta oveja. Después atravesaron este río y vinieron otras ovejas que las guiaron en lugar de las que se durmieron después de haberlas guiado.[320]

[40] Vi las ovejas hasta que entraron en una región hermosa, en una tierra agradable y espléndida. Vi esas ovejas hasta que fueron saciadas y ese campamento estaba entre ellas en esa tierra agradable.

[41] Tan pronto como abrían los ojos se cegaban, hasta que se levantó otra oveja y las guio y las condujo a todas y se abrieron sus ojos.[321]

---

[317] Cf. Éx 32:27-28.
[318] Cf. Éx 33:7-11; 40.
[319] La muerte de Moisés, cf. Dt 34:5-7.
[320] Cf. Dt 34:8 y Jos 17.
[321] Podría ser, tras el ciclo de caídas y restituciones al pueblo en el libro de Jueces, una alusión a 1 S 3:1-14.

[42] Los perros, los zorros y los jabalís salvajes se pusieron a devorar estas ovejas hasta que el Señor de las ovejas levantó un carnero de en medio de ellas para guiarlas.[322]

[43] Ese carnero comenzó a embestir de un lado y de otro a esos perros, zorros y jabalís, hasta que hizo perecer a todos ellos.[323]

[44] Esa oveja cuyos ojos fueron abiertos, vio que al carnero que estaba entre las ovejas lo abandonaba su gloria y comenzaba a embestir a las ovejas, a pisotearlas y a comportarse en forma indebida.[324]

[45] Entonces el Señor de las ovejas envió al cordero a otro cordero y lo ascendió para que fuera un carnero[325] y dirigiera a las ovejas en vez del carnero al que había abandonado su gloria.

[46] Fue a su lado y le habló en secreto y lo ascendió a carnero, lo hizo juez y pastor de las ovejas, pero durante todos estos acontecimientos, los perros oprimían a las ovejas.

[47] El primer carnero persiguió al segundo, pero este segundo salió, y huyó de su presencia, pero vi hasta que los perros abatieron a aquel primer carnero.[326]

[48] Después ese segundo carnero se levantó y condujo a las ovejas y engendró numerosas ovejas y luego se durmió. Una pequeña oveja se convirtió en carnero y fue el juez y el líder en su lugar.[327]

[49] Esas ovejas crecieron y se multiplicaron. Todos esos perros, zorros y jabalíes tuvieron miedo y huyeron lejos. Este carnero embistió y mató a todas las bestias salvajes y esas bestias no tuvieron más poder entre las ovejas ni les guiaron más.

---

[322] Cf. 1 S 4:1-11 y 10:17-25.

[323] Cf. 1 S 11:1-11.

[324] Cf. 1 S 13:13-14.

[325] El cordero que tenemos aquí (alusión a David) deja de ser cordero y se transforma en carnero (rey, aunque todavía está sin entronizar). En ese sentido, pese a la semejanza con Ap 7:17, esta diferencia resulta significativa. Cf. U. Vanni, *Lectura del Apocalipsis. Hermenéutica, exégesis, teología* (Estella: Verbo Divino, 2005), p. 194.

[326] Cf. 1 S 19:9-12, 22-24; muerte de Saúl, cf. 1 S 31:1-6 y 1 Cr 10:1-6.

[327] Cf. 2 S 2:4; 1 R 1:38-39

50 Esa casa llegó a ser grande y amplia y fue edificada por esas ovejas. Una torre elevada y grande fue construida sobre la casa, para el Señor de las ovejas. El campamento era bajo, pero la torre muy alta y el Señor de las ovejas se mantenía sobre ella y ofrecieron ante Él una mesa llena.[328]

51 Después vi a esas ovejas errar de nuevo e ir por una multitud de caminos y abandonar su casa. El Señor de las ovejas llamó de entre ellas a algunas ovejas y las envió al lado de las ovejas, pero las ovejas comenzaron a asesinarlas.

52 Pero, una de ellas fue salvada y no fue muerta, salió y gritó a causa de las ovejas y ellas quisieron matarla, pero el Señor de las ovejas la salvó de entre las manos de las ovejas, la hizo subir y habitar cerca de mí.

53 Él envió sin embargo muchas otras ovejas a esas ovejas para testificarles y para lamentarse sobre ellas.

54 Después las vi abandonar la casa del Señor y su torre; erraban en todo y sus ojos estaban cerrado. Vi al Señor de las ovejas hacer una gran carnicería con ellas, hasta que esas ovejas provocaron la carnicería y traicionaron su puesto.

55 Él las abandonó en las manos de los leones y los tigres, de los lobos y las hienas, de los zorros y de todas las bestias salvajes, que comenzaron a despedazar a estas ovejas.

56 las vi abandonar su casa y su torre y entregarlas a los leones para que las destrozaran y devoraran.[329]

57 Me puse a gritar con todas mis fuerzas para llamar al señor de las ovejas y hacerle ver que las ovejas estaban siendo devoradas por todas las bestias salvajes.

58 Pero Él permaneció inmutable, y cuando las vio, se alegró al ver que estaban siendo devoradas, tragadas y robadas, pues las abandonó para que fueran pasto de las bestias.

---

[328] Cf. 1 R 6-8.
[329] Cf. Jr 39:8; 2 R 25:8-12; 2 Cr 36:17-20.

59 Él llamó a setenta pastores y les entregó a esas ovejas para que las llevaran a pastar; a estos pastores y a sus acompañantes les dijo: "Que cada uno de vosotros lleve de ahora en adelante a las ovejas a pacer y todo lo que os ordene, hacedlo.

60 Os las entregaré debidamente contadas y os diré cuáles deben ser destruidas, y esas, hacedlas perecer". Y les entregó aquellas ovejas.

61 Después él llamó a otro y le dijo: "Observa y registra todo lo que los pastores hacen a estas ovejas, ya que ellos destruyen más de las que yo les he mandado;

62 todo exceso y destrucción que sea ejecutado por los pastores regístralo: anota cuántos destruyen conforme a mi orden, y cuántos actúan de acuerdo a su propio capricho. Pon en la cuenta de cada pastor la destrucción que efectúe.[330]

63 Lee luego el resultado ante mí: cuántas destruyeron y cuántas entregué para su destrucción. Que esto pueda ser un testimonio contra ellos para reflejar toda acción de los pastores, para que yo los evalúe y vean lo que hacen y si se atienen o no a lo que les he ordenado.

64 "Pero, ellos no deben enterarse, no debes contárselo ni debes advertirles, sino solo anotar cada destrucción que los pastores ejecutan, una por una y al momento, y exponer todo eso ante mí.

65 Vi cuando esos pastores pastorearon en su tiempo y comenzaron a matar y destruir a más ovejas de las que fueron ofrecidas, y ellos, entregaron a esas ovejas en manos de los leones.

66 los leones y los tigres devoraron gran parte de esas ovejas y los jabalíes comieron junto a ellos. Ellos quemaron esa torre y demolieron esa casa.

67 Me entristecí muchísimo por esa torre porque la casa de las ovejas fue demolida y ya no pude ver si esas ovejas entraban en esa casa.

---

[330] Sobre los libros donde quedan registrados los actos, cf. 1 Hen 47:3; 1 Hen 81:2; 1 Hen 39:2, cf. Ap 20:12.

⁶⁸ Los pastores y sus cómplices entregaron a esas ovejas a todas las bestias salvajes, para que fuesen devoradas, pero cada uno de ellos había recibido un número determinado que fue anotado para cada uno, por el otro[331], en un libro, cuántas de ellas habían destruido.

⁶⁹ Cada uno mataba y destruía más de las que fueron prescritas, y yo comencé a llorar y a lamentarme por causa de esas ovejas.

⁷⁰ Entonces, en la visión, observé cómo, el que escribía, anotaba cada una que era destruida por esos pastores día por día, llevó y expuso todo su libro y mostró al Señor de las ovejas todo lo que realmente habían hecho ellos, todo lo que cada uno había hecho y todas las que ellos habían entregado a la destrucción.

⁷¹ Y el libro fue leído ante el Señor de las ovejas y Él tomó el libro en su mano, lo leyó, lo selló y lo archivó.[332]

⁷² Tras eso, vi que los pastores las llevaban a pastar durante doce horas; y he aquí que tres de esas ovejas regresaron; arribaron, entraron y empezaron edificar todo lo que se había derrumbado de esa casa, pero los jabalíes se lo impidieron y ellas no fueron capaces.

⁷³ Después, ellas comenzaron de nuevo a construir, como antes elevaron la torre, que fue llamada torre alta, y comenzaron de nuevo a colocar una mesa ante la torre, pero todo el pan que había estaba contaminado e impuro.

⁷⁴ Acerca de todo esto los ojos de esas ovejas estaban cegados y no veían, y sus pastores tampoco, y las entregó para una mayor destrucción a sus pastores que pisotearon las ovejas con sus pies y las devoraron.

---

[331] Este otro es el mismo del v. 61. Una figura presuntamente angélica que registra los actos. Cf. 1 Hen 90:17.
[332] Cf. Ap 20:12.

[75] El Señor de las ovejas se mantuvo indiferente hasta que todas las ovejas fueron dispersadas por el campo y se mezclaron con ellas, y ellos no las salvaron de las manos de las bestias.

[76] El que había escrito el libro lo trajo, lo mostró y lo leyó ante el Señor de las ovejas; le imploró y suplicó por cuenta de ellas y le mostró todos los actos de los pastores y dio testimonio ante Él contra los pastores.[333]

[77] Tomó el libro vigente, lo depositó al lado de Él y se fue.

Exhortaciones de Henoc

(Capítulos 90-107. Se subdivide en: Apocalipsis de las semanas Epístola de Henoc y Libro de Noé)[334]

Capítulo 90

[1] Observé en esta forma hasta que treinta y cinco pastores emprendieron el pastoreo y cumplieron estrictamente sus turnos: desde el primero, cada uno las fue recibiendo en sus manos, a fin de que cada pastor las apacentase en su turno respectivo.

[2] Después de esto, en una visión vi venir a todas las aves rapaces del cielo: águilas, buitres, gavilanes y cuervos; las águilas guiaban a todas esas aves y se pusieron a devorar a estas ovejas, a picarles los ojos y a devorar sus carnes.

[3] Las ovejas gritaron porque su carne estaba siendo devorada por las aves. Yo miraba y me lamentaba en mi sueño por el pastor que apacentaba las ovejas.

[4] Observé hasta que esas ovejas fueron devoradas por las águilas, los gavilanes y los buitres, que no dejaron ninguna carne ni piel ni tendones sobre ellas y no quedaron más que sus huesos, hasta

---

[333] Cf. Ez 34:2-31; Za 11:4.
[334] Según Díez Macho la datación podría fijarse en el año 50 a. C.

que los huesos también cayeron al suelo y las ovejas llegaron a ser muy pocas.

5 Vi cuando veintitrés pastores habían apacentado y habían cumplido estrictamente sus turnos cincuenta y ocho veces.

6 He aquí que unos corderos nacieron de esas ovejas blancas y llegaron a abrir sus ojos y ver y le balaron a las ovejas

7 y les gritaron, pero no escucharon lo que decían porque estaban extremadamente sordas y demasiado ciegas, y cada vez peor.

8 Vi en la visión cómo los cuervos volaban sobre estos corderos y agarraban a uno de ellos y despresaban a las ovejas y las devoraban.

9 Observé hasta que retoñaron los cuernos de estos corderos, y los cuervos se los hacían caer, y vi hasta que allí un gran cuerno retoñado en una de estas ovejas, y sus ojos se abrieron.

10 Ella los miró y le gritó a las ovejas y los carneros la vieron y acudieron todos a su lado.

11 A pesar de esto, todas las águilas, buitres, cuervos y gavilanes seguían arrebatando a las ovejas, se echaban sobre ellas y las devoraban. Aun las ovejas permanecían en silencio pero los carneros gritaban y se lamentaban.

12 Luego estos cuervos lucharon, batallaron con ella y quisieron tumbar su cuerno, pero no pudieron hacerlo.

13 Vi hasta que los pastores, las águilas, los buitres y los gavilanes vinieron y le gritaron a los cuervos que rompieran el cuerno de ese carnero, y lucharon contra él y combatió contra ellos y gritó para que acudieran en su ayuda. (a continuación se colocan los vv. 16-17 y tras ellos se reanuda en el v. 14).

16 Todas las águilas, buitres, cuervos y gavilanes se congregaron y llevaron con ellos a todas las ovejas del campo, se unieron y se conjuraron para hacer pedazos este cuerno del carnero.

[17] Vi al hombre,[335] que había escrito el libro por orden del Señor, abrir el libro[336] acerca de la destrucción que habían ejecutado los doce últimos pastores, revelar ante el Señor que ellos habían destruido mucho más que sus predecesores.

[14] Vi a ese hombre que había anotado los nombres de los pastores, y lo llevaron y presentaron ante el Señor de las ovejas que llegó en ayuda de aquel carnero, lo socorrió, lo rescató y le mostró todo.

[15] Y vi venir a su lado al Señor de las ovejas, enfurecido; todos los que lo vieron huyeron y ensombrecieron ante su presencia.

(Los versículos 16-17 fueron colocados tras el 13, el v. 18 va tras el 19).

[19] Observé el momento en que una gran espada fue entregada a las ovejas y ellas procedieron contra todas las fieras del campo para matarlas, y todas las bestias y las aves huyeron de su presencia.

[18] Y vi cuando el Señor de las ovejas fue junto a ellas, tomó en sus manos la vara de su cólera, golpeó la tierra resquebrajándola, y todas las bestias y las aves del cielo cayeron lejos de estas ovejas, siendo engullidas por la tierra que se cerró sobre ellas.

[20] Vi cuando un trono fue erigido sobre la tierra agradable, el Señor de las ovejas se sentó sobre él y el Otro tomó los libros sellados y los abrió ante el Señor de las ovejas.

[21] El Señor llamó a esos hombres blancos, los siete[337] primeros, y mandó que ellos llevaran ante Él, comenzando por la primera estrella que las guiaba, a todas las estrellas cuyo miembro sexual era como el de los caballos.[338] y ellos las llevaron a todas ante Él.

---

[335] Cf. Nota a 1 Hen 89:68. Aquí se desvela que el "otro" es un hombre.
[336] Ap 5:5: uno es digno de abrir el libro.
[337] Encontramos de nuevo la simbología del siete.
[338] Cf. nota a 1 Hen 86:4.

22 Luego, Él habló al hombre que escribía ante Él, uno de los siete hombres blancos, y le dijo: "Toma esos setenta pastores a quienes había encomendado las ovejas y que después de haberlas recibido degollaron a muchas más de las que se les había mandado".

23 He aquí que los vi a todos encadenados y todos se postraron ante Él.

24 El juicio recayó en primer lugar sobre las estrellas y fueron juzgadas, encontradas culpables y enviadas al lugar de condenación, fueron arrojadas a un abismo lleno de fuego, llamas y columnas de fuego.[339]

25 Entonces los setenta pastores fueron juzgados, encontrados culpables y arrojados al abismo ardiente.

26 Vi en ese momento como un precipicio que se estaba abriendo en medio de la tierra. Llevaron a aquellas ovejas ciegas hasta allí y todas fueron juzgadas y encontradas culpables y arrojadas al abismo en semejante abismo de fuego y ellas ardieron en ese precipicio que estaba a la derecha de esa casa.[340]

27 Vi arder a esas ovejas y sus huesos también ardían.

28 Me levanté para ver como Él desarmó esa vieja casa; se llevó de la casa todas sus columnas, vigas y adornos que fueron retirados al mismo tiempo, y se los llevaron y pusieron en un lugar al sur de la tierra.

29 Vi cuando el Señor de las ovejas trajo una nueva casa, más grande y alta que la primera y Él la puso en el sitio de la primera que había sido desarmada. Y todas sus columnas eran nuevas y sus adornos eran nuevos y mayores que los de la primera (la casa vieja que se había llevado).[341] Todas las ovejas estaban adentro.

---

[339] Castigo angelical, cf. 1 Hen 10:4; 1 Hen 18:16; 1 Hen 21:6; 1 Hen 91:16-17; 1 P 3:19; 2 P 2:4 y Ap 12:9.

[340] Las ovejas ciegas y culpables corren la misma suerte que las estrellas/ángeles caídas.

[341] Cf. Ap 21:10-14.

[30] Vi a todas las ovejas que quedaban, a las bestias de la tierra y a las aves del cielo inclinarse[342] para rendir homenaje a estas ovejas, suplicarles y obedecerles en todas las cosas.[343]

[31] Luego, esos tres que estaban vestidos de blanco, aquellos que me habían elevado antes, me tomaron de la mano y también el carnero me tomó la mano y me hicieron subir y sentar en medio de estas ovejas, antes de que tuviera lugar el juicio.

[32] Estas ovejas eran todas blancas y su lana abundante y pura.[344]

[33] Y todas las que habían sido destruidas o dispersadas por las bestias del campo y las aves del cielo, se congregaron en esta casa y el Señor de las ovejas se regocijó con gran alegría porque todas eran buenas y porque ellas habían regresado a su casa.[345]

[34] Vi cuando ellas depusieron esa espada que había sido dada a las ovejas: ellas la llevaron a la casa y la sellaron en presencia del Señor. Y todas las ovejas fueron invitadas a esta casa aunque no cabían.[346]

[35] Sus ojos fueron abiertos y ellas vieron bien y no hubo ninguna de ellas que no viera.

[36] Vi que esta casa era grande, amplia y estaba completamente llena.

[37] Vi que un toro blanco nació y sus cuernos eran grandes y todas las bestias del campo y todas las aves del cielo le temían y le suplicaban a toda hora.

[38] Vi cuando fueron cambiadas todas sus especies y todos se convirtieron en toros blancos y el primero entre ellos se transformó en un cordero que llegó a ser un gran búfalo que tenía sobre su

---

[342] Cf. Flp 2:10.
[343] Cf. Ap 7:13-15 y 22:3.
[344] Cf. Ap 7:9.
[345] Se comparten algunas sutiles similitudes con Lc 15:11-32 o Lc 15:4.
[346] Cf. Is 2:4; Os 2:19-20; Mi 4:3.

cabeza dos cuernos negros y el Señor de las ovejas se regocijó sobre él y sobre todos los toros.[347]

39 Yo estaba dormido en medio de ellos y me desperté después de haberlo visto todo.

40 Tal es la visión que tuve cuando estaba durmiendo y cuando me desperté bendije al Señor de Justicia y lo glorifiqué.

41 Entonces lloré mucho[348] y sin contener mis abundantes lágrimas hasta más no poder y cuando yo miraba se deslizaban sobre lo que veía porque todo ocurrirá y se cumplirá, porque uno tras otro me fueron revelados todos los actos de los hombres.

42 Esa noche recordé mi primer sueño y lloré y me angustié porque había tenido esa visión.

Libro de las semanas

(primera parte interrumpida por la *Epístola de Henoc* que es el cap. 92)

Capítulo 91

1 Ahora, hijo mío, Matusalén, convoca en torno a mí a todos tus hermanos, reúne a mi alrededor a todos los hijos de tu madre, porque la palabra me llama y el espíritu se ha vertido sobre mí, para que os revele todo lo que pasará, hasta la eternidad.

2 Así Matusalén fue y se juntó con todos sus hermanos y congregó a sus parientes;

---

[347] Edersheim quiere hacer notar que este búfalo de cuernos negros indica la superioridad del mesías sobre los demás siervos de Dios a los que gobierna. Pero hay que tener en cuenta, que lo que Edersheim pretende, es demostrar, con esta "superioridad" del mesías, que en este estrato de 1 Hen los judíos lo concebían como un ser superior premundano y preexistente. Esto es discutible. Cf. A. Edersheim; *Comentario Bíblico Histórico*. 6 tomos en 1 (Viladecavalls: CLIE, 2009), pp. 696-697. Cf. Ap 5.

[348] El vidente llora, esto también lo encontramos en Ap 5:4.

³ y Henoc le habló a todos los hijos de justicia y les dijo: "Oíd hijos de Henoc todas las palabras de vuestro padre y atended la palabra de mi boca, pues es a vosotros a quienes exhorto y digo bienamados, amad la justicia y caminad con ella.

⁴ "No os acerquéis a la justicia con un corazón doble ni os asociéis con los de doble corazón; caminad con rectitud hijos míos, os guiará por buenos caminos y la justicia os acompañará.

⁵ "Sé que la violencia se incrementa sobre la tierra y un gran castigo va a ejecutarse sobre ella y toda injusticia será exterminada, cortada de raíz y sus estructuras serán completamente demolidas.

⁶ "La injusticia va a ser consumada de nuevo sobre la tierra y todas las acciones de injusticia, opresión y trasgresión se duplicarán y prevalecerán.[349]

⁷ "Pero cuando toda clase de obras de pecado, injusticia, blasfemia y violencia se hayan incrementado y la apostasía, la desobediencia y la impureza aumenten, un gran castigo del cielo vendrá sobre la tierra y el Señor santo vendrá con ira y castigo sobre la tierra para ejecutar el juicio.[350]

⁸ "En esa época la violencia será cortada de raíz y de la injusticia y del engaño serán destruidas bajo el cielo.[351]

⁹ Todos los ídolos de las naciones y sus templos serán abandonados, quemados con fuego y desterrados de toda la tierra.

¹⁰ Los justos se levantarán de sus sueños, la sabiduría surgirá y les será dada y la tierra descansará por todas las generaciones futuras.[352]

---

[349] Cf. 2 Ts 2:3; Mt 24:12.

[350] Cf. Mt 24:29-44. Ahora bien, el v. 36 del texto mateano: "Pero el día y la hora nadie lo sabe, ni aun los ángeles de los cielos, sino solo mi Padre", según Drane, es una afirmación que ningún apocalíptico hubiese afirmado. J. Drane; *Jesús*, 3ª ed. (Estella: Verbo Divino, 1996), p. 26.

[351] Cf. Mt 3:10. 4 Esd 18:53.

[352] Cf. Ap 20:4.

¹¹ Entonces será desarraigada la iniquidad y los pecadores perecerán por la espada. De entre ellos, los blasfemos serán separados en todo lugar, y los que traman violencia e incurren en blasfemia perecerán por el hierro.[353]

[Aquí faltan los vv. 12-17 donde aparecía el juicio a los ángeles que también figura en 2 P 2:4 (cf. Nota a 1 Hen 18:16). Estos versículos se encuentran aquí tras 1 Hen 93:10. Según Edersheim, en Hen 91:16-17 así como también en 4 Esd 7:28 y en la literatura rabínica (Targum Onkelos sobre Deuteronomio 32:12, Targum Jerus. Sobre Dt 32:1, Targum Jon. Sore Habacuc 3:2, Ber. R. 12 y otros, recogen la tradición bíblica de la renovación de todas las cosas (Is 34:4; 51:6; 65:17)].[354]

¹⁸ Y ahora voy hablaros hijos míos para mostraros todos los caminos de justicia y todos los caminos de violencia y de nuevo os los mostraré para que sepáis lo que va a ocurrir.[355]

¹⁹ Ahora pues, hijos míos, escuchadme y escoged los caminos de justicia y rechazad los de la violencia, porque marchan hacia la destrucción completa todos los que van por el camino de la injusticia.

Epístola de Henoc

Capítulo 92

¹ Lo que escribió Henoc y entregó a Matusalén su hijo, y a todos los que habitan la tierra firme para que obren el bien y la paz:

---

[353] Este versículo es considerado una interpolación que repite la misma idea del v. 8. No aparece en la traducción que hemos tomado, por tanto ha sido seleccionado de la traducción del tomo IV de A. Díez Macho (dir.), *Apócrifos del Antiguo Testamento IV* (Madrid: Cristiandad, 1984), p. 124.

[354] A. Edersheim, *Comentario Bíblico Histórico*. 6 tomos en 1 (Viladecavalls: CLIE, 2017), p. 1119.

[355] Un versículo que, al igual que el siguiente, muestra claramente la cosmovisión determinista y dualista de la apocalíptica.

2 "No os angustiéis en vuestro espíritu a causa de los tiempos, porque el Gran Santo ha dado un tiempo para todo.[356]

3 Los justos se levantarán de su sueño[357] y avanzarán por senderos de justicia y todos sus caminos y palabras serán de rectitud y gracia.

4 Él otorgará la gracia a los justos y les dará su eterna justicia y su poder; Él permanecerá en bondad y justicia y marchará con luz eterna.

5 En cambio, el pecado se perderá en las tinieblas para siempre y no aparecerá más desde ese día hasta la eternidad".

Reanudación del Apocalipsis de las semanas

Capítulo 93

1 Henoc reanudó su discurso diciendo:

2 "A propósito de los hijos de la Justicia y acerca del Elegido del mundo,[358] que ha crecido de una planta de verdad y de justicia, os hablaré y os daré a conocer yo mismo (Henoc), hijos míos, según he entendido y se me ha revelado todo por una visión celestial y por la voz de los Vigilantes y los Santos. En las tablas celestiales he leído y entendido todo".

3 Continuó hablando Henoc y dijo: "Yo, Henoc, nací[359] el séptimo, en la primera semana, en la época en que la justicia aún era firme.

4 "Después de mí, vendrá la semana segunda en la que crecerán la mentira y la violencia y durante ella tendrá lugar el primer

---

[356] Ecl 3:1-8. En cuanto a este nuevo tiempo apocalíptico, cf. 2 Ts 2:2.

[357] Cf. 1 Ts 4:13-17.

[358] Como refleja el libro *Guerra de los hijos de la luz contra los hijos de las tinieblas*, los qumranitas se designaban a sí mismos de un modo parecido, y su líder era llamado el Maestro de Justicia. Como en este caso, comparten también el telón de fondo de una batalla épica y escatológica del fin de los tiempos entre el bien y el mal.

[359] Nacimiento de Henoc cf. Gn 5:18.

Final, y entonces, un hombre será salvado. Y cuando esta semana haya acabado, la injusticia crecerá, y Dios hará una ley para los pecadores.[360]

5 Después, hacia el final de la tercera semana, un hombre será elegido como planta de juicio justo, tras de lo cual crecerá como planta de justicia para la eternidad.[361]

6 Luego, al terminar la cuarta semana, las visiones de los santos y de los justos aparecerán y será preparada una ley para generaciones de generaciones y un cercado.

7 "Después, al final de la quinta semana, una casa de gloria y poder será edificada para la eternidad.[362]

8 Luego, en la sexta semana, los que vivirán durante ella serán enceguecidos y su corazón, infielmente, se alejará de la sabiduría. Entonces un hombre subirá al cielo y al final de esta semana, la casa de dominación será consumida por el fuego y será dispersado todo el linaje de la raíz escogida.[363]

9 Luego, en la séptima semana surgirá una generación perversa; numerosas serán sus obras, pero todas estarán en el error.

10 Y al final de esta semana serán escogidos los elegidos como testigos de la verdad de la planta de justicia eterna. Les será dada sabiduría y conocimiento por septuplicado.

11 [91] "Ellos para ejecutar el juicio, arrancarán de raíz las causas de la violencia y en ellas la obra de la falsedad.[364]

---

[360] La Ley (Éx 20:2-17; Dt 5:6-21, cf. Éx 34:10-28).
[361] Probable alusión a Abram (cf. Gn 12:1-4) aunque al estar expresada después de la referencia a la ley, queda la posibilidad de que esboce la persona de Moisés.
[362] Alusión al Templo de Salomón cf. 1 R 7. (¿O capítulo 6?)
[363] Cf. 2 R 25:8-12.
[364] Como en el versículo anterior la justicia es descrita como una planta, en este otro versículo la injusticia es arrancada de raíz. Se asemeja al concepto del hacha que tala lo malo de Mt 3:10.

12 [91] Después de esto vendrá la octava semana, la de la justicia, en la cual se entregará una espada a todos los justos para que juzguen justamente a los opresores, que serán entregados en sus manos.

13 [91] Y al final de esta semana los justos adquirirán honestamente riquezas y será construido el templo de la realeza de El Grande, en su esplendor eterno, para todas las generaciones.

14 [91] Tras esto, en la novena semana se revelarán la justicia y el juicio justo a la totalidad de los hijos de la tierra entera y todos los opresores desaparecerán totalmente de la tierra y serán arrojados al pozo eterno, y todos los hombres verán el camino justo y eterno.

15 [91] "Después de esto, en la décima semana, en su séptima parte, tendrá lugar el Juicio Eterno. Será el tiempo del Gran Juicio y Él ejecutará la venganza en medio de los santos.[365]

16 [91] "Entonces el primer cielo pasará y aparecerá un nuevo cielo[366] y todos los poderes de los cielos se levantarán brillando eternamente siete veces más.[367]

17 [91] "Y luego de esta, habrá muchas semanas, cuyo número nunca tendrá fin, en las cuales se obrarán el bien y la justicia. El pecado ya no será mencionado jamás".

11 ¿Quién entre todos los humanos puede escuchar las palabras del Santo sin turbarse, comprender su mandamiento del Señor, o puede imaginar sus pensamientos?[368]

12 ¿O quién entre todos los humanos puede contemplar todas las obras de los cielos o las columnas angulares sobre las que descansan?[369] ¿Y quién ve un alma o un espíritu y puede volver

---

365 Cf. Dn 7:10; Ap 20:11-15; Mt 25:31-46.
366 Cf. Is 65:17; 2 P 3:13; Ap 21:1.
367 Véase la aclaración entre corchetes que aparece en 1 Hen 91:11.
368 Cf. Is 55:8.
369 Alusión a la antigua cosmogonía hebrea.

para contarlo? ¿O subir y ver todos sus confines y pensar u obrar como ellos?

13 ¿O quién entre los hijos de los hombres puede conocer y medir cuál es la longitud y la anchura de toda la tierra? ¿O a quién se le han mostrado todas sus dimensiones y su forma?[370]

14 ¿Quién entre todos los humanos puede conocer cuál es la longitud de los cielos y cuál es su altura o cómo se sostienen o cuán grande es el número de las estrellas?

Capítulo 94

1 Ahora os digo hijos míos: "Amad la justicia y caminad en ella, porque los caminos de la justicia[371] son dignos de ser aceptados, pero los caminos de la iniquidad serán destruidos y desaparecerán.

2 "A los hijos de los hombres de cierta generación les serán mostrados los caminos de la violencia y de la muerte y se mantendrán lejos de ellos y no los seguirán".

3 Ahora os digo a vosotros justos: "No andéis por los caminos de la maldad ni por los caminos de la muerte porque seréis destruidos.

4 En cambio buscad y escoged para vosotros la justicia y elegid la vida; caminad por los senderos de paz y viviréis y prosperaréis.

5 Mantened mis palabras en vuestras reflexiones y no las borréis de vuestros corazones, pues sé que los pecadores tentarán a la gente para que pida con mala intención la sabiduría,[372] tanto que no se le encontrará en ningún lugar, y ninguna prueba puede evitarse.

---

[370] Cf. Ef 3:18. En efesios se está hablando v. 19 del tamaño del amor de Cristo comparándose en extensión con todo lo creado. Sin embargo, la referencia está sacada de aquí 1 Hen 93:12-14.

[371] Sendas de justicia, Sal 23:3.

[372] Cf. St 4:3.

⁶ ¡Desgracia[373] para quienes edifican la injusticia y la opresión y las cimientan en el engaño, porque serán repentinamente derribados y no habrá paz para ellos![374]

⁷ᵃ "¡Desgracia para los que edifican sus casas con el pecado[375] porque todos sus cimientos serán arrancados y por la espada caerán!

⁸ "¡Desgracia para vosotros ricos, porque habéis confiado en vuestras riquezas, de vuestras riquezas seréis despojados a causa de que vosotros no os habéis acordado del Más Alto en la época de vuestra riqueza![376]

⁷ᵇ Los que poseéis el oro y la plata pereceréis repentinamente en el juicio.

⁹ "Habéis blasfemado y cometido injusticia y estáis maduros para el día de la matanza y la oscuridad, para el día del gran juicio.

¹⁰ "Os digo y os anuncio que quien os ha creado os derrocará y sobre vuestra ruina no habrá misericordia pues vuestro Creador se alegrará de vuestra destrucción.

¹¹ "Y vosotros justos en esos días seréis un reproche para los pecadores y los impíos.

Capítulo 95

¹ ¡Oh, si mis ojos fueran aguas y yo pudiera llorar sobre vosotros, extendería mis lágrimas como nubes y podría consolar mi angustiado corazón![377]

² ¿Quién os ha permitido hacer ofensas y practicar maldades? El juicio alcanzará a vosotros, pecadores.

---

[373] Toda la secuencia de expresiones de "desgracia" son semejantes a los "ayes" lucanos, Lc 6:24-26.
[374] Cf. Nota 1 Hen 16:4. Cf. Is 5:8; Am 8:5-6; Hab 2:9.
[375] Cf. Jr 22:13; Hab 2:11-12.
[376] Lc 6:24 y 16:25; St 5:1.
[377] Cf. Lc 19:41.

³ No temáis a los pecadores, oh justos, porque el Soberano del Universo los entregará de nuevo en vuestras manos para que vosotros los juzguéis a gusto.[378]

⁴ ¡Desgracia para vosotros que lanzáis anatemas que no se pueden romper, el remedio está lejos de vosotros a causa de vuestros pecados!

⁵ ¡Desgracia para vosotros que devolvéis el mal a vuestro prójimo, porque seréis tratados de acuerdo a vuestras obras![379]

⁶ ¡Desgracia para vosotros testigos falsos y para quienes pesáis el precio de la injusticia, porque pereceréis repentinamente!

⁷ ¡Desgracia para vosotros pecadores que perseguís a los justos, porque vosotros mismos seréis entregados y perseguidos a causa de esa injusticia y el peso de su yugo caerá sobre vosotros!

Capítulo 96

¹ Tened esperanza oh justos, porque repentinamente perecerán los pecadores ante vosotros, y tendréis dominio sobre ellos de acuerdo a vuestro deseo.

² En el día de la tribulación de los pecadores, vuestros hijos ascenderán y volarán como águilas[380] y vuestro nido estará más alto que el de los cóndores; como ardillas subiréis y como conejillos podréis entrar en las hendiduras de la tierra y en las grietas de las rocas, lejos para siempre de la presencia de los injustos, que gemirán como sirenas y llorarán por causa de vosotros.

³ Por tanto, no temáis vosotros los que habéis sufrido, porque la sanación será distribuida entre vosotros, una luz radiante os iluminará y escucharéis del cielo la palabra de descanso.

---

378 Is 8:12; 2 Mac 6:26; Mt 10:26-28; 1 Cor 6:2; 1 P 3:14,
379 Cf. Rm 12:17; 1 P 3:9.
380 Cf. Is 40:31.

⁴ ¡Desgracia para vosotros pecadores porque vuestra riqueza os da la apariencia de justos, pero vuestros corazones os convencen de que sois pecadores y ello será un testimonio contra vosotros y vuestras malas acciones![381]

⁵ ¡Desgracia para vosotros que devoráis la flor del trigo, que bebéis vino en grandes tazas y que con vuestro poder pisoteáis a los humildes!

⁶ ¡Desgracia para vosotros que podéis beber agua fresca en cualquier momento, porque de un momento a otro recibiréis vuestra recompensa: seréis consumidos y exprimidos hasta la última gota, porque rechazasteis la fuente de la vida!

⁷ ¡Desgracia para vosotros que forjáis la injusticia, el fraude y la blasfemia, porque contra vosotros habrá un memorial por delitos!

⁸ ¡Desgracia para vosotros poderosos que con la violencia oprimís al justo, porque el día de vuestra destrucción está llegando, el día de vuestro juicio y en ese tiempo vendrán días numerosos y buenos para los justos!

Capítulo 97

¹ Creed, oh justos, porque los pecadores serán avergonzados y perecerán el día de la iniquidad.

² Sabed pecadores que el Más Alto está pendiente de vuestra destrucción y que los ángeles del cielo se alegran por vuestra perdición.

³ ¿Qué vais a hacer pecadores y a dónde huiréis el día del juicio cuando escuchéis el murmullo de la oración de los justos?

⁴ Os irá como a aquellos contra quienes estas palabras serán un testimonio: "Sois cómplices de pecado".

---

[381] Cf. 1 Hen 94:8.

5 En esos días la oración de los justos llegará hasta el Señor y llegarán los días del juicio para vosotros.

6 Se leerán ante el Santo y el Justo todas las palabras sobre vuestra injusticia, se os llenará la cara de vergüenza y Él rechazará toda obra basada en la injusticia.

7 ¡Desgracia que estáis en medio del océano o sobre el continente, porque su memoria es funesta para vosotros!

8 ¡Desgracia para vosotros que adquirís el oro y la plata con la injusticia! Decís: "Hemos llegado a ser ricos, a tener fortuna y propiedades y hemos conseguido lo que hemos deseado;[382]

9 realicemos ahora nuestros proyectos, porque hemos acumulado plata, llenan nuestros depósitos hasta el borde, como agua, y numerosos son nuestros trabajadores".[383]

10 Como agua se derramarán vuestras quimeras, porque vuestra riqueza no permanecerá, sino que súbitamente volará de vosotros, porque la habéis adquirido con injusticia y seréis entregados a una gran maldición.[384]

Capítulo 98

1 Ahora juro ante vosotros, para los sabios y para los tontos, que tendréis extrañas experiencias sobre la tierra.

2 Porque vosotros los hombres os pondréis más adornos que una mujer y más ropas de colores que una muchacha. En la realeza, en la grandeza y en poder; en la plata, en el oro y en el púrpura; en el esplendor y en los manjares, ellos serán derramados como agua.

---

[382] Cf. Nota a 1 Hen 94:6. Cf. Lc 12:20-21.

[383] Los vv. 8-10 encuentran su resonancia en Lc 12:16-21. Cf. G. Aranda, *Apócrifos del Antiguo Testamento*, en: G. Aranda Pérez- F. García Martínez- M. Pérez Fernández, *Literatura judía Intertestamentaria* (Estella: Verbo Divino, 1996), p. 290. Cf. Am 8:4-7.

[384] Cf. Hab 2.

3   Porque carecerán de conocimiento y sabiduría y a causa de ello serán destruidos junto con sus propiedades, su gloria y su esplendor, con oprobio, mortandad y gran carestía, su espíritu será arrojado dentro de un horno ardiente.[385]

4   Juro ante vosotros pecadores que así como una montaña no se convierte en un esclavo ni una colina se convierte en una sirvienta, así el pecado no ha sido enviado sobre la tierra sino que el hombre lo ha cometido y cae bajo una gran maldición quien lo comete.

5   La esterilidad no ha sido dada a la mujer sino que es por causa de la obra de sus manos por la que muere sin hijos.[386]

6   Os juro a vosotros pecadores por el Santo y el Grande que todas vuestras malas acciones son manifiestas en los cielos y que ninguno de vuestros actos de opresión está oculto o secreto.[387]

7   No penséis en vuestro espíritu ni digáis en vuestro corazón que no sabíais o no veíais que todo pecador es inscrito diariamente en el cielo ante la presencia del Más Alto.

8   Desde ahora sabéis que toda la opresión que ejercéis es registrada día a día hasta el día del juicio.

9   ¡Desgracia para vosotros insensatos porque seréis perdidos por vuestra necedad! No escuchasteis a los sabios y la buena suerte no será vuestra herencia.

10 Ahora sabéis que estáis preparados para el día de la destrucción, por eso no esperéis vivir vosotros, pecadores, sino apartarse y

---

[385] Esta idea es retomada en Mt 13:42 donde se habla de que, quienes hacen iniquidad, serán arrojados al horno de fuego, cf. G. Aranda, *Apócrifos del Antiguo Testamento*, en: G. Aranda Pérez- F. García Martínez- M. Pérez Fernández, *Literatura judía Intertestamentaria* (Estella: Verbo Divino, 1996), p. 290.
[386] El evangelio sin embargo ofrece otra perspectiva de la enfermedad, cf. Jn 9:2-3. En cuanto a la esterilidad, en aquel tiempo nunca se entendía como un problema del varón sino siempre de las mujeres.
[387] Cf. Lc 8:17; Lc 12:2.

morir; porque vosotros no conoceréis redención, ya que estáis preparados para el día del gran juicio, día de la gran tribulación y de la gran vergüenza para vuestros espíritus.

11 ¡Desgracia para vosotros los de corazón espeso que forjáis la maldad y coméis sangre! ¿De dónde coméis tanto y tan bueno y bebéis y os hartáis si no es de todos los bienes que el Señor, el Más Alto ha puesto sobre la tierra? Vosotros no tendréis paz.[388]

12 ¡Desgracia para vosotros que amáis la injusticia! ¿Por qué os prometisteis la felicidad? Sabed que seréis librados a las manos de los justos que os cortarán la cabeza y os matarán y no tendrán piedad de vosotros.

13 ¡Desgracia para vosotros que os complacéis por la tribulación de los justos, porque ninguna tumba será excavada para vosotros!

14 ¡Desgracia para vosotros que tenéis en nada la palabra de los justos, porque no hay para vosotros esperanza de vida!

15 ¡Desgracia para vosotros que escribís mentiras y palabras impías! Porque escriben sus mentiras para que la gente pueda escucharlas y hagan mal a su prójimo; por eso ellos no tendrán paz sino que perecerán súbitamente.[389]

Capítulo 99

1 ¡Desgracia para vosotros que actuáis con impiedad, alabáis la mentira y la ensalzáis: pereceréis y no habrá vida feliz para vosotros!

2 ¡Desgracia para quienes pervierten las palabras de verdad, trasgreden la ley eterna y se convierten en lo que no eran: sobre la tierra serán pisoteados!

---

[388] Cf. Nota 1 Hen 16:4.
[389] Cf. Nota 1 Hen 16:4.

3 En esos días, estad listos, oh justos, para elevar vuestras oraciones y ponerlas como testimonio ante los ángeles, para que ellos puedan recordar los pecados de los pecadores ante el Más Alto.

4 En esos días las naciones se agitarán y las familias de los pueblos se levantarán en el día de la destrucción.

5 En esos días los miserables saldrán y llevarán a sus hijos y los abandonarán y sus hijos perecerán; abandonarán hasta a sus niños de pecho, no volverán a ellos y no tendrán compasión de sus seres queridos.

6 De nuevo os juro pecadores que el pecado está maduro para el día del incesante derramamiento de sangre.

7 Los que adoran la piedra y los que fabrican imágenes de oro, plata, madera o barro y los que adoran espíritus impuros o demonios y toda clase de ídolos sin discernimiento, a ellos ninguna ayuda les llegará.

8 Ellos caen en la impiedad por causa de la necedad de sus corazones, sus ojos están enceguecidos al temor de sus corazones y a la visión de sus sueños.

9 Por eso se vuelven impíos y temibles, porque han forjado con toda su obra un engaño y han adorado la piedra perecerán en un instante.

10 En cambio, en esos días bienaventurados quienes acepten las palabras de sabiduría y las entiendan, sigan los caminos del Más Alto, caminen por los senderos de su justicia y no se conviertan a la impiedad con los impíos;[390] porque ellos serán salvados.

11 ¡Desgracia para vosotros que difundís la maldad entre vuestro prójimo, porque quedaréis muertos en la tumba!

12 ¡Desgracia para vosotros que usáis una medida de fraude y de trampa y que provocáis la amargura sobre la tierra, porque por eso seréis consumidos![391]

---

[390] Cf. Jr 15:19.
[391] Cf. Nota a 1 Hen 94:6. Cf. Lc 12:20-21. Lv 20:35-36 (revisar esta cita); Dt 25:13-15; Prov 20:10; Am 8:4-6; Os 12:8; Mi 6:10.

¹³ ¡Desgracia para vosotros que edificáis vuestra casa gracias al trabajo de los demás: todos los materiales de construcción son ladrillos y piedras de injusticia³⁹² y os digo que no tendréis ni un momento de paz!³⁹³

¹⁴ ¡Desgracia para aquellos que rechazan la mesura y la herencia eterna de sus padres y cuyas lamas siguen luego a los ídolos, porque ellos no tendrán descanso!

¹⁵ ¡Desgracia para aquellos que obran injusticia, colaboran con la opresión y asesinan a su prójimo, hasta el día del gran juicio!

¹⁶ Porque Él echará por tierra vuestra gloria, causará dolor en vuestros corazones, suscitará su cólera y os destruirá a todos con la espada y todos los santos y los justos se acordarán de vuestros pecados.

Capítulo 100

¹ En esos días en un mismo lugar serán castigados juntos los padres y sus hijos, y los hermanos uno con otro caerán en la muerte hasta que corra un río con su sangre.

² Porque un hombre no podrá impedir a su mano que asesine a su hijo y a su nieto, ni el pecador podrá impedir a su mano que asesine a su querido hermano, desde el amanecer hasta que el sol se oculte, ellos se degollarán entre sí.³⁹⁴

³ El caballo avanzará hasta que su pecho se bañe en sangre y el carro hasta que su parte superior sea sumergida.

⁴ En esos días los ángeles descenderán en un sitio escondido, reunirán en solo lugar a todos los que han hecho llegar el pecado y

---

³⁹² Véase Prov 21:9 (solo en la Septuaginta).
³⁹³ Cf. Nota 1 Hen 16:4.
³⁹⁴ Es imposible determinar si es una referencia a Éx 32:27-28 o si lo toma en cuenta, ya que aquí está dando una proyección futura.

en ese día del juicio el Más Alto se levantará para sentenciar el gran juicio en medio de los pecadores.

5 Para todos los justos y los santos Él designará Vigilantes de entre los santos ángeles, ellos les guardarán como a la niña de un ojo hasta que Él extermine toda maldad y todo pecado y si los justos duermen un sueño largo, no tendrán de qué preocuparse.

6 Entonces los hijos de la tierra observarán la sabiduría en seguridad y entenderán todas las palabras de este libro y reconocerán que la riqueza no puede salvarlos de la ruina de su pecado.

7 ¡Desgracia para vosotros si en el día de la terrible angustia atormentáis a los justos o los quemáis con fuego, seréis compensados conforme a vuestras obras!

8 ¡Desgracia para vosotros duros de corazón que veláis para planificar la maldad, porque el terror se apoderará de vosotros y nadie os ayudará!

9 ¡Desgracia para vosotros pecadores por causa de las palabras de vuestras bocas y de las obras de vuestras manos, las cuales vuestra maldad ha forjado; en unas llamas ardientes peores que el fuego, os quemaréis![395]

10 Ahora, sabed que para Él, los ángeles del cielo investigarán vuestras acciones, desde el sol, la luna y las estrellas en referencia a vuestro pecado, porque sobre la tierra ya ejecutó el juicio sobre los justos;

11 pero Él añadirá como testimonio contra vosotros toda nube, neblina, rocío o lluvia que estarán impedidos para descender sobre vosotros y pondrán atención a vuestros pecados.

12 ¡Ahora dadle regalos a la lluvia a ver si no se niega a descender sobre vosotros! ¿Cuándo ha aceptado el rocío oro y la plata para descender?

---

[395] Cf. Ap 20:15. Cf. Nota a 1 Hen 54:1.

¹³ Cuando caigan sobre vosotros la escarcha y la nieve con sus escalofríos y todas las tormentas de nieve con sus calamidades, en esos días no podréis manteneros ante ellos.

Capítulo 101

¹ Hijos del cielo observad el cielo y toda la obra del Más Alto, temblad ante Él y no obréis el mal en su presencia.

² Si el cierra las ventanas del cielo e impide a la lluvia y al rocío caer sobre vosotros ¿qué haréis?

³ Si envía contra vosotros su cólera a causa de todas vuestras obras, no tendréis ocasión de suplicarle si pronunciáis contra su justicia palabras soberbias e insolentes y así no tendréis paz.[396]

⁴ ¿No veis a los pilotos cuando son agitados sus navíos por las olas y sacudidos por los vientos y caen en peligro?

⁵ A causa de esto temen que todas sus magníficas propiedades se vayan al mar con ellos y hacen malos presagios: que el mar os devorará y perecerán allí.

⁶ Todo el mar, todas sus aguas y todos sus movimientos ¿no son acaso obra del Más Alto, no ha puesto Él su sello sobre toda su acción y no lo ha encadenado a la arena?

⁷ En su reprimenda está temblando, se seca y todos sus peces mueren, así como todo lo que contiene, pero vosotros pecadores que estáis sobre la tierra, no le teméis.

⁸ ¿Acaso no ha hecho Él el cielo y la tierra y todo lo que contienen?[397] ¿Quién ha dado la ciencia y la sabiduría a todos los que se mueven en la tierra y en el mar?

---

[396] Cf. Nota 1 Hen 16:4.
[397] Cf. Sal 19:1.

⁹ Los pilotos de los navíos no le temen al mar y los pecadores no le temen al Más Alto.

Capítulo 102

¹ En esos días si Él lanza sobre vosotros un fuego terrible ¿a dónde huiréis y cómo os salvaréis? Y si lanza su palabra sobre vosotros ¿no estaréis consternados y no temblaréis?[398]

² Todas las luminarias[399] serán presas de un gran temor y la tierra entera estará aterrada, temblará y se alarmará.

³ Todos los ángeles ejecutarán sus órdenes y buscarán ocultarse a sí mismos de la presencia de la Gran Gloria; los hijos de la tierra temblarán y se estremecerán y vosotros pecadores seréis malditos para siempre y no tendréis paz.[400]

⁴ No temáis vosotras, almas de los justos; tened esperanza vosotros que habéis muerto en la justicia.

⁵ No os entristezcáis si vuestra alma ha descendido con dolor a la tumba y si a vuestro cuerpo no le ha ido en vida de acuerdo con vuestra bondad. En cambio, espera el día del juicio de los pecadores, el día de la maldición y el castigo.[401]

⁶ Cuando morís, los pecadores dicen de vosotros: "Tal como nosotros estamos muertos, los justos están muertos, ¿qué provecho han sacado de sus obras?

⁷ "Al igual que nosotros ellos han muerto en la tristeza y en las tinieblas y ¿qué tienen de más que nosotros? Desde ahora somos iguales.

⁸ "¿Qué se llevarán y qué verán en la eternidad? Porque he aquí que ellos han muerto también y desde ahora no verán la luz".

---

[398] Comparte el lenguaje de terror apocalíptico de los postreros días, cf. So 1:14 o Jl 2:1.
[399] Estrellas/ángeles.
[400] Cf. Nota 1 Hen 16:4.
[401] Cf. Col 1:22. 1 Ts 4:13-17.

[9] Yo os digo: "A vosotros pecadores os basta comer y beber, robar, pecar, despojar a los hombres, adquirir riquezas y vivir felices días.

[10] ¿Habéis visto el final de los justos? No se ha encontrado en ellos ninguna clase de violencia hasta su muerte.

[11] "Sin embargo han muerto, ha sido como si no hubieran sido y sus vidas han bajado a la tumba en la aflicción.

Capítulo 103

[1] "Pero, ahora os juro a vosotros justos, por la gloria del Grande, del Glorioso, del Poderoso en dominio y por su grandeza:

[2] Conozco el misterio, lo he leído en las tablillas del cielo, he visto el libro de los santos y he encontrado escrito y registrado en ellos:

[3] que todo bienestar, alegría y gloria están preparados[402] para ellos y escritos para los que han muerto en la justicia; numerosos bienes os serán dados en recompensa de vuestros trabajos y vuestro destino será mejor que el de los vivos.

[4] Las almas de vosotros, los que habéis muerto en la justicia, vivirán y se alegrarán, y vuestro espíritu, y vuestra memoria, no perecerán ante la presencia del Grande por todas las generaciones del mundo y desde ahí no temeréis la afrenta".

[5] ¡Desgraciados vosotros que habéis muerto pecadores! Si morís en la riqueza de vuestros pecados, los que son como vosotros dicen: "Dichosos estos pecadores que han visto todos sus días,

[6] y ahora han muerto en el placer y en las riquezas y no han visto en su vida la tribulación ni el asesinato, han muerto en la gloria y no se ha proferido juicio contra ellos en vida".

---

[402] Cf. 2 Cor 9/ Is 64:3-4.

7 Sabed que hará descender vuestras almas al seol, serán allí desgraciadas y su sufrimiento será grande

8 en las tinieblas, las cadenas y el fuego ardiente,[403] allí en donde se ejecutará el gran castigo. ¡Desgraciados vosotros porque no tendréis paz![404]

9 No digáis al observar a los justos y buenos que están con vida: "Durante su vida han trabajado laboriosamente y experimentado mucho sufrimiento, han conocido muchos males, han sido consumidos, disminuidos y su espíritu humillado.

10 "Han sido destruidos y no han encontrado a nadie que los ayude ni con una palabra, han sido torturados y no esperan ver la vida al día siguiente.

11 Esperaban ser la cabeza pero son la cola, han sufrido trabajando pero no disponen del fruto de su trabajo; son alimento de los pecadores y los malvados han descargado su yugo sobre ellos.

12 Les han dominado los que los odian y los que los agreden. Ante quienes los odian han bajado la cabeza y ellos no tuvieron piedad.

13 Intentaron alejarse de ellos para escapar y descansar pero no han encontrado a dónde huir ni cómo escapar de ellos.

14 Se han quejado ante los gobernantes por su tribulación y han gritado contra quienes los devoran, pero sus gritos no han sido atendidos ni escucharían su voz,

15 porque los gobernantes ayudan a los que los despojan y devoran, a los que han reducido su número; encubren la opresión; no retiran el yugo de los que los devoran, desplazan y matan; ocultan su violencia y no recuerdan que han levantado su mano contra Él".

---

403 Cf. Ap 20:15. Cf. Nota a 1 Hen 54:1.
404 Cf. Nota a 1 Hen 16:4.

Capítulo 104

¹ Os lo juro, en el cielo los ángeles se acuerdan de vosotros para bien, en presencia de la Gloria del Grande.[405]

² Esperad, aunque primero habéis sido afligidos con la desgracia y el sufrimiento, ahora brillaréis como las luminarias del cielo.[406] Apareceréis y brillaréis y la puerta del cielo se abrirá ante vosotros.[407]

³ Con vuestro grito, gritad por justicia y ella aparecerá para vosotros, porque toda vuestra tribulación será visitada en los gobernantes y en todos los que han ayudado a quienes os despojan.

⁴ Esperad y no renunciéis a vuestra esperanza porque disfrutaréis de una gran alegría, como los ángeles en el cielo.[408]

---

[405] Este recordatorio angelical es una referencia a un papel mediador que los ángeles ocupan, presentando a Dios las oraciones de los fieles. Cf. nota a 1 Hen 40:9.

[406] La idea de una transformación que hace resplandecer a los justos se encuentra en Dn 12:3 donde se dice que los "entendidos" y los que enseñan justicia a la multitud, resplandecerán como *estrellas* a perpetua eternidad. Aquí, en la tradición henóquica, como en el *Libro de las parábolas* y la *Epístola de Henoc*, aparece la idea de que los justos brillarán con *vestiduras de gloria* en un universo transformado, tales como *luminarias* en el cielo mientras que los pecadores perecen en la llama del fuego eterno (1 Hen 91:16 y 45:4-5, 104:2). En Mt 13:43 en palabras de Jesús encontramos un eco a Dn 12:3 "los justos resplandecerán como el sol" (la mención solar aparece en este mismo versículo de 1 Hen). Las vestiduras resplandecientes aparecen también en los relatos de la transfiguración de Jesús (cf. Lc 9:28-36 y par.). Cf. E. Puech, *Apocalíptica esenia: la vida futura*, en: J. Vázquez Allegue (Coord.), *Para comprender los manuscritos del Mar Muerto* (Estella: Verbo Divino, 2012), p. 89. N. T. Wright, *Sorprendidos por la esperanza. Repensando el cielo, la resurrección y la vida eterna* (Miami: Convivium Press, 2011), p. 79. Según cierto pensamiento heliopolitano (egipcio) al morir un monarca se transformaría en luminaria (estrella). Asimismo, la inmortalidad astral (donde los difuntos pasan a vivir eternamente como estrellas) reaparece en la cultura griega y en la apocalíptica judía. Cf. C. Blanco, *El pensamiento de la apocalíptica judía. Ensayo filosófico-teológico* (Madrid: Trotta, 2013), p. 86.

[407] "La puerta del cielo se abrirá ante vosotros". Esta creencia fue desarrollada antes del tiempo de los Macabeos. Cf. J. J. Collins, *Apocalíptica y escatología del Antiguo Testamento*, en: R. E. Brown- J. A. Fitzmyer- R. E. Murphy (Eds.), *Nuevo Comentario Bíblico San Jerónimo. Antiguo Testamento* (Estella: Verbo Divino, 2005), p. 464. El versículo comparte la misma esperanza que aparece en Dn 12:1-3. J.J. Collins, *Op. cit.* p. 464.

[408] He aquí la comparativa a ser como ángeles. Cf. Mt 22:30.

⁵ ¿Qué debéis hacer? No tendréis que esconderos el día del gran juicio, no seréis tomados por pecadores, el juicio eterno caerá lejos de vosotros para todas las generaciones del mundo.

⁶ Ahora no temáis, oh justos, cuando veáis a los pecadores crecer en fuerza y prosperidad en sus caminos[409] ni os asociéis con ellos, sino manteneos alejados de su violencia, porque vosotros seréis socios de las huestes de los cielos.

⁷ Aunque vosotros pecadores digáis: "Ninguno de nuestros pecados debe ser investigado ni registrado", sin embargo vuestros pecados son anotados todos los días.[410]

⁸ Ahora os muestro que la luz y las tinieblas,[411] el día y la noche vienen sobre vosotros.

⁹ No seáis impíos en vuestros corazones, no mintáis ni alteréis la palabra de la verdad, no acuséis de mentirosa a la palabra del Santo y del Grande, no toméis en cuenta a vuestros ídolos, porque todas vuestras mentiras e impiedades no os serán imputadas como justicia sino como un gran pecado.

¹⁰ Ahora sé este misterio:[412] los pecadores alterarán y desnaturalizarán en muchas formas la palabra de verdad y proferirán palabras inicuas, mentirán e inventarán grandes falsedades y escribirán libros sobre sus palabras.

¹¹ Sin embargo, si ellos escriben verdaderamente toda mi palabra en sus idiomas y si no alteran ni abrevian mis palabras, sino que

---

[409] Cf. Sal 73:2-5; Jr 12:1b; Job 21:7-13.

[410] Es la idea de que se registran tanto los pecados como el nombre de aquellos que figuran en el libro de la vida (cf. Ap 21:27). El libro de Dios sobre el destino aparece en Ap 5:2-4, pero es la misma idea que está en 1 Hen 81:1ss.; 1 Hen 47:3; 1 Hen 106:19 o 1 Hen 107:1.

[411] El evangelio de Juan suele hacer comparativas entre la luz y las tinieblas, entendiendo que Juan es, por así decirlo *protognóstico* en su vocabulario, las tinieblas no suelen representar en él al mal, sino al desconocimiento de Dios, mientras que la luz es ese conocimiento experimental de Dios. No obstante, el uso joánico parece diferente al que encontramos aquí. Cf. Ef 3:13.

[412] Cf. Nota a 1 Hen 104:12.

escriben todo según la verdad, todo eso lo testificaré de primero en favor de ellos.

12 Sé otro misterio: las escrituras serán dadas a los justos y a los sabios para comunicar alegría, rectitud y mucha sabiduría.[413]

13 Las escrituras les serán dadas, ellos creerán y se regocijarán en ellas; se alegrarán todos los justos al aprender de ellas todos los caminos de justicia.

Capítulo 105

1 En esos días, el Señor les designó entre los hijos de la tierra para leerlas y para darles testimonio sobre su sabiduría, diciéndoles: "Enseñádselo, porque seréis sus guías y recibiréis las recompensas; entre todos los hijos de la tierra vosotros tendréis toda recompensa.

2 ¡Alegraos pues, hijos de la justicia, tendréis paz![414] Amén.

Fragmento del Libro de Noé

Capítulo 106

1 Pasado un tiempo, tomé yo, Henoc, una mujer para Matusalén, mi hijo, y ella le parió un hijo a quien puso por nombre Lamec diciendo: "Ciertamente ha sido humillada la justicia hasta este día". Cuando llegó a la madurez, tomó Matusalén para él una mujer y ella quedó embarazada de él y le dio a luz un hijo.[415]

---

[413] En 1 Cor 15:51 Pablo, como aquí, dice: "os digo un misterio". Algunos han argumentado que Pablo usa una retórica de las religiones mistéricas sin embargo, como vemos aquí, es una terminología que ya estaba en la literatura apocalíptica.

[414] Esta es la promesa en positivo que contrasta con la que a lo largo del Ciclo henóquico viene repitiéndose, cf. Nota 1 Hen 14:6.

[415] Cf. Gn 5:25, 28.

2 Cuando el niño nació, su carne era más blanca que la nieve, más roja que la rosa, su pelo era blanco como la lana pura, espeso y brillante. Cuando abrió los ojos iluminó toda la casa como el sol y toda la casa estuvo resplandeciente.

3 Entonces el niño se levantó de las manos de la partera, abrió la boca y le habló al Señor de justicia.

4 El temor se apoderó de su padre Lamec, y huyó hasta donde su padre Matusalén.

5 Le dijo: "He puesto en el mundo un hijo diferente, no es como los hombres sino que parece un hijo de los ángeles del cielo, su naturaleza es diferente, no es como nosotros; sus ojos son como los rayos del sol y su rostro es esplendoroso.

6 "Me parece que no fue engendrado por mí sino por los ángeles y temo que se realice un prodigio durante su vida.

7 "Ahora, padre mío, te suplico y te imploro que vayas a lado de Henoc nuestro padre y conozcas con él la verdad, ya que su residencia está con los ángeles".

8 Así pues cuando Matusalén hubo oído las palabras de su hijo, vino hacia mí en los confines de la tierra, porque se había enterado que yo estaba allí; gritó y oí su voz; fui a él y le dije: "Heme aquí hijo mío ¿por qué has venido hacia mí?".

9 Me dijo: "He venido hacia ti debido a una gran inquietud y a causa de una visión a la que me he acercado.

10 Ahora escúchame padre mío, le ha nacido un hijo a mi hijo Lamec, que no se parece a él, su naturaleza no es como la naturaleza humana, su color es más blanco que la nieve y más rojo que la rosa, los cabellos de su cabeza son más blancos que la lana blanca, sus ojos son como los rayos del sol y al abrirse han iluminado toda la casa.

11 "Se ha levantado de las manos de la partera, ha abierto la boca y ha bendecido al Señor del cielo.

¹² Su padre Lamec ha sido presa del temor y ha huido hacia mí, no cree que sea suyo sino de los ángeles del cielo y heme aquí que he venido hacia ti para que me des a conocer la verdad".

¹³ Entonces yo Henoc, le respondí diciendo: "Ciertamente restaurará el Señor su ley sobre la tierra, según vi y te conté, hijo mío. En los días de Yared, mi padre, transgredieron la palabra del Señor.

¹⁴ He aquí que pecaron, transgredieron la ley del Señor, la cambiaron para ir con mujeres y pecar con ellas; desposaron a algunas de ellas, que dieron a luz criaturas no semejantes a los espíritus, sino carnales.

¹⁵ Habrá por eso gran cólera y diluvio sobre la tierra y se hará gran destrucción durante un año.

¹⁶ Pero ese niño que os ha nacido y sus tres hijos, serán salvados cuando mueran los que hay sobre la tierra.

¹⁷ "Entonces descansará la tierra y será purificada de la gran corrupción.

¹⁸ Ahora di a Lamec: 'él es tu hijo en verdad y sin mentiras, es tuyo este niño que ha nacido'; que le llame Noé porque será vuestro descanso cuando descanséis en él y será vuestra salvación, porque serán salvados él y sus hijos de la corrupción de la tierra, causada por todos los pecadores y por los impíos de la tierra, que habrá en sus días.[416]

¹⁹ A continuación habrá una injusticia aun mayor que esta que se habrá consumado en sus días. Pues yo conozco los misterios del Señor, que los santos me han contado y me han revelado y que leí en las tablas[417] del cielo.

---

[416] Cf. Gn 5:29.
[417] Cf. nota a 1 Hen 104:7.

Capítulo 107

1   Yo vi, escrito[418] en ellas, que generación tras generación obrará el mal de este modo, y habrá maldad hasta que se levanten generaciones de justicia, la impiedad y la maldad terminen y la violencia desaparezca de la tierra hasta que el bien venga a la tierra sobre ellos.

2   Ahora, ve Lamec, tú hijo, y dile que este niño es, de verdad y sin mentiras, su hijo".

3   Y cuando Matusalén hubo escuchado la palabra de su padre Henoc, que le había revelado todas las cosas secretas, él regresó y la hizo conocer y le dio a este niño el nombre de Noé, pues él debía consolar la tierra de toda la destrucción.

Conclusión (agregado posterior)

Capítulo 108

1   [Otro libro que escribió Henoc para su hijo Matusalén y para aquellos que vendrán después de él y guardarán la ley en los últimos días.

2   Vosotros habéis obrado bien, esperad estos días hasta que el final sea consumado para los que obran mal y hasta que sea consumido el poder de los pecadores.

3   Esperad porque verdaderamente el pecado pasará y el nombre de los pecadores será borrado del libro de la vida y del libro de los santos; y su semilla será destruida para siempre, sus espíritus serán muertos, se lamentarán en un desierto caótico y arderán en el fuego porque allí no habrá tierra.

4   Observé allí una nube que no se veía bien porque a causa de su profundidad no podía mirar por encima; vi una llama de fuego

---

[418]   Sobre lo "escrito", cf. nota a 1 Hen 104:7.

ardiendo resplandecer y como montañas brillantes que daban vueltas y se arrastraban de un lado para otro.

5 Le pregunté a uno de los ángeles santos, que iba conmigo, y le dije: "¿Qué es ese objeto brillante?". Porque no es el cielo sino solamente una llama brillante que arde y un estruendo de gritos, llantos, lamentos y gran sufrimiento.

6 Me dijo: "A este lugar que ves allí son arrojadas las almas de los pecadores, de los impíos, de los que obran mal y de todos aquellos que alteren lo que el Señor ha dicho por boca de los profetas, lo que será.

7 Porque algunas de estas cosas están escritas en libros y otras grabadas en lo alto del cielo para que los ángeles y los santos las lean y sepan lo que ocurrirá a los pecadores, a los espíritus humildes, a quienes han afligido sus cuerpos y han sido recompensados por Dios y a quienes han sido ultrajados por los malvados;

8 a quienes han amado a Dios y no han amado el oro ni la plata ni ninguna de las riquezas de este mundo[419] y sus cuerpos han sido torturados;

9 a quienes después de existir no han deseado alimento terrestre, son mirados como una brisa que pasa y viven de acuerdo con ello y el Señor ha probado sus almas y las ha encontrado puras para bendecir su nombre.

10 He expuesto en los libros toda su bendición: Él les ha recompensado pues ha sido hallado que aman más al cielo que al solo de este mundo, y mientras eran pisoteadas por los malvados y oían las ofensas y maldiciones y eran ultrajadas, ellas me bendecían.

11 Ahora, apelaré a los espíritus de los buenos ante las generaciones de luz, y transformaré a quienes han nacido en tinieblas y no han recibido en su cuerpo honor y gloria ni recompensa como convenía a su fe.

---

419 Cf. Mt 6:24; Lc 16:13.

¹² Exhibiré en una luz resplandeciente a quienes han amado mi nombre santo y los haré sentar en un trono.

¹³ Brillarán por tiempos innumerables,[420] pues el juicio de Dios es justo y Él restaurará la fidelidad de los fieles en la morada de los caminos de la verdad.[421]

¹⁴ Ellos verán arrojar en las tinieblas a quienes han vivido en las tinieblas, mientras que los justos brillarán.[422]

¹⁵ Los pecadores gritarán fuerte y los verán brillar a ellos, que verdaderamente saldrán los días y tiempos que están prescritos para ellos.].

---

[420] Cf. Nota a 1 Hen 14:20 y 1 Hen 104:2.

[421] Cf. 4 Esd 2:35.

[422] Los justos brillarán, cf. Dn 12:3, cf. nota a 1 Hen 104:2 o 1 Hen 14:20.

BIBLIOGRAFÍA[1]

ALEGRE SANTAMARÍA, X. *El Apocalipsis de Juan, modelo de re-lectura creyente de la vida en tiempos de crisis.* En: *Revista Concilium* Nº 356 (Estella: Verbo Divino, junio 2014).

ALONSO LÓPEZ, J. *La Resurrección. De hombre a Dios* (Madrid: Arzalia, 2017).

ARANDA PÉREZ, G. – GARCÍA MARTÍNEZ, F. – PÉREZ FERNÁNDEZ, M. *Literatura judía intertestamentaria* (Estella: Verbo Divino, 1996).

ASURMENDI RUIZ, J. M. *"Parte Quinta: Daniel y la Apocalíptica";* en: J. M. SÁNCHEZ CARO (Ed.), *Historia, Narrativa, Apocalíptica* (Estella: Verbo Divino, 2000).

BACHMANN, V. *En la pista de un orden sólido. Sobre los comienzos de la Escritura apocalíptica en el judaísmo antiguo;* en: *Revista Concilium* Nº 356 (Estella: Verbo Divino, junio 2014).

BARCLAY, W. *Apocalipsis I. Comentario al Nuevo Testamento.* Vol. 16 (Terrassa: CLIE, 1999).

BAUCKHAM, R. J. *"Apocalíptica, La";* en: *Nuevo Diccionario Bíblico Certeza*, 2ª ed. Ampliada (Barcelona: Certeza Unida, 2003).

---

[1] En el anexo de 1 Hen puede encontrarse referencias bibliográficas que no son aquí mencionadas.

BAUCKHAM, R. J. *"Enoc"*; en: *Nuevo Diccionario Bíblico Certeza*, 2ª ed. Ampliada (Barcelona: Certeza Unida, 2003).

BARCHUK, I. *Explicación del libro de Apocalipsis*, 1ª ed (Tarrasa: CLIE, 1978).

BERNAL PAVÓN, R. *El Salmo 104: su relación con el himno de Akhenatón y otros mitos creacionales*, en: *Razón y Pensamiento Cristiano* (2016), En línea: http://www.revista-rypc.org/2016/01/el-salmo-104-su-relacion-con-el-himno.html (consultado 9/08/2017).

BLANCO PÉREZ, C. *El pensamiento de la Apocalíptica judía* (Madrid: Trotta, 2013).

BLANK, J. *Comentario al evangelio de Juan*. Tomo primero (Barcelona: Herder, 1964).

BORG, M. J. *Hablando en cristiano. Por qué el lenguaje cristiano ha perdido su significado y vigor, y cómo recuperarlos* (Madrid: PPC, 2012).

BROWN, R. E. *Introducción al Nuevo Testamento II. Cartas y otros escritos*. Trad. A. Piñero (Madrid: Trotta, 2002).

BRUCE, F. F. *Israel y las naciones* (Grand Rapids: Portavoz, 1988).

CANOBBIO, G. *"Escatología-escatológico"* en: *Pequeño diccionario de teología* (Salamanca: Sígueme, 1992).

CASTEL, F. *Historia de Israel y de Judea. Desde los orígenes hasta el siglo II d. C.* 7ª ed. (Estella: Verbo Divino, 2002).

CMI. *Confesar la fe común. Una explicación ecuménica de la fe apostólica según es confesada en el Credo Niceno-Constantinopolitano* (Salamanca: Centro de Estudios Orientales y Ecuménicos, 1984).

COLLINS, J. J. *Apocalíptica y escatología del Antiguo Testamento*, en: R. E. BROWN- J. A. FITZMYER- R. E. MURPHY (Eds.), *Nuevo Comentario Bíblico San Jerónimo. Antiguo Testamento* (Estella: Verbo Divino, 2005).

CONGAR, Y. M-J. *El Espíritu Santo* (Barcelona: Herder, 1991).

CORRIENTE CÓRDOBA, F. – PIÑERO SÁENZ, A. *Libro 1 de Henoc. Introducción*; en: DÍEZ MACHO, A. – PIÑERO SÁENZ, A. *Apócrifos del Antiguo Testamento IV* (Madrid: Cristiandad, 1984).

CULLMANN, O. *Cristo y el Tiempo* (Madrid: Cristiandad, 2008).

DE WIT, H. *En la dispersión el texto es patria. Introducción a la hermenéutica clásica, moderna y posmoderna* (San José: Universidad Bíblica Latinoamericana, 2002).

DÍEZ MACHO, A. *Apócrifos del Antiguo Testamento.* Tomo I (Madrid: Cristiandad, 1984).

EBACH, J. *No siempre será igual. Observaciones e intuiciones sobre la apocalíptica bíblica;* en: *Revista Concilium* Nº 356 (Estella: Verbo Divino, junio 2014).

EDERSHEIM, A. *Comentario Bíblico Histórico.* 6 Tomos en 1 (Viladecavalls: CLIE, 2009).

ERDMAN, C. R. *El Apocalipsis* (Grand Rapids: TELL, 1976).

FLORES OLMO, I. *Esperanza escatológica y el clamor de "otro mundo es posible",* en: *Cristianismo Protestante* Nº 60 (IEE, 2011).

FOULKES BEERY, R. *"Apocalipsis",* en: A. J. LEVORATTI (dir.) *Comentario Bíblico Latinoamericano III. Nuevo Testamento* (Estella: Verbo Divino, 2003).

GARCÍA MARTÍNEZ, F. *Dualismo y origen del mal,* en: J. VÁZQUEZ ALLEGUE (Coord.), *Para comprender los manuscritos del Mar Muerto* (Estella: Verbo Divino, 2012).

GARCÍA MARTÍNEZ, F.; TREBOLLE BARRERA, J. *Los hombres de Qumrán. Literatura, estructura social y concepciones religiosas,* 2ª ed. (Madrid: Trotta, 1997).

GARCÍA RUIZ, M. *Redescubrir la Palabra. Cómo leer la Biblia* (Viladecavalls: CLIE, 2016).

GIL ARBIOL, G. *El fracaso del proyecto de Pablo y su reconstrucción.* Estudios Bíblicos LXXIII (2015).

GONZÁLEZ FERNÁNDEZ, A. *Reinado de Dios e Imperio* (Santander: Sal Terrae, 2003).

GONZÁLEZ GARCÍA, J. L. *Para la salud de las naciones. El Apocalipsis en tiempos de conflicto entre culturas* (El Paso: Mundo Hispano, 2005).

GRAU BALCELLS, J. *Escatología. Final de los Tiempos.* Curso de formación teológica evangélica Vol. II (Tarrasa: CLIE, 1977).

GUERRA SUÁREZ, L. M. *Apocalíptica, Literatura*, en: ALFON-SO ROPERO BERZOSA (Ed. Gral.), *Gran Diccionario Enciclopédico de la Biblia*, 3ª ed. (Viladecavalls, CLIE, 2014).

HURTADO, L. W. ¿Cómo llegó Jesús a ser Dios? Cuestiones históricas sobre la primitiva devoción a Jesús (Salamanca: Sígueme, 2013).

HURTADO, L. W. *Señor Jesucristo. La devoción a Jesús en el cristianismo primitivo* (Salamanca: Sígueme, 2008).

JARAMILLO CÁRDENAS, L. *El mensaje de los números* (Miami: Vida, 2012).

JEREMIAS, J. *Jerusalén en tiempos de Jesús*, 4ª ed. (Madrid: Cristiandad, 2000).

KESSLER, R. *Historia social del Antiguo Israel* (Salamanca: Sígueme, 2013).

KLEIN, F. *"Enoc, Libro de"*, en: ALFONSO ROPERO BERZO-SA (Ed. Gral.), *Gran Diccionario Enciclopédico de la Biblia*, 3ª ed. (Viladecavalls, CLIE, 2014).

LACUEVA LAFARGA, F. *"Apocalíptico"*, en: *Diccionario Teológico Ilustrado*. Revisado y ampliado por Alfonso Ropero (Viladecavals: CLIE, 2008).

LEVORATTI, A. J. *"La literatura apocalíptica"* en: A. J. LEVORATTI (dir.), *Comentario Bíblico Latinoamericano. Antiguo Testamento II* (Estella: Verbo Divino, 2007).

MALINA, B. J. *El mundo del Nuevo Testamento. Perspectivas desde la antropología cultural.* 2ª ed. (Estella: Verbo Divino, 2016).

MAIER, J. *Entre los dos Testamentos. Historia y Religión en la época del Segundo Templo* (Salamanca: Sígueme, 1996).

MAXWELL, W. D. *El culto cristiano: su evolución y sus formas* (Buenos Aires: Methopress, 1963).

MENZIES, R. P. *The Development of Early Christian Pneumatology with Special Reference to Luke-Acts* (Sheffield: Academic Press, 1991).

MIQUEL PERICÁS, E. *Jesús y los Espíritus. Aproximación antropológica a la práctica exorcista de Jesús* (Salamanca: Sígueme, 2009).

MOLTMANN, J. *La justicia crea futuro. Política de paz y ética de la creación en un mundo amenazado* (Santander: Sal Terrae, 1992).

MOLTMANN, J. *El Espíritu de la vida. Una pneumatología integral* (Salamanca: Sígueme, 1998).

MOLTMANN, J. *Teología de la Esperanza* (Salamanca: Sígueme, 2006).

MORALEJA ORTEGA, R. *Seiscientos sesenta y seis*, en: *Palabra Viva* Nº 25, 3er Trimestre (Madrid: Sociedad Bíblica, 2008).

MOUNCE; R. H. *Comentario al libro del Apocalipsis* (Viladecavalls: CLIE, 2007).

PACKER, J. I.- TENNEY, M. C.- WHITE J.R., W. *El mundo del Nuevo Testamento* (Miami: Vida, 1985).

PATZIA, A. G. & A. PETROTTA; art: *"Apocalíptico"* en: *Diccionario de Bolsillo de Estudios Bíblicos* (Miami: Unilit, 2008).

PORTIER-YOUNG, A. E. *Apocalipsis contra Imperio. Teologías de la resistencia en el judaísmo antiguo* (Estella: Verbo Divino, 2016).

PUECH, E. *Apocalíptica esenia: la vida futura*, en: J. VÁZQUEZ ALLEGUE (Coord.) *Para comprender los manuscritos del Mar Muerto* (Estella: Verbo Divino, 2012).

PUENTE, A. E. *Apocalipsis desde la perspectiva celestial* (Tucson: Hats off Books, 2002).

RAMÍREZ KIDD, J. E. *"Daniel"* en: A. J. LEVORATTI (dir.), *Comentario Bíblico Latinoamericano. Antiguo Testamento II* (Estella: Verbo Divino, 2007).

ROJAS GÁLVEZ, I. *Qué se sabe de... Los símbolos del Apocalipsis* (Estella: Verbo Divino, 2013).

RUIZ DE LA PEÑA, J. L. *La pascua de la creación. Escatología* (Madrid: Biblioteca de Autores Cristianos, 1996).

RUSSELL, D. S. *El período Intertestamentario* (El Paso: Casa Bautista de Publicaciones, 1973).

SACCHI, P. *Historia del judaísmo en la época del Segundo Templo* (Madrid: Trotta, 2004).

SCHWEIZER, E. *El Espíritu Santo*, 3 ed. (Salamanca: Sígueme, 2002).

SICRE DÍAZ, J. L. *Los profetas de Israel y su mensaje* (Madrid: Cristiandad, 1986).

STAM, J. *Apocalipsis Tomo 1.* Comentario Bíblico Iberoamericano (Buenos Aires: Ed. Kairós, 1999).

STAM, J. art: *"Bestia"*, en: ALFONSO ROPERO (Ed. Gral.), *Gran Diccionario Enciclopédico de la Biblia*, 3ª ed. (Viladecavalls, CLIE, 2014).

TAXACHER, G. *Dios, fuerza de oposición. Sobre la utilidad de una crítica de la razón apocalíptica*, en: *Revista Concilium* Nº 356 (Estella: Verbo Divino, junio 2014) pp. 58-66.

TELLERÍA LARRAÑAGA, J. M. *El método en teología. Reflexiones sobre una metodología teológica protestante para el siglo XXI* (Las Palmas de Gran Canaria: Mundo Bíblico, 2011).

TENNEY, M. C. *Nuestro Nuevo Testamento. Estudio panorámico del Nuevo Testamento.* Ed. Aumentada y revisada (Grand Rapids: Portavoz, 1989).

TILLICH, P. *Teología Sistemática III. La vida y el Espíritu en la Historia y el Reino de Dios* (Salamanca: Sígueme, 1984).

TORRES QUEIRUGA, A. *Recuperar la salvación. Para una interpretación liberadora de la experiencia cristiana*, 2ª ed. (Santander: Sal Terrae, 1995).

TREBOLLE BARRERA, J. *La Biblia judía y la Biblia cristiana. Introducción a la historia de la Biblia*, 3ª ed. (Madrid: Trotta, 1998).

VANNI, U. *Lectura del Apocalipsis. Hermenéutica, exégesis, teología* (Estella: Verbo Divino, 2005).

WALTON J. H.- MATTHEWS V. H.- CHAVALAS M. W. *Comentario del contexto cultural de la Biblia. Antiguo Testamento.* 2ª ed. (El Paso: Mundo Hispano, 2006).

WRIGHT, N. T. *Sencillamente Jesús. Una nueva visión de quién era, qué hizo y por qué es importante.* 2ª ed. (Madrid: PPC, 2018).

WRIGHT, N. T. *Sorprendidos por la esperanza. Repensando el cielo, la resurrección y la vida eterna* (Miami: Convivium Press, 2011).

WRIGHT, N. T. *El verdadero pensamiento de Pablo. Ensayo sobre la teología paulina* (Terrassa: CLIE, 2005).

ZALDÍVAR, R. *Apocalipticismo: Creencia, duda, fascinación y temor al fin del mundo* (Viladecavalls: CLIE, 2012).